Volkmann-Schluck — Die Philosophie Nietzsches

Karl-Heinz Volkmann-Schluck

Die Philosophie Nietzsches

Der Untergang der abendländischen Metaphysik

herausgegeben von Bernd Heimbüchel

Königshausen & Neumann

CIP-Titelaufnahme der Deutschen Bibliothek

Volkmann-Schluck, Karl-Heinz:
Die Philosophie Nietzsches : der Untergang der
abendländischen Metaphysik / Karl-Heinz Volkmann-Schluck.
Hrsg. von Bernd Heimbüchel. — Würzburg : Königshausen und
Neumann, 1991
ISBN 3-88479-622-4

Umschlag: Hummel / Homeyer, Würzburg
Druck: Königshausen & Neumann
Printed in Germany
ISBN 3-88479-622-4

INHALT

EINLEITUNG
DER GRUNDRISS DER NEUZEITLICHEN METAPHYSIK

Der Titel enthält eine These, und zwar die, daß die Metaphysik seit Nietzsche zu Ende sei, ja, man kann weitergehen und sagen, die These, da Metaphysik und Philosophie im rangersten Sinne dasselbe besagen, daß seit Nietzsche die Philosophie, so wie sie von den Griechen begründet worden ist, zu Ende sei.

Dem möchte man zunächst entgegenhalten, daß doch auch nach Nietzsche die Philosophie weitergegangen ist, daß auch heute noch ein Interesse an ihr und an metaphysischen Fragen besteht. Das ist unbestreitbar. Es ist auch nach Nietzsche philosophiert worden, und das Interesse an der Philosophie hat gelegentlich so sehr zugenommen, daß nahezu schon jedermann wissen wollte, wie es mit ihr denn eigentlich steht, was sie leistet, worauf es bei ihr ankommt. Ein Zeugnis dafür ist zum Beispiel, daß Philosophie für ein Bildungsgut gehalten wird, dem der Staat Sorgfalt und Pflege angedeihen läßt. Darüberhinaus wird sie nicht nur in dieser Weise an den höchsten Bildungsstätten betrieben, es macht sich auch eine Philosophiegelehrsamkeit mit ihr zu schaffen, indem die Tradition unaufhörlich aufgearbeitet und, im Grunde genommen, abgearbeitet wird. Sogar die Wissenschaften sind gelegentlich an der Philosophie interessiert. Aber gerade auch die Nicht-Fachkundigen wollen wissen, was es denn mit ihr auf sich habe. Also hat die Philosophie nicht nur nicht aufgehört, sie scheint sogar ein Gegenstand eines allgemeinen, freilich schwer zu bestimmenden Interesses für jedermann geworden zu sein. Deshalb fragt es sich: Was ist denn eigentlich die Philosophie, wenn sie in dieser Weise ein allgemeiner Interessengegenstand für jedermann geworden ist, ja, wohl gar nur noch so weit geduldet wird, als sie ein solches allgemeines Interesse beansprucht? Denn wann in aller Welt wäre es jedermann in den Sinn gekommen, das Sein dessen, was ist, zu denken, ja sich überhaupt nur zu bemühen, diese Frage zu verstehen?

Hier bedarf es doch dringend einer Erinnerung an denjenigen, der das, was wir heute noch Philosophie nennen, zum ersten Mal so genannt hat: Platon. Er unterscheidet zwischen den Vielen, *hoi polloi*, und den Wenigen. Die Vielen, das meint aber bei Platon gar nicht in erster Linie die große Zahl oder gar die Masse, sondern es meint die Menschen in ihrem durchschnittlichen Verhalten und Sich-Halten überhaupt. Es meint die Menschen gemäß der Art, wie sie zumeist sind - wozu wir alle gehören, einschließlich der Philosophen natürlich. Die Menschen verhalten sich jedoch in ihrem durchschnittlichen Verhalten so, daß sie vor wesentlichen Fragen gerade nicht aushalten, sondern sie als bloßes Denken in abstrakten Begriffen, im Raume des Unwirklichen, mißachten. Das wahre Interesse für die Philosophie gemäß ihren Begründern besteht darin, daß man die Wesensfrage nach dem Sein dessen, was ist, in der Weise stellt, daß man selbst davon betroffen ist, mit in die Frage eingeht, daß man in diesem Fragebereich selbst zum Fragenden wird, daß das Fragen ein Habitus wird. Und dazu gehört die Bereitschaft und der Mut, das Denken zu lernen, sich unablässig darin zu üben und sich nicht beirren zu lassen durch die Verunglimpfung des Denkens, wie sie heute gang und gäbe ist. Wer dazu nicht bereit ist, das auf sich zu nehmen, der soll erst gar nicht mit der Philosophie anfangen.

Wie wären aber wir als jedermann dazu imstande, ja auch nur gewillt? Jedermann will heute wissen, was es mit der Philosophie auf sich hat. Wir fragen: Was hat es mit der Philosophie auf sich, wenn sie in dieser Weise Interessengegenstand für jedermann ist? Bekundet sich darin nicht gerade, daß sie um das Einzigartige ihres Wesens gekommen ist? Verrät die Philosophie darin nicht gerade ihren Rangverlust, daß sie in dieser Weise zu einem allgemeinen Interessengegenstand für jedermann wird und sich durchschnittlichen Bedürfnissen anbequemt, sich mit ihnen gemein macht? Das heute herrschende Interesse, das sich um die Philosophie breitmacht, wäre noch das sichtbarste Zeichen dafür, daß es in Wahrheit und Wirklichkeit mit ihr zu Ende ist.

Aber das ist noch gar nicht der entscheidende Gedanke, denn die im Titel enthaltene Behauptung vom Ende der Metaphysik besagt nicht einfach, daß die Philosophie aufhört. Denn "enden" heißt nicht in jedem Fall: einfach aufhören und nicht mehr da sein, dann nämlich nicht, wenn das Wesen dessen, was endet, selbst überhaupt nicht den Charakter des Andauerns gehabt hat. Das Ende eines Spiels ist etwas anderes als das Ende des Lebens eines Menschen. Der Tod ist auch niemals das bloße Aufhören eines vormals Dauernden. Das Ende der Ferien ist etwas anderes als das Ende eines Regens. Das der Metaphysik zugehörige Ende bestimmt sich also aus dem, was sie ist, aus ihrem Wesen. Und dieses ist von einziger und deshalb unvergleichlicher Art. Vermutlich hat das Zu-Ende-gekommen-Sein der Metaphysik gerade den Charakter ihres unrschöpferischen bloßen Andauerns. Das ist aber nur eine Vermutung.

Mit der Metaphysik ist es zu Ende. Das dürfen wir sagen, wenn sich das Seiende hinsichtlich seines Seins nicht mehr zur Frage stellt, wenn dem Denken diese wesentliche Frage ausbleibt; denn Philosophie existiert nicht deshalb und dann, weil und wenn man sich dafür interessiert. Wenn es Leute gibt, die sich für Philosophie interessieren, oder Philosophieprofessoren, die sich mit ihr beschäftigen, dann bedeutet das noch lange nicht, daß sie im wesentlichen Sinne existiert. Das kann eine Scheinexistenz sein. Philosophie ist nur dann wesentlich existent, wenn das Denken des Menschen von wesentlichen Fragen schon angegangen ist und bereit ist, von sich her diesen Fragen zu entsprechen. Die wesentlichen Fragen, das ist das Element, aus dem und in dem die Philosophie lebt. Bleiben diese aus, dann kommt ihr ihr Wesenselement abhanden. Wer von den Unzähligen, die sich angeblich für Philosophie heute interessieren, steht denn im An-gang der Frage, was das Seiende sei, dadurch, daß er selbst von dieser Frage betroffen ist? In der Frage also, welche die Griechen in das Denken schickte, der Frage, die Nietzsche zum letzten Mal mit der ihm eigenen, vorbehaltlosen Entschlossenheit aus- und zu Ende trug?

Wenn die Philosophie aus ihrem Lebenselement entweicht, dann wird sie zu einem bloßen Bildungsgut, zu einem Kulturgut, oder sie wird zur bloß gelehrtenhaften historischen Beschäftigung mit vergangenen Philosophien, um deren möglichst genaue Darstellung man sich bemüht. Sie wird zur bloßen Philosophiehistorie, wie exakt auch immer. Oder sie bietet sich als Weltbild dar oder als vervollständigende Ergänzung der von den Wissenschaften schon bereitgestellten Erkenntnisse. Sie gibt Rezepte für die Praxis, sozusagen Modelle für das Handeln, wobei ja diejenigen entscheiden, wie das Modell aussieht, die ein ganz bestimmtes Ziel erreichen wollen. Zu diesem Zwecke stellt man ja nur Modelle auf. Die Philosophie fühlt sich bedroht, einfach für überflüssig erklärt zu werden, und versucht ihre Unentbehrlichkeit für das Leben durch die ständige Versicherung zu bezeugen, sie stehe in einem relevanten Praxisbezug. Sie mischt sich in das Weltanschauungsgezänke ein, läßt sich für die Aufstellung von Weltanschauungen und Ideologien mißbrauchen. So hilft sie, wenn es soweit gekommen ist, am Ende auch noch der Ausbreitung der Nebelschleier, mit denen sich die Ideologien heute über alles legen, was in Wahrheit und in Wirklichkeit geschieht.

Bei all dem bleibt sie dann aber doch immer noch in der Gefahr, daß sie für etwas Kurioses gehalten wird, und ist deshalb doppelt um ihr Ansehen besorgt. Dieses glaubt sie sich zu verschaffen, indem sie sich auf das Feld des öffentlichen Meinens als Kulturwert empfiehlt. Wir betrügen uns im Grunde selbst, wenn wir heute von einem Leben der Philosophie sprechen. Was heute in der Öffentlichkeit für Philosophie gehalten wird, ist weitgehend der Ersatz eines bloßen Scheinlebens; denn der Quell ihres Lebens liegt in der Not, die in wesentliche Fragen nötigt, und aus ihr allein erwächst der Philosophie mit Notwendigkeit ihre wahrhafte Legitimation.

Daß und inwiefern das Ende der Metaphysik die Form ihres bloßen unschöpferischen und unproduktiven Andauerns hat, das wird allerdings erst klarer werden, wenn wir dem Denken Nietzsches zu folgen beginnen. In dieser einleitenden Betrachtung genügt der Hinweis, daß die Art, wie heute Philosophie betrieben wird, am wenigsten gegen die These vom Ende der Metaphysik spricht - im Gegenteil, dieses Ende indirekt geradezu bestätigt.

Wir wollen von Nietzsche eine Belehrung darüber empfangen, wie es jetzt und seit längerem schon und in Zukunft mit dem Seienden, in dem wir unseren menschlichen Aufenthalt haben, bestellt ist, und das heißt zugleich, wie es mit uns steht. Deshalb versuchen wir, den Gedanken Nietzsches nachzudenken, nicht aber, um eine Lehre Nietzsches darzustellen und lediglich zur Kenntnis zu nehmen. Diese Belehrung, die wir von ihm erwarten, kann uns keine soziologische Betrachtung geben, keine Kulturkritik, keine Gesellschaftskritik, keine moralische Gewissenserforschung, keine Zergliederung der gegenwärtigen Situation. Weltanschauungen vollends und Ideologien verschleiern ja ohnehin nur das, was im Grunde und in Wirklichkeit geschieht. Wir erfahren darüber nur etwas, wenn wir den metaphysischen Entscheidungsbereich auch wirklich betreten. Da in Nietzsches Denken der letzte metaphysische Entscheid über das Seiende und das Verhältnis des Menschen zum Seienden fällt, dergestalt, daß die Metaphysik daraufhin in das Endstadium des bloßen Andauerns getreten ist, wollen wir uns von Nietzsche eine solche Belehrung geben lassen.

Sie kann uns nur zuteil werden, wenn wir bereit sind, zu lernen, das heißt denkend dem zu entsprechen, was Nietzsche gedacht hat, uns zu den Gedanken in eine gemäße Entsprechung zu bringen. Denn das heißt "lernen", nur dann nämlich sprechen Nietzsches Gedanken zu uns. Wir hören nicht einmal, was er sagt, wenn wir nicht seinen Gedanken entsprechen, wenn es uns nicht gelingt, seine Gedanken selbständig zu denken. Das Mitdenken mit den großen Gedanken eines Denkers verlangt uns die äußerste Selbständigkeit im Denken ab. Uns überlegen ist an Selbständigkeit natürlich nur derjenige, der diese Gedanken zum ersten Mal gedacht hat, der allerdings. Die Nietzsche-Kritik leidet bis heute darunter, daß diese Kritiker überhaupt nicht dem zuhören, was Nietzsche sagt, sondern sich unter dem Namen "geistige Auseinandersetzung" mit den eigenen Vorstellungen von Nietzsche herumschlagen.

Die erste Bedingung, die nun erfüllt sein muß, damit Nietzsches Denken zu uns spricht, ist, wie gesagt, das Eintreten in den Bereich, aus dem er spricht. Das ist der Bereich der Metaphysik: Denken auf das Sein dessen, was ist. Unsere Aufgabe besteht deshalb darin, in diesen Bereich, aus welchem Nietzsche spricht und aus welchem er auch gehört sein möchte, auf eine erste Weise hineinzugelangen. Dazu bedarf es freilich bereits eines Denkens.

In einer vorbereitenden Betrachtungsweise versuchen wir daher zunächst einmal, in diesen Denkbereich der Metaphysik hineinzugelangen.

Die Metaphysik denkt das Seiende, also das, was ist, in Hinsicht auf Sein, also auf seine Grundbestimmtheit. Das heißt, der Denkbereich, in dem sich dieses Denken bewegt, ist das Seiende. Der Ausdruck stammt von den Griechen: *ta onta*, das Seiende, und meint das Ganze dessen, von dem wir in irgendeiner Weise sagen, es ist. Das Gedachte und das zu Denkende ist das Sein dieses Seienden, das also, was dieses Seiende auszeichnet, sofern es ist, die Grundbestimmtheit, die sich, so einfach sie sich in dem Namen "Sein" ausnimmt, in einen unerwarteten Reichtum an Bestimmungen im Laufe der Geschichte der Metaphysik entfaltet hat. Dieses Sein, das eigentlich zu Denkende, wurde bei den Griechen, die mit der Metaphysik begonnen und sie zum ersten Mal begründet haben, *arche* genannt. Dieses Wort ist sehr sprechend. *Arche*, der Anfang wortwörtlich - aber Anfang in einem ganz bestimmten Sinne, als der allem vorangehende Anfang, das alles bestimmende Erste, dem alles andere, was ist, allererst folgt und welches zugleich das alles bestimmende Letzte ist.

So wird also im Sein der gründende Grund alles dessen gesucht, was ist, sofern es ist. Anders gesagt, zur Frage steht: Aus welchem Grund kommt das Sein? Auf welchem Grund steht es, so daß es besteht und nicht in den Abgrund des Nichts versinkt? Sofern in diesem Grund der Grund des Seins alles Seienden, des Seienden in seinem Gesamt, gesucht wird, wird er seit Platon und Aristoteles das Göttliche genannt. Der höchste metaphysische Gedanke des Göttlichen in diesem Sinne hat aber mit den Glaubenssätzen der Bibel, den Lehrsätzen der Kirche, nichts zu tun. In einem der nachgelassenen Fragmente zu *Menschliches, Allzumenschliches* sagt Nietzsche:

> "*Philosophie nicht religiös aufzufassen.* - Eine Philosophie mit religiösen Bedürfnissen erfassen heisst sie völlig missverstehen. Man sucht einen neuen Glauben, eine neue Autorität -

wer aber Glaube und Autorität will, der hat es an den hergebrachten Religionen bequemer und sicherer."[1]

Diese Frage, die metaphysische Grundfrage, ist die umfassendste, das heißt ausgreifendste und tiefste Frage überhaupt, die es bislang gegeben hat, denn sie macht bei keinem Seienden und bei keinem Weltbezirk, von welcher Art er auch sein mag, halt, sondern geht bis zur letzten, äußersten Grenze vor, bis zu demjenigen, dem alles Sein abgeht, dem Nichts. Ja, sie bezieht auch das Nichts noch ins Denken ein, sofern sie das Seiende als Seiendes immer nur fassen kann in eins und zumal mit einem ständigen Blick auf das Nichts. Sie bewegt sich also in dem Unterschied aller Unterschiede, der alle anderen möglichen Unterschiede allererst aus sich entspringen läßt: dem von Sein und Nicht-Sein. Und zwar betrachtet sie das Seiende im Hinblick auf seinen Grund, der verbürgt, daß das Seiende seiend ist und nicht in den Abgrund des Nichts abstürzt. So ist die metaphysische Frage die umfassendste und zugleich die tiefste, denn sie geht auf die letzten Gründe alles dessen, was ist.

Aber ein zweiter Schritt ist noch notwendig. Wir müssen uns das spezifisch Eigene der *neuzeitlichen* Metaphysik klarmachen, denn Nietzsches Denken, seine revolutionären und umstürzlerischen Gedanken, sind nicht nur bestimmt durch das, was Metaphysik *überhaupt* ist, sondern in Sonderheit auch gerade durch das, was Metaphysik in der Neuzeit ist. Diese besteht darin, daß sich das Denken des zugrundeliegenden Grundes als ein solches eigens zu vergewissern trachtet. Es genügt also dem neuzeitli-

---

1 KGW IV/2, 23[177]. Die Werke Nietzsches werden nach der *Kritischen Gesamtausgabe* (KGW), hrsg. von Giorgio Colli und Mazzino Montinari (Berlin/New York 1967ff.) zitiert. Bei den *veröffentlichten* Werken Nietzsches wird jeweils Band und Seitenzahl angeführt; die *nachgelassenen* Fragmente werden nach Bandzahl, Manuskriptzahl und Fragmentnummer zitiert. Die Zitate aus dem *Willen zur Macht* folgen der von Elisabeth Förster-Nietzsche und Peter Gast herausgegebenen Form der Aphorismen aus den 80er Jahren und werden hier nach der zuerst 1906 im Kröner-Verlag erschienenen *Taschenausgabe* angeführt. Zusätzlich werden die Belege der KGW angegeben. Hervorhebungen in den Nietzsche-Zitaten werden hier generell durch Kursivierung gekennzeichnet. Ergänzungen der Herausgeber der KGW sind durch spitze Klammern wiedergegeben, in eckigen Klammern finden sich Ergänzungen des Verfassers.

chen Denken nicht mehr, diesen allem zugrunde liegenden Grund erkennend anzugehen, sondern es kommt jetzt darauf an, daß die Erkenntnis dieses Grundes sich eigens als Erkenntnis versichert. Ein solches Trachten, welches den Grundzug des neuzeitlichen Denkens überhaupt ausmacht - auch in der Wissenschaft -, kommt daher, daß im Ausgang des Mittelalters die im Glauben beruhende Heilsgewißheit des Menschen ihre verbindliche Kraft für das metaphysische Denken verliert. Deshalb sieht sich das denkende Wesen, der Mensch, vor die Notwendigkeit gestellt, sich seines Standes, seines Aufenthalts innerhalb des Seienden, von sich aus mit eigenen Mitteln zu vergewissern. Es gilt, den Grund auszumachen, dessen der Mensch als des gründenden Grundes gewiß zu sein vermag, um so seinen Stand in der Welt zu sichern.

Descartes hat bekanntlich diese Aufgabe als erster bewußt und entschieden in Angriff genommen. Wo findet der Mensch diesen als Grund gesicherten Grund für einen festen, verläßlichen Stand in der Welt? Die Antwort Descartes' lautet: Dieser Grund bin ich selber als Denkender. Inwiefern? In allem Denken von etwas bin ich mir als der Denkende, das heißt bin ich mir meines Seins als des Denkenden in einer unerschütterlichen Gewißheit sicher. Bezüglich dessen, was ich jeweils denke, mag ich mich täuschen, kann ich mich irren, sogar soweit irren, daß ich mich darin täusche, daß das Gedachte überhaupt existiert. Aber sofern ich mir etwas denke, bin ich mir dessen, daß ich denke, also meines Seins als eines Denkenden, absolut gewiß. Ich selbst als der Denkende bin das mir selbst in unumstößlicher Gewißheit Anwesende, also Seiende. Die Grundgewißheit, in der alle anderen Gewißheiten nach Descartes zu gründen sind, lautet daher: sum cogitans, ich bin in unumstößlicher Gewißheit als Denkender.

Das von Descartes gebrauchte Wort, das ins Französische von ihm selbst mit penser und ins Deutsche dann mit "denken" übersetzt wird, lautet: cogitare. Dieses Wort cogitare ist im weitesten Sinne von "denken" zu nehmen, also nicht lediglich etwa als "urteilen" im Unterschied zum "anschauen". Dem lateinischen Wort cogitare entspricht das deutsche Wort "vorstellen" nach seiner sprachlichen Bedeutung des 17. und 18. Jahrhunderts, wonach es nicht bloß vorstellen im Gegensatz zu wahrnehmen, fühlen, denken, wollen bedeutet, sondern jede Weise des Vor-sich-

Bringens von etwas, sei das Vorgebrachte ein Gefühltes, sei es ein Wahrgenommenes, sei es ein bloß Eingebildetes, sei es ein logischer Sachverhalt, sei es das Ziel eines Wollens. Alles dieses sind also Weisen des Vorstellens, modi cogitandi, wie Descartes sagt. Nun ist jedes Vorstellen ein "Ich stelle mir vor". Alles Vorstellen von etwas ist ein Mir-Vorstellen. Der Vorstellende ist daher in allem Vorstellen von etwas vorgängig und durchgängig mit vorgestellt. Er selbst ist daher das in Gewißheit Vorgestellte. In der Ordnung des Vorgestellten ist so das vorstellende Ich das erste Vorgestellte, das allen anderen Vorstellungen von etwas vorhergeht, also das erste Zugrundeliegende. Dieses Ich hat nunmehr der Mensch zu übernehmen, das heißt er hat es zu sein. So rückt der Mensch in einen Vorrang vor allem übrigen Seienden, ohne daß er deshalb das höchste Seiende ist. Dieser Vorgang ist nicht mißzuverstehen. Der Mensch wird nicht darum zu dem allem Vorgestellten Voraus- und Zugrundeliegenden, weil er in die Mitte des Seienden rückt, sondern umgekehrt, weil er den gegen allen Zweifel gesicherten Grund nur im vorstellenden Ich findet. Weil dieses vorstellende Ich allein dem Anspruch auf unbezweifelbare Gewißheit genügt, muß der Mensch es nunmehr als das Grundsein seines gesamten Weltverhaltens und seiner selbst übernehmen.

Das griechische Wort für das allem Voraus- und Zugrundeliegende lautet bekanntlich *hypokeimenon.* Dieses wurde dann im Latein des Mittelalters mit subiectum übersetzt. Subiectum bedeutet zunächst gar nichts anderes als das Voraus- und Zugrundeliegende. Wir dürfen bei der Bedeutung des Wortes subiectum nicht sogleich schon an das denken, an was wir denken, wenn wir vom "Subjekt" sprechen, nämlich das selbstbewußte Ich. Dann entsteht eine große Verwirrung sowohl bezüglich der griechischen als auch bezüglich der mittelalterlichen Philosophie. Erst dadurch, daß das *hypokeimenon* oder das subiectum unter den Anspruch der unbedingten Gewißheit gestellt wird, rückt der Mensch als das vorstellende Ich in die Stellung des *hypokeimenon,* des Subjekts, als das er uns nun seit langem bekannt ist, so daß wir ganz selbstverständlich das Wort Subjekt und Subjektivität im Sinne des vorstellenden, des selbstbewußten Ich verstehen. Aber das versteht sich gar nicht von selbst; es ist ein geschichtliches Ereignis, das mit der Philosophie des Descartes begonnen hat.

Dieses dem Gewißheitsanspruch genügende Subjekt liegt aber nicht einfach wie ein Ding vor, sondern es stellt sich ihm selbst vor, es währt und weilt in der Selbstvorstellung seiner selbst, oder es existiert allein im vorstellenden Rückbezug seiner auf sich selbst: Es existiert also in der Weise des Selbstbewußtseins. Darum ist das Sein dieses Subjekts die Subjektivität. Damit sei gesagt, daß es eben nicht nur einfach immer schon vorkommt, sondern daß zu seinem Sein dieses gehört, sich als Subjekt selber vor sich selbst zu bringen. Das ist mit Subjektivität gemeint. Ein Subjekt, das diesen Charakter hat, daß es sich als Subjekt vor sich selbst bringt, sich als Subjekt vorstellt, sich als Subjekt präsent ist, hat den Charakter der Subjektivität.

Descartes entdeckt das als Subjekt gewisse Subjekt, das sich selbst wissende Subjekt, das sich als Subjekt wissende Subjekt, das seiner selbst gewisse Subjekt, die Grundlage aller Gewißheit. Er entdeckt dieses Subjekt im Menschen als dem Vorstellenden in dieser weiten Bedeutung von Vorstellen. Aber nun ist der Mensch doch zweifellos nicht der gründende Grund alles Seienden. Das heißt: Descartes denkt zwar bereits die Subjektivität des Subjekts in seinem ego cogito, aber er denkt die Subjektivität des Subjekts noch nicht absolut, sondern noch in Rückbindung an den Menschen, als dessen Subjektivität. Als dieses Subjekt der Gewißheit aber kann es nicht der Grund des Seienden überhaupt sein. Einen solchen Wahnsinnsgedanken, daß der Mensch der Grund des Seins alles Seienden sein könnte, hat wohl noch niemand behauptet. Weil nun Descartes die Subjektivität noch nicht absolut denkt, sondern sie noch zurückbindet an den endlichen Menschen, muß er auch das ego cogito bezüglich der Erkenntnis dessen, was es nicht selbst ist, also bezüglich der Erkenntnis der Welt, eigens noch einmal sichern. Dies geschieht durch den Gottesbeweis in der 3. Meditation, auf den hier nicht weiter eingegangen wird.

Absolut gedacht, befreit aus der einseitigen Rückbeziehung auf den Menschen, wird die Subjektivität erst, vorbereitet durch Fichte, bei Schelling und Hegel. Hegel denkt die Subjektivität des Subjekts, also das Sein alles Seienden, als Geist. Dieser Geist ist die Wirklichkeit alles Wirklichen. Und das Wesen des Geistes - da sehen wir den Charakter der Subjektivität - ist das Sich-Wissen. Sich wissend, ist das Wissen einerseits das sich vom Gegenstand Unterscheidende, aber zugleich weiß das Wissen diesen Unterschied und ist so die sich selbst wissende Einheit seiner und des Gegenstandes. Der Geist ist also in eins und zumal das sich von seinem Gegenstand als dem Gewußten Unterscheidende und zugleich die sich selbst wissende Einheit seiner mit dem Gegenstand. Diese Einheit aber kann der Geist nur sein, wenn er zuvor immer schon auch das Sich-Unterscheidende ist, als welches er den Gegenstand als das Andere seiner selbst vor sich bringt. Ein solches Wissen aber ist absolut, denn es geht nicht mehr in der einseitigen Beziehung zu bestehenden Gegenständen auf, sondern weiß sich als das, was der Gegenstand selber ist, weiß sich als das Wesen des Gegenstandes selbst, dergestalt, daß dieser Gegenstand nur das Andere seiner selbst ist, nämlich des Wissens. Das absolute Wissen hat alle Verhältnisse zu Anderem, also alle Gegenstandsverhältnisse, in Selbstverhältnisse seiner zu sich selbst verwandelt. Genauer: Die Verhältnisse zum Gegenstand sind zugleich Verhältnisse seiner zu sich selbst. Es ist im Anderssein, im Gegensein gerade bei sich. Eigentliches Sein heißt jetzt: als absolutes Wissen in unbedingter Gewißheit im Gegenstand bei sich sein, im Gegenstand sich selbst präsent sein. In der Idee eines solchen absoluten Wissens, also der vollständigen Befreiung der Subjektivität in ihr absolutes Wesen, gelangt die Metaphysik in ihre Vollendung. Das ist jetzt noch am metaphysischen Charakter der Hegelschen Philosophie zu zeigen, ohne den Nietzsches Ansatz nicht zureichend zu verstehen ist.

Hegel denkt also die Philosophie als das absolute Wissen, als Wissen, das sein Gewußtes sowohl wie sich selbst in unbedingter Gewißheit weiß. Das heißt aber: Es wird auf die metaphysische Grundfrage nach dem Sein alles Seienden und dem Grund eine absolute Antwort gegeben. Schelling bestreitet bekanntlich die Antwort, die Hegel in seinem System gibt; aber daß die Antwort absolut zu sein hat, daß philosophisches Erkennen nunmehr absolutes Erkennen des Absoluten in seiner Absolutheit sei, darin ist Schelling mit Hegel fraglos einig. Indem Hegel das von der Philosophie Erfragte als die Gewißheit des absoluten Wissens denkt und entfaltet, hebt er nunmehr die metaphysische Frage in die Antwort auf. Bis dahin war nämlich die Antwort immer umgekehrt in die Frage einbehalten und blieb immer von der Frage noch überholt. Die Frage war immer mehr als die Antwort. Jetzt holt die Antwort die Frage endgültig ein. Philosophieren wird zum absoluten Erkennen. Das heißt: Philosophie ist in ihre geschichtliche Vollendung angekommen, oder: Der Unterschied von *philosophia* und *sophia*, der bei Platon und Aristoteles das Wesen des philosophischen Denkens selbst bestimmte und dann unter anderen Namen immer wieder bestimmt hat, philosophia und sapientia, dieser Unterschied entfällt jetzt. Beides ist jetzt ein und dasselbe. Die Philosophie ist eingekehrt in das Wissen, zu dem sie bis dahin ständig auf dem Weg war, dergestalt, daß sie auf dem Weg blieb. Darum, weil sie auf dem Weg blieb, entfaltete sie immer wieder neue metaphysische Antworten auf die Grundfrage der Philosophie.

Die Philosophie hört durch Schelling und Hegel nicht auf, Philosophie zu sein. Es ist nicht so, als ob jetzt das absolute Erkennen an die Stelle der bisherigen Philosophie träte, sondern das absolute Wissen und seine Darstellung in das Ganze des Seienden hinein ist jetzt die Weise, wie Philosophie als Philosophie existiert. Hegel und Schelling lassen keine andere Existenzform der Philosophie mehr zu in Konsequenz ihres Grundgedankens. Die Philosophie steht nicht mehr in der Suche nach dem Wissen vom Sein des Seienden, sondern sie vollbringt es als das Wissen der Gewißheit, die Wissen und Gewußtes in eine unbedingte, weil nur noch sich selbst bedingende und aus sich selbst entfaltende Einheit zusammengenommen hat.

An dieser Stelle wird nun mit einem Schlage etwas von dem sichtbar, was im Denken Nietzsches geschieht: Seit Platon und Aristoteles denkt die Metaphysik das Seiende, das heißt alles, was irgendwie ist, auf den ihm zugrunde liegenden Grund zurück, um es darin zu begründen. Diese Frage beschließt sich nun bei Schelling und Hegel in einer absoluten Antwort oder in absoluten Antworten, weil diese absolute Antwort ja entfaltet werden muß in einer Reihe von Antworten. Das Seiende im ganzen wird in die unbedingte Gewißheit des sich wissenden Wissens gestellt, in das System des Wissens. Das Seiende ist jetzt das Seiende, das es ist, als das System des absoluten Wissens, welches zu entfalten die Aufgabe der Philosophie ist. Daher kommt das Suchen der Denker des Deutschen Idealismus nach dem System. Die Philosophie ist in Hegels Denken die Darstellung des absoluten Wissens als System des Ganzen des Seienden. Aber indem sich die Metaphysik in diesem absoluten Wissen vollendet, das Ganze der Dinge als das System des Wissens aufgestellt hat, schlägt nunmehr das Fragen nach dem zugrunde liegenden Grund auf die Metaphysik selbst zurück. Worin gründet denn diese Metaphysik selbst, die das Seiende im ganzen in das System des Wissens zu stellen unternommen hat? Was liegt denn ihr zugrunde als der Grund, aus dem sie entsteht und in dem sie besteht?

Als letzter Schritt des nach dem Grunde fragenden Denkens der Metaphysik erfolgt ein Rückstoß der Metaphysik auf sie selbst. Ihn fängt Nietzsche auf. Der Rückstoß der Metaphysik auf sie selbst ist es, der sein Denken in Bewegung setzt. Die Frage nach dem Grund schlägt, nachdem das Seiende als das System des absoluten Wissens sichergestellt ist, nunmehr auf das metaphysische Denken selbst und als solches zurück. Woraus kommt und worin besteht denn eigentlich dieses Denken? Diese Frage setzt die Metaphysik im ganzen ihrer Geschichte nun ihrerseits noch einmal in eine Beziehung zu ihrem Grund. Allein, wenn diese Frage ursprünglich gestellt wird, dann kann nicht sogleich schon angenommen werden, daß es diesen Grund auch gebe. Vielmehr steht die Metaphysik im Ganzen ihrer Geschichte nach ihrer Vollendung nun in Hinsicht auf ihren zugrunde liegenden Grund dergestalt in Frage, daß gerade noch offenbleiben muß, ob die Metaphysik in einem wahrhaft gründenden Grund überhaupt beruht, also legitim existiert, oder ob sie gar grundlos und unbegründet ist, oder ob ihr ein bloßer Scheingrund zugrundeliegt. Wenn also die Metaphysik dergestalt auf den ihr zugrunde liegenden Grund befragt wird, dann muß die Frage in dieser Weise zunächst offengehalten werden. Es darf also nicht einfach angenommen werden: Ja, es gibt einen solchen Grund, aus dem sie existiert und in welchem sie legitimerweise existiert. Ob sie nämlich eine legitime Sache ist, das steht gerade zur Frage. Das auf Gewißheit drängende metaphysische Denken vollzieht hier den letztmöglichen Schritt. Es sucht sich seines eigenen Grundes, aus dem es kommt und in dem es besteht, noch zu vergewissern und läßt daher zunächst einmal als Frage noch offen, ob der gesuchte Grund überhaupt wahrhaft Grund sein kann.

Dieser Rückstoß der Metaphysik auf sich selbst ist das Ereignis, das sich im Wesen der Metaphysik selbst abspielt und von welchem Nietzsches Denken angegangen wird. Das Ereignis versetzt Nietzsches Denken in die Aufgabe, diesen Rückstoß der Metaphysik denkend aufzufangen. Nietzsches Denken ist durch und durch von diesem Ereignis in Anspruch genommen. Halten wir aber fest, daß die Metaphysik niemals leere Begriffsspekulation über allgemeinste Allgemeinheiten gewesen ist, sondern die inmitten des Seienden sich ereignende Erhöhung des Menschen durch Erkenntnis des Ganzen und des Höchsten, dann erst sind wir imstande, zu dem Ereignis, das sich im Denken Nietzsches abspielt, die angemessene Haltung einzunehmen.

Welcher Grund liegt der Metaphysik selbst zugrunde? Die Antwort im Sinne Nietzsches sei vorweg gegeben: Dieser Grund ist der Mensch. Der Rückstoß der nach dem Grunde fragenden Metaphysik auf sie selbst stößt das Denken auf den Menschen zurück. Was aber ist der Mensch, sofern er Grund, *hypokeimenon*, subiectum, der ganzen Metaphysik ist? In negativer Abgrenzung sei etwas angedeutet, denn die Frage nach dem Menschen ist natürlich das zentrale Thema der ganzen Nietzscheschen Philosophie. Der Mensch ist nach Nietzsche nicht die res cogitans Descartes', in der dieser das unumstößliche Fundament alles Wissens gesucht hatte, er ist nicht die durch die Sinnlichkeit und ihre Formen bedingte Menschenvernunft Kants, die nur im Sittlichen unbedingt ist, es ist auch nicht der nur durch Freiheitstat überwindbare Widerstreit von unendlichem Ich und Schranke wie bei Fichte, und es ist auch nicht der endliche Geist, in welchem der unendliche Geist sich überhaupt erst zu erkennen vermag, in der Philosophie des Deutschen Idealismus bei Schelling und Hegel. Als dieses geschichtliche Lebewesen erweist sich der Mensch als das *hypokeimenon*, das subiectum, die Grundlage aller Metaphysik. Aber diesen Vorgang selbst und die durch ihn gesetzten Folgen können wir natürlich nur schrittweise erkennen. Den ersten Schritt auf diesem Weg seines entschiedenen Denkens tut Nietzsche in der Schrift, die den Titel trägt *Menschliches, Allzumenschliches*.

Der Titel dieser Abhandlung ist bezeichnend. Er meint, die Metaphysik ist eine Erscheinung des Lebewesens Mensch. Sie ist nichts Übermenschliches mehr, in dem Sinne, daß der Mensch über sein Menschsein hinausgeht auf das Sein des Seienden im ganzen. Sie ist nach diesem Titel so wenig übermenschlich, daß sie vielmehr geradezu allzumenschlich ist. Das schließt als These ein, die ausgewiesen werden muß: In der bisherigen Metaphysik geht der Mensch in Wirklichkeit gar nicht über seinen Aufenthaltsbereich hinaus, wie er meinte, sondern er bleibt darin befangen, so jedoch, daß er sich darüber auch noch täuscht. Er hält nämlich die Metaphysik für ein Vor- und Hinausdringen in den Bereich des Seins des Seienden überhaupt. Diese Selbsttäuschung macht die Metaphysik zu etwas Allzumenschlichem, denn vielleicht ist es dem Menschen von Haus aus sogar eigentümlich, sich zuerst über sich selbst zu täuschen, sich zu erhöhen innerhalb des Ganzen der Dinge. Der Titel *Menschliches, Allzumenschliches* weist zunächst einmal den Anspruch der bisherigen Metaphysik als unbegründet ab. "Menschlich", das heißt also nur menschlich, ist kritisch bezogen auf den bisherigen Anspruch der Metaphysik auf eine Wesensüberhöhung des Menschen inmitten des Seienden durch Erkenntnis des Seins alles Seienden. "Allzumenschlich" ist sie, weil sich in ihr eine überhöhte Selbsteinschätzung des Menschen bekundet, die vielleicht etwas über den Menschen überhaupt auszusagen vermag. Dieser Rückstoß der Metaphysik auf sich selbst bringt den Menschen in eine Vorrangstellung für die philosophische Analyse selbst, und zwar nicht die Idee des Menschen, nicht eine gleichbleibende Wesenheit des Menschen, die dann von den Einzelnen mehr oder minder inadäquat realisiert wird, sondern der Mensch hier und jetzt, das im unaufhörlichen Wandel begriffene Lebewesen Mensch.

Damit scheint sich Nietzsche nun in eine unmittelbare Nähe einerseits zu Marx und andererseits zu Kierkegaard zu begeben, denn diesen beiden, freilich auf eine grundverschiedene Weise, ist ebenfalls am konkreten Menschen gelegen. So wurden dann, und werden auch heute noch, Nietzsche und Kierkegaard, Nietzsche und Marx oder auch alle drei oft genug in einem Atemzug genannt, wenn es sich darum handelt, den konkreten Menschen zur Geltung zu bringen. Es fragt sich aber, ob eine solche Statuierung einer Verwandtschaft zu Recht besteht. In der Tat geht es auch Marx sowohl wie Kierkegaard um den konkreten Menschen. Aber was heißt da eigentlich "konkreter Mensch"?

Der konkrete Mensch steht hier im Gegensatz zum Abstrakten des Begriffs in seiner Allgemeinheit. Die Vorstellung vom konkreten Menschen bleibt polemisch bezogen auf die spekulative Philosophie Hegels. Der so gefaßte Gegensatz von "konkret" und "abstrakt" wird aber aufgestellt von einer Auffassung her, die sich von Hegel bereits entfernt hat und sein Denken überhaupt nicht zu erreichen vermag. Denn nach Hegel ist das Konkrete die sich bei sich selbst vorstellende Einheit des Allgemeinen *und* des Einzelnen, während das Allgemeine, für sich genommen, ebenso abstrakt ist wie das für sich genommene Einzelne samt seiner Gesamtheit. Das ist nämlich für Hegel der wahre Begriff: die sich bei sich selbst vorstellende Einheit des Allgemeinen und des Einzelnen, und das ist das Wesen des Wirklichen und deshalb auch das Wirklichste: der Geist. Nach Hegel ist der Begriff in seinem vollen Wesen gerade nicht abstrakt, sondern das Konkreteste, das Zusammengewachsensein, die ursprüngliche Einheit von Einzelnem und Allgemeinem. Daß nun dieser Begriff auf die eine Seite des Abstrakten gestellt wird, zeigt darauf, daß der Bereich, aus dem Hegel dachte, bereits verlassen ist. Weder Marx noch Kierkegaard erreichen ihn in all ihren kritischen Auseinandersetzungen mit Hegels Philosophie. Aber beide haben etwas eigenes Wesentliches zu sagen, denn was ist nun unter dem "konkreten Menschen" positiv zu verstehen, der angeblich in Hegels Philosophie verschwunden zu sein scheint?

Es ist nach Marx der Mensch als das Wesen der Praxis der Arbeit. Die Arbeit aber besteht in der Betätigung seiner Wesenskräfte an außer ihm befindlichen Gegenständen - Gegenstände, die ihm nicht immanent sind, die außerhalb seiner sind, deren er aber bedarf, um an ihnen seine Wesenskräfte zu betätigen und in ihrer Betätigung zu existieren, zu sein. Weil diese Gegenstände der Betätigung seiner Wesenskräfte sich im Außerhalb seiner befinden, deshalb sind sie Gegenstände seines wesentlichen Bedürfnisses. Diese Bedürfnisgegenstände sind die Natur, in deren

Formung zu menschlichen Gegenständen der Mensch sich selbst allererst gegenständlich wird, sich gegenständliches Dasein gibt, Wirklichkeit erwirkt. Insofern und so verstanden ist das Eigene des Menschen seine Arbeitskraft, und zwar dies in dem ganz weiten Sinne der Realisierung seiner menschlichen Wesenskräfte an Gegenständen, die ihm nicht immanent sind, sondern sich außerhalb seiner befinden, also an Naturgegenständen.

So gibt der Mensch sein Eigenstes, seine produktive Kraft, seine Wesenskraft, dahin an das Arbeitsprodukt, an den formierten Naturgegenstand, denn der ist sein Arbeitsprodukt. Wenn dieser aber als bedürfnisbefriedigender Gegenstand zu ihm zurückkehrt, kehrt auch sein Eigenes zu ihm zurück, kehrt er zu sich selbst zurück. Dieser Kreisgang, durch den der Mensch sich selbst erhält mit einem spezifisch menschlichen Austausch mit der Natur, wird jedoch gestört und unterbunden durch den Besitz von Produktionsmitteln in der Hand von wenigen, welche die arbeitenden Menschen ihres wesentlichen Gegenstandes berauben, dergestalt, daß nun ihr Eigenstes, nämlich dasjenige, worin ihre Arbeitskraft fixiert ist, als fremder, unverfügbarer, ja feindlicher Gegenstand ihnen gegenübertritt. Die Fremdheit, die Entfremdung der Arbeitsprodukte stellt eine Selbstentfremdung des Menschen dar, und das ist der entscheidende Punkt, auf den es Marx ankommt: eine Selbstentfremdung, die sich im Zeitalter der maschinellen Produktion ins Riesige steigert.

Diese Selbstentfremdung des Menschen kann nur überwunden werden, in Konsequenz des Marxschen Gedankens, durch eine Vergesellschaftung der Produktionsmittel. Das ist wiederum nur durch eine gesellschaftliche Revolution möglich, ganz gleich, in welcher Form diese sich abspielt. Niemals hat Marx behauptet, daß sie in der Form einer blutigen Revolution vor sich gehen müsse. Der Träger dieser Revolution kann nur das moderne Industrieproletariat sein, das nichts besitzt als seine Arbeitskraft, also das Allermenschlichste, und dies veräußern muß, um sich am Leben zu halten. Diese Revolution birgt die Möglichkeit in sich - mehr hat Marx nie behauptet -, daß die Menschen in ihr Wesen zurückkehren durch Herstellung einer Gesellschaft, in der die Befriedigung der menschlichen Bedürfnisse, die freie allseitige Betätigung der Wesenskräfte des Menschen, nach jeder Hinsicht gesichert ist. Realisiert werden kann dieser Zustand nur durch eine Föderation aller Arbeiterrepubliken. "Arbeit" aber ist im ganz weiten Sinne zu nehmen, als Betätigung der dem Menschen eigenen spezifischen Wesenskräfte, wozu auch Wissenschaft gehört.

Marx versteht die Weltauslegung, in der sich der Mensch immer hält, das heißt die einem Menschentum jeweils eigene Weltsicht, die ihn überhaupt erst zum gemeinsamen Handeln befähigt, als Ideologie. Diese Idee, diese Weltsicht, stellt eine Funktion der jeweiligen geschichtlich-gesellschaftlichen Zustände dar, befindet sich also in Abhängigkeit von den jeweiligen geschichtlichen, gesellschaftlichen, ökonomischen Zuständen. Die jeweils herrschende Schicht, von Marx später Klasse genannt, verschafft sich dabei durch eine entsprechende Weltauslegung und durch Stabilisierung bestimmter staatlicher und rechtlicher Verhältnisse die Legitimation und Garantie ihrer Herrschaft. Daher kommt es, daß jedesmal, wenn eine neue Klasse zur Herrschaft aufsteigt, auch ein Umsturz der Weltauslegung, der Weltsicht mitgeschieht. Die unterdrückten Klassen, die Beherrschten, werden nicht so sehr durch Gewalt niedergehalten als vielmehr durch eine innere Überwältigung seitens der herrschenden Weltauslegung, die die bestehende gesellschaftliche Machtordnung vor dem Bewußtsein der Herrschenden und der Beherrschten in eins und zumal legitimiert. Das Elend der unterdrückten Klassen besteht weniger in der äußeren Gewalt, die sie erleiden müssen - obwohl das auch geschieht -, sondern vor allem im eigenen Nichtwissen des Elends, ihrer Unfreiheit zufolge der Anerkennung der Weltansicht, welche die bestehenden Machtverhältnisse - im 19. Jahrhundert sogar - als eine gottgewollte Ordnung ausgibt. Deshalb kommt es darauf an, bei den Unterdrückten das Bewußtsein ihrer Lage erst einmal zu wecken und ihnen das angemessene Selbstbewußtsein zu verschaffen, ihnen dazu zu verhelfen.

Eine solche Lehre ist ohne Hegels Philosophie, wie Marx auch immer zugestanden hat, überhaupt nicht zu verstehen. Denn der entscheidende Gedanke der Entfremdung, der Selbstentfremdung sowie der Aufhebung der Entfremdung ist ja bekanntlich von Hegel, allerdings jetzt transformiert, umgedacht und neu gedacht in die ökonomische Entwicklung hinein. Und so etwas ist nur auf dem Boden einer Metaphysik der Subjektivität überhaupt vollziehbar. Die logischen Schwächen dieser Lehre sind oft angeprangert worden. Aber auf sie kommt es überhaupt nicht an. Entscheidend ist, daß wir die tragenden Gedanken von Marx denken. Er ist vielleicht der einzige gewesen, der in der modernen Welt die Macht der ökonomischen Entwicklung für das Menschsein analysiert und erkannt hat. Schon darum ist er unentbehrlich, aber außerdem noch als weltgeschichtliche Erscheinung.

Im Kommunismus ist diese Philosophie noch etwas anderes als eine bloße Lehre, die man stützen oder angreifen oder gar widerlegen kann, denn im Kommunismus als weltgeschichtlicher Erscheinung tritt diese Lehre in eine Beziehung zum neuzeitlichen Willen einer unbedingten Vergegenständlichung der Welt und des Einsatzes der Menschen auf vorsätzliche Willensziele. Die Auffassung von der Geschichte als einem notwendigen Prozeß, der, etwa im dialektischen Materialismus, einer ganz bestimmten Variante der marxistischen Philosophie, Weltgeschichte gemacht hat und der in die Einrichtung der klassenlosen Gesellschaft ausläuft, widerspricht nicht etwa dem revolutionären Tatwillen, führt nicht zu einem Fatalismus, im Gegenteil: dieser sogenannte Geschichtsdeterminismus gibt dem Willen das Bewußtsein der Notwendigkeit seines Wollens und verhilft ihm gerade so zur Entschlossenheit eines Einsatzes aller verfügbaren Machtmittel, einschließlich des Menschen, für den Kampf um die Erdherrschaft, in deren Phase wir ja stehen. Dieser Kampf braucht nicht durch Kriege ausgetragen zu werden. Er kann auch ganz andere Formen der Auseinandersetzung haben. Die marxistische Lehre ist in dieser Erscheinungsform eine der Formen der Legitimation des Willens zur unbedingten Unterordnung unter seine eigene Kommandogewalt, nämlich desjenigen neuzeitlichen Willens, der die unbedingte Vergegenständlichung von allem will. Dieser Wille beschränkt sich aber in keiner Weise lediglich auf die kommunistisch geleiteten Staats- und Gesellschaftsformen. Er waltet und west überall. Über diesen Willen werden wir von Nietzsche etwas erfahren.

Für Kierkegaard ist dagegen der sogenannte konkrete Mensch der Einzelne, der in der Welt und in der Zeit angesichts der Ewigkeit vor Gott sich zu entscheiden hat. Dieser Anspruch ergeht nach Kierkegaard aus der Offenbarung Gottes in der Bibel.

Diese Offenbarung ist paradox, weil hier Gott, das Absolute, sich als Mensch in eine menschliche Beziehung zum Menschen setzt. Ein solches Paradox, so meint Kierkegaard, kann niemals begriffen, sondern nur durch den Sprung des Glaubens angeeignet werden, diese Wahrheit ist nur im und durch den Glauben anzueignen. In der spekulativen, der Hegelschen Philosophie vergißt der Mensch nach Kierkegaard seine Existenz, das heißt sein Aufgefordertsein als Einzelner, als dieser hier und jetzt, zur Entscheidung im Hier und Jetzt angesichts der Ewigkeit, glaubend diese Offenbarung zu übernehmen und so in einen Bezug zum Absoluten zu gelangen oder sich dem zu verweigern.

Auch Kierkegaard denkt den Menschen im Sinne der neuzeitlichen Metaphysik als Subjektivität. Er bestimmt die Existenz, das Wesen des Menschen, als ein Verhältnis, das sich zu sich selbst verhält, als cogito me cogitare. Die Existenz kann deshalb nach ihm nur dialektisch gedacht werden. Seine Absicht ist es aber, auf dem Boden der neuzeitlichen Welt neu auszumachen, was Christsein heißt im Unterschied zum bloßen Christentum. Christentum heißt: Herrschaftsanspruch der Kirche auf Gestaltung des menschlichen Lebens und vor allem seiner Kultur. Christsein heißt für Kierkegaard: für sich als Einzelner hier und jetzt verantwortlich stehen vor der Ewigkeit, Christentum dagegen: ein für allemal für sich verabredet haben, bestimmte von der Kirche verkündete Glaubenssätze für wahr zu halten und sich an die kirchlichen Vorschriften zu halten. Kierkegaard spricht zwar von dem dialektischen Charakter der menschlichen Existenz - und "menschliche Existenz" ist ein Pleonasmus, weil Existenz gar nichts anderes heißt als menschliches Dasein -, aber es geht ihm weniger darum, die Struktur dieser Existenz zu begreifen, sondern sein Denken steht von vornherein im Dienst des Interesses, das der Mensch an sich selbst nimmt. Er will mit seinen Schriften darauf aufmerksam machen, was es heißt: Christ sein in einer Zeit, in der zwar alles den Namen "Christ" und "christlich" für sich in Anspruch nimmt, aber Christlichkeit, Christsein nicht mehr wirklich ist.

Kierkegaard denkt nicht wie Nietzsche die Wirklichkeit des Wirklichen überhaupt. Ihm geht es darum, auszumachen, worin und wodurch das Christentum in der modernen Welt noch wirklich sein kann. Sein einziges Thema ist die Wirklichkeit des Christseins. So kommt er denn dahin, das Christliche und das Christentum zu unterscheiden. Das Christentum ist aber für Kierkegaard nicht etwa bloßes Lippenbekenntnis oder gar Heuchelei, es ist vielmehr die herrschende Unwirklichkeit des Christlichen im Namen des Christen. Das ist in den Augen Kierkegaards etwas viel Unheimlicheres und auch Ärgeres als die bloße Veräußerlichung und die frömmelnde Heuchelei, an der er gar nicht interessiert ist und die es ja immer gegeben hat. Dafür, daß es christliche Heuchler gibt, kann man schließlich nicht das Christentum verantwortlich machen. Da nach Kierkegaard das Christliche gerade das Selbstsein des Menschen ausmacht, enthüllt sich ihm das Christentum als die in seinem Zeitalter herrschende Unwirklichkeit des Christlichen folgerichtig als ein im Menschen hausendes Nichts an Selbstsein.

Von dorther ist auch erst sein Kampf gegen die Kirche zu verstehen, der sich viel weiter erstreckt, als man gemeinhin meint, wenn man nur auf den liberalen Protestantismus im Dänemark seiner Zeit hinweist. Daß freilich dieser Enthüller eines das Menschentum bedrohenden Nichts an Selbstsein nun seinerseits wiederum des Nihilismus beschuldigt wurde, gehört zu den Vorgängen, die sich schon oft abgespielt haben und immer wieder abspielen werden. Man kann annehmen, daß diese selbstgerechten Ankläger ohne ihr Wissen die Verbreitung des Nihilismus noch mit am gründlichsten betreiben.

Diese kurzen Hinweise auf Marx und Kierkegaard sollten lediglich dazu dienen, durch Abgrenzung und durch Vermeidung falscher Vermischungen die Gestalt Nietzsches deutlicher zu sehen und über scheinbare Verwandtschaften doch die wesentlichen Unterschiede nicht zu verwischen. Bei allen dreien rückt der Mensch in das thematische Zentrum, aber, und das gilt es zu sehen, in grundverschiedenen Hinsichten und Absichten: Marx setzt den Menschen als das Wesen der Praxis der Arbeit an, das durch den revolutionären Akt der Vergesellschaftung der Produktionsmittel aus der Selbstentfremdung in seine Freiheit, das heißt Totalität der Betätigung seiner Wesenskräfte zurückgebracht wird. Die weltgeschichtliche Wirklichkeit seiner Lehre besteht darin, daß sie eine der Weisen ist, wie der moderne Wille zur technischen Beherrschung des Seienden den Menschen zu diesem Willen treibt. Für Kierkegaard ist deshalb der konkrete Mensch das einzige Thema, weil er die Bedingungen ausmachen will, unter denen das Christliche, das Selbstsein des Menschen, welches in seiner Entscheidungsgewalt liegt, wirklich ist, also wie das Christsein im Sinne seines Zeitalters noch wirklich sein kann.

Für Nietzsche rückt der Mensch ebenfalls in eine ausgezeichnete Vorrangstellung, aber deshalb, weil er auf den Grund der Metaphysik, welche das Sein des Seienden im ganzen zu erkennen strebt, hinaus- und zurückdenkt, also weil er unter dem Wesensgesetz des Denkens steht, das mit den Griechen anhub und das sich in Hegel vollendete. Der Mensch rückt in den Vorrang, weil Nietzsche den Rückstoß der Metaphysik auf sich selbst vollzieht, ihre Rückführung auf den ihr zugrunde liegenden Grund, als den sich ihm das Lebewesen Mensch enthüllt, so daß sich nun auch die Aufgabe stellt, das Wesen des Menschen neu zu bestimmen. Die Metaphysik, bis dahin als das Übermenschliche beansprucht, erscheint jetzt als etwas bloß Menschliches, als eine Erscheinung des Lebewesens Mensch, ja sogar als allzumenschlich, weil dieses seltsame Lebewesen sich vermißt, die Hinsicht, unter die es das Seiende stellt, für die Aussicht auf das Sein des Seienden selbst zu halten.

Man hat den Denkweg Nietzsches seit seiner Loslösung von Schopenhauers Philosophie und der Metaphysik der Wagnerschen Musikdramen, also seit der Schrift *Menschliches, Allzumenschliches*, immer schon nach drei Stadien gegliedert:

Erstes Stadium: *Menschliches, Allzumenschliches* (1878), *Der Wanderer und sein Schatten* (1879 beendet, 1880 erschienen, 1886 mit den *Vermischten Meinungen und Sprüchen* zum 2. Band von *Menschliches, Allzumenschliches* vereinigt), *Morgenröthe* (1881), *Die fröhliche Wissenschaft* (1882).

Zweites Stadium: *Also sprach Zarathustra* (1883-1885).

Drittes Stadium: *Jenseits von Gut und Böse* (1886), *Zur Genealogie der Moral* (1887), dazu neue Vorreden zu den Schriften der ersten Periode und ein 5. Buch der *Fröhlichen Wissenschaft*, *Der Fall Wagner* (1888), *Der Antichrist* (1888 fertiggestellt, 1895 erschienen), *Götzen-Dämmerung* (1889), *Ecce Homo* (1889).

Nun pflegt man, äußerlich betrachtet, die Stadien von Nietzsches Denkweg so zu charakterisieren: Nach einem Vorspiel von der Art, daß sich Nietzsche in dem Bannkreis Schopenhauers und der Metaphysik der Wagnerschen Musikdramen aufhielt, beginnt mit *Die fröhliche Wissenschaft* eine antimetaphysische, wissenschaftspositivistische Phase. Dann folgt die dichterische Phase der *Zarathustra*-Zeit und schließlich, wohl als Synthese von Wissenschaft und Dichtung, eine neue metaphysische Schlußphase, welche gekennzeichnet ist durch die Lehre vom Leben als Willen zur Macht, vom Sein als der ewigen Wiederkehr des Gleichen und vom Übermenschen. Man stellt sich also Nietzsches sogenannte geistige Entwicklung so vor: Zuerst steht er in einem Vorspiel ganz im Banne der Philosophie Schopenhauers und der Musikdramen Richard Wagners. Aus dieser Zeit stammen die Schriften *Die Geburt der Tragödie* und die vier *Unzeitgemäßen Betrachtungen*. Dann tritt, nach diesem musikdramatischen Rausch, die Ernüchterung, die Abkehr von der Metaphysik ein: die positivistisch-wissenschaftliche Periode. Dieses Extrem treibt Nietzsche jedoch nach Jahren in das andere Extrem, so daß er zum Dichter des *Zarathustra* wird, eine Dichtung, die als Dichtung total verfehlt ist. Dichtung und Wissenschaft in sich zu vereinigen ist dann die Aufgabe der Schlußphase.

So legt man sich den Gang des Denkens nach einem Schema zurecht, das man Hegel entwendet hat. Danach verläuft Nietzsches geistige Entwicklung nach einem Schopenhauer-Wagnerschen Vorspiel dialektisch - durch These: Wissenschaft, Antithese: Kunst und Synthese: nämlich von Wissenschaft und Kunst als Metaphysik. Solche entwicklungsgeschichtlichen Konstruktionen breiten lediglich ein Scheinverständnis aus. Sie sind auch nur von denjenigen entworfen, die das Handwerk des Denkens nicht gründlich gelernt haben, aber sich trotzdem unentwegt mit der Philosophie zu schaffen machen. Solche Menschen sind zahlreicher, als man meint.

Wir versuchen, den Denkweg Nietzsches mitzugehen, indem wir von vornherein die Sache zu fassen und festzuhalten versuchen, von der Nietzsches Denken, seinem eigenen Zeugnis nach, angegangen wurde: die Metaphysik selbst, deren Leitfrage nach dem zugrunde liegenden Grund sich auf sie selbst, nach ihrer

Vollendung im Deutschen Idealismus, zurücklegt. Als dieses Zugrundeliegende (*hypokeimenon*, subiectum) der gesamten Metaphysik in ihrem geschichtlichen Entstehen, ihren geschichtlichen Wandlungen und ihrer Vollendung erweist sich nach Nietzsche der Mensch. Dieser ist aber in seinem Wesen als Grundlage der Metaphysik nicht im vorhinein schon bekannt, vielmehr steht der Mensch gerade als dieser Grund der Metaphysik in Frage. Das heißt die Rückführung der Metaphysik auf den Menschen als ihren Grund läßt überhaupt erst den Menschen in seinem Wesen zum Vorschein kommen. Und umgekehrt: Die Ergründung des Menschen als des Grundes der Metaphysik macht überhaupt erst das Wesen der Metaphysik im Sinne Nietzsches sichtbar. Diese wird nicht einfach auf einen schon bekannten und als bekannt anzusetzenden Grund zurückgestellt, noch aus diesem in einer deduktiven Satzfolge nach Art des wissenschaftlichen Vorgehens abgeleitet, vielmehr wird erst über beides, über das Wesen des Menschen und über die aus ihm erwachsende Metaphysik, im Verfolg dieses Fragens entschieden. Nietzsches Denken bewegt sich also in einem Hin und Her zwischen der Metaphysik und dem als ihrem Grund aufgedeckten Menschen. Dieses Hin- und Hergehen bahnt und befestigt allererst seine Denkbahn. Die drei Werke des ersten Stadiums bezeugen bereits eine wachsende Sicherheit und Entschiedenheit, mit der sich Nietzsche auf diesem im Denken erst sich bahnenden Weg bewegt. Für uns kommt es darauf an, hier mitgehen und einigermaßen Schritt halten zu können.

Die erste Aufgabe für Nietzsche besteht darin, die Metaphysik und die mit ihr essentiell verbundene Moral, nämlich das Grundgesetz des menschlichen Verhaltens zur Welt und zu sich selbst, in das menschliche Leben hier und jetzt, das Leben in seinem geschichtlichen Wandel, zurückzuübersetzen. Ihr unterzieht er sich auf eine erste Weise in den mit *Menschliches, Allzumenschliches* beginnenden Schriften, aus denen wir einige Partien interpretieren werden, um mit Nietzsche diesen Weg mitgehen zu können. Dabei ist zu beachten, von vornherein zu sehen und im Blick zu behalten: Nietzsche bezieht und befestigt sein Denken durch den Nachweis, daß die Metaphysik und die in ihr gründende Moral überhaupt nicht ewige Wahrheiten über Welt und Mensch sind, sondern daß sie als Gewordene, also durch ein Werden hindurch, allererst sind, was sie sind. Sie sind aufgrund ihres Gewordenseins aus dem Leben, und darum sind sie wie alles durch Werden Seiende auch dem Vergehen unterworfen. Damit aber nicht die falsche Meinung überhaupt erst aufkommen kann, es handele sich bei diesen Schriften um Anthropologie, gar um bloße Kulturanthropologie, so sei wenigstens ein Stück aus der *Morgenröte*, der zweiten Schrift aus der ersten Phase, angeführt, das zeigt, daß der Rückgang auf den Menschen eine Auslegung des Ganzen der Dinge einschließt, also nicht Anthropologie ist, sondern Philosophie:

> "*»Erkenne dich selbst« ist die ganze Wissenschaft.* - Erst am Ende der Erkenntniss aller Dinge wird der Mensch sich selber erkannt haben. Denn die Dinge sind nur die Gränzen des Menschen."[2]

Eine kurze Erläuterung: Was wir von den Dingen begreifen, als was wir sie erkennen, also unsere gesamte Welterkenntnis, sei sie theoretisch, sei sie praktisch (denn auch die Praxis ist eine Form der Welterkenntnis), ist das, womit sie sich auf uns und an uns gleichsam einzeichnen. Wir begreifen von ihnen nichts anderes als die von ihnen bewirkten Veränderungen an uns selbst, deren Bestimmtheiten wir dann den Dingen in positiven und negativen Urteilen zusprechen. Die Welt als Erkenntnisgegenstand in Theorie und Praxis ist der Spiegel unser selbst, in welchem wir uns allererst erkennen in dem, wer wir sind. Der Mensch ist also überhaupt nicht zu begreifen in dem, was und wie er ist, es sei denn innerhalb einer Auslegung, welche das Ganze der Dinge mit umfaßt.

---

[2] Morgenröte I, Zif.48; KGW V/1, S.49.

I. TEIL
DIE ENTHÜLLUNG DER METAPHYSIK

1. Der Begriff des Organischen

Dieser Abschnitt der Untersuchung ist der ersten, mit *Menschliches, Allzumenschliches* beginnenden Phase gewidmet. Wir lesen dort im 1. Buch:

> "Mit all diesen Auffassungen wird der stetige und mühsame Process der Wissenschaft, welcher zuletzt einmal in einer *Entstehungsgeschichte des Denkens* seinen höchsten Triumph feiert, in entscheidender Weise fertig werden, dessen Resultat vielleicht auf diesen Satz hinauslaufen dürfte: Das, was wir jetzt die Welt nennen, ist das Resultat einer Menge von Irrthümern und Phantasien, welche in der gesammten Entwickelung der organischen Wesen allmählich entstanden, in einander verwachsen <sind> und uns jetzt als aufgesammelter Schatz der ganzen Vergangenheit vererbt werden, - als Schatz: denn der *Werth* unseres Menschenthums ruht darauf."[1]

Hier sagt Nietzsche zunächst: Die gegenwärtige Welt, die Welt in ihrem gegenwärtigen geschichtlichen Zustand, die Welt daher verstanden als das Ganze, in welchem wir uns nach dem jeweiligen Stand der Erkenntnis erkennend und handelnd bewegen, ist das Resultat der Gesamtentwicklung organischer Wesen. Ein solcher Satz ist überhaupt nur aus und innerhalb der neuzeitlichen Metaphysik der Subjektivität verstehbar. Diese denkt das subiectum, den dem Seienden zugrunde liegenden Grund, als Subjektivität, das heißt als das im Vorstellen der Welt Anwesende. Vorstellen aber heißt immer: das Vorgestellte auf sich, den Vorstellenden, zurückbeziehen und es so nach verschiedenen Hinsichten sich präsent machen. Jetzt kommt das Entscheidende: Nietzsche

---

[1] Menschliches, Allzumenschliches I, Zif.16; KGW IV/2, S.33.

bestimmt in diesen Sätzen den das Seiende im Vorstellen seiner auf sich konzentrierenden Grund, das subiectum, als etwas Organhaftes. Das ist eine ganz neue, noch nicht dagewesene Auslegung der Subjektivität. Danach ist das Subjekt ein organisches Wesen, das daher in Entwicklung begriffen ist. Und diese ist nichts anderes als die Menschheitsgeschichte. Was wir Welt nennen, das Ganze dessen, in welchem wir uns erkennend und handelnd bewegen, das Medium unserer Existenz, ist ein Produkt der Entwicklung dieses organischen Wesens.

Es ist nun zu zeigen, daß diese These alles andere als ein grober Biologismus ist und daß sie einen ausschließlich philosophischen Sinn hat. Sie bestimmt das Wesen des Subjekts als organisch. Was heißt das? Nietzsche sagt:

> "Uns organische Wesen interessirt ursprünglich Nichts an jedem Dinge, als sein Verhältniss zu uns in Bezug auf Lust und Schmerz."[2]

"Ursprünglich" heißt: von Anfang an und durch alles hindurchgehend. Ursprünglich stellen wir das Seiende in die eine Hinsicht unserer Zustände angesichts seiner. Woran uns liegt, ist der in allem Vorstellen von etwas - sei es theoretisch, sei es praktisch - mit-vorgestellte Zustand unser selbst angesichts der Dinge. Diese Sätze bedürfen selbstverständlich einer weiteren Aufweisung und Begründung. Aber wenn es so sein sollte, was wäre dann das, was wir unsere Welt nennen? Nichts anderes als eine Zusammenfassung aller Relationen zu den Dingen, in welche Relationen die gesamte Geschichte des Menschen eingegangen ist, alle unsere Erfahrungen, Erkenntnisse, Irrtümer, Phantasien usf.

Nun nimmt offensichtlich das Organische die Rolle eines Schlüsselbegriffs für Nietzsche in dieser Periode seines Denkens ein, der ihm ein Verständnis der Metaphysik aufschließt. Deshalb müssen wir fragen: Was hat es denn eigentlich mit diesem Organischen auf sich? Es gilt, uns einen vorläufigen Begriff von seinem Wesen zu verschaffen.

Aristoteles hat im ersten Kapitel des 2. Buches der Schrift *Peri Psyches*, lateinisch *De anima*, deutsch *Von der Seele*, im Organi-

---

2 Ebd., Zif.18; KGW IV/2, S.35.

schen das Wesen des Lebens bestimmt. Das ist maßgeblich geblieben bis heute. Was ist das Wesen des Organischen, wenn in ihm das Wesen des Lebens beruht? Das Lebendige lebt, indem es mittels der Organe von sich aus auf anderes übergreift und dieses andere sich einverleibt als seinen Bestand, aus dem es besteht. Der Grundzug des Lebendigen ist dies ausholende, auslangende Einholen von anderem, das es sich einverleibt. Diese Seinsweise des Lebendigen nannten die Griechen *psyche*. Wir verstehen nichts von dem, was die Griechen *psyche*, Seele, nannten, wenn wir nicht diese Grundstruktur des ausholenden Einholens zu sich dabei ins Auge fassen. Darum trägt die Schrift, die Aristoteles über das Wesen des Lebens geschrieben hat, den Titel *Peri Psyches*.

Wenn Thales, von dem behauptet wird, er sei der erste Philosoph, und von dem nur eine These überliefert ist, daß alles Wasser sei, gelehrt haben sollte, daß auch der Magnet beseelt sei, dann verstehen wir das unmittelbar. Denn es liegt hier kein Panpsychismus vor, wie man törichterweise gemeint hat, sondern Thales sieht an dem die Eisenspäne anziehenden Magneten das auslangende Einholen und Zu-sich-Holen von anderem und hat daraus den falschen Schluß gezogen, daß der Magnet beseelt sei. Dieses über sich hinausgreifende Einholen von anderem geschieht mittels der Organe und in den Organen. Da aber das Lebendige in solchem auslangendem Einholen lebt, sind ihm die Organe nicht bloß Werkzeuge, sondern sie sind gerade das eigentlich Lebendige am Lebendigen. Durch sie und in ihnen lebt es als das Lebendige, durch sie und in ihnen hält es sich als ein Lebendiges im Sein.

Dieser von den Griechen ausgebildete Wesensbegriff vom Lebendigen als dem Organhaften bleibt auch bei Nietzsche in Geltung, jedoch mit einer wesentlichen Erweiterung und darum Umbildung. Nietzsche bezieht nämlich auch das, was bis dahin den Menschen wesentlich von den übrigen Lebewesen unterschied, die Vernunft in ihrem Vollzug - das Denken -, in den Bereich des Organischen ein. Nun ergibt sich die Frage: Verfällt er dadurch nicht einem ganz primitiven und groben Biologismus? Wie kommt Nietzsche dazu, auch das Denken organhaft auszulegen?

Das ist abermals nicht zu verstehen ohne die Wendung, die sich im Beginn der Neuzeit im Denken Descartes' zum ersten Mal ereignete. Achten wir dabei auf folgenden Grundzug des Denkens, so wie es vom neuzeitlichen Denken immer wieder ausgelegt wurde. Denken besagt: Vorstellen, etwas auf sich, den Vorstellenden, zurückbeziehen und so das Vorgestellte bei sich sicherstellen. Der Vorstellende weilt und währt und ist im Rückbezug des Vorstellens und des darin vorgestellten Gegenstandes auf sich. Das heißt aber, da der Vorstellende der Mensch ist, der Mensch stellt das Seiende auf sich zu, konzentriert es auf sich als das Subjekt alles Vorgestellten. Jetzt das Entscheidende: Nietzsche unterstellt dieser Struktur des Vorstellens den Tatbestand des Organischen. Er fragt nämlich: Weshalb hat denn eigentlich das Denken diesen Zug des Zurück-zu-sich, nämlich dem Vorstellenden? Weil das Vorstellen selbst von der Art des Organhaften ist, weil es ein über sich hinausgreifendes Zu-sich-Holen ist, weil also der Mensch gerade als Denkender von der Art der Lebewesen ist. Das Vorstellen bekundet in sich und an sich selbst die Wesensart des Lebens, der *psyche*, deren Grundzug das auf anderes übergreifende Zu-sich-Holen ist. Darum deutet Nietzsche die Subjektivität des Subjekts organhaft, lebewesenhaft. Der Mensch ist nicht nur als das sinnliche Leibwesen ein Lebewesen, sondern auch und gerade als das denkende Wesen, das er ist und bleibt, als das er sich bis dahin von den übrigen Lebewesen unterschieden hatte. Das Denken selbst bekundet seinen organhaften Charakter, denn Denken heißt das Seiende in die Bezüge einstellen, in denen das Lebewesen Mensch sich inmitten des Ganzen der Dinge überhaupt zu halten vermag. Daraus ergeben sich gewichtige Folgen, die jetzt schon angedeutet seien, damit wir die Blickbahn, in der Nietzsche sich bewegt, freibekommen für ein eigenes, selbständiges Nachdenken.

Wenn nämlich Wahrheit besagt, das Seiende erfassen, wie es an ihm selbst ist, und wenn das Denken doch das Seiende gerade in die Verhältnisse zum Menschen stellt, an denen ihm um seiner lebensmäßigen Selbstbehauptung willen gelegen ist und gelegen sein muß, dann ist das gesamte denkende Verhalten selbst etwas Verhältnismäßiges. Es erfaßt daher nicht die Wahrheit bezüglich des gedachten Seienden, nicht das Wirkliche, wie es von sich her ist, sondern immer nur so, wie es in die Relation zum Menschen gestellt wird. Ein Wesen, das in der Selbstbezüglichkeit auf sich selbst und um willen seiner Erhaltung lebt und entsprechend die Welt vorstellt, bleibt daher von der Wahrheit über das Seiende ausgeschlossen.

In dieser Deutung der Subjektivität als etwas Organhaftem vollendet sich eine Tendenz der neuzeitlichen Philosophie überhaupt. Das müssen wir sehen, damit wir erkennen, daß Nietzsche mit seiner Philosophie eine ganz bestimmte Ortschaft innerhalb der metaphysischen Denkgeschichte einnimmt, und zwar eine Ortschaft, die man als die Endstellung charakterisieren kann. Darauf jetzt auch ein Hinweis.

Nach Descartes bereits melden die Sinne uns nicht die Eigenschaften der Dinge selbst, sondern nur ihre Nützlichkeit oder Schädlichkeit für uns. Die Dinge selbst in dem, was und wie sie sind, werden nach ihm allein durch die mathematische Erfassungsart, also durch mathematische Physik, und durch die darin begründeten Wissenschaften, sofern sie sich darin gründen, erkannt - die heutige Situation. Locke, in der Nachfolge Descartes', obwohl er das Denkniveau Descartes' niemals erreicht hat, statuiert daraufhin den bekannten Unterschied zwischen den primären und sekundären Qualitäten. In den Qualitäten, wie sie uns die einzelnen Sinne melden, in den Eigenschaften der Sinne: Farbigkeit, Geruch, Geschmack usw., melden sich nicht Eigenschaften der Dinge selbst, sondern es bekunden sich darin nur die Reaktionen unseres Leibes auf die Wirkung der Dinge auf uns, sie sind bloß subjektiv, sie sind sekundär. Objektiv und primär, nämlich den Dingen selbst eigen, sind allein die in der extensio als der Grundeigenschaft der Dinge fundierten Bestimmungen, als da sind Größe, Anzahl, Lage, Bewegung usf., also die Grundbestimmungen der mathematischen Physik.

Kant zieht nun auch noch diese primären Eigenschaften in die Subjektivität hinein, die er jedoch transzendental denkt, indem er zugleich die Objektivität wissenschaftlicher Erkenntnis begründet, und zwar auf folgende Weise: Diese mathematischen Bestimmungen gründen nach Kant in den Anschauungsformen von Raum und Zeit, welche dem Menschen als dem vorstellenden Subjekt von sich her eigen sind. Diese dem Subjekt eigenen Anschauungsformen weist Kant aber als die notwendigen Bedingungen nach, unter denen uns überhaupt Seiendes zugänglich wird, nämlich sich zeigen kann. Als die notwendigen Bedingungen des Sich-Zeigens von Gegenständen sind Raum und Zeit objektiv, nämlich für uns Menschen. Sie kommen dem Seienden nicht an ihm selbst zu. Sie sind objektive Bestimmungen des Seienden als eines Gegenstandes möglicher Erkenntnis für uns, in Relation auf uns. Oder, wie Kant das auch ausdrückt, sie sind objektive Bestimmungen des Seienden in seinem Erscheinen für uns, als Erscheinung, nicht aber des Seienden, wie es an sich ist, nicht des Seienden als des Dings an sich. Objektive Einheit, Gegenständlichkeit, bringt erst das "Ich-denke" mit seinen Kategorien zustande. Da aber nun der Mensch nur durch die Anschauungsformen von Raum und Zeit hindurch sich Seiendes zugänglich machen kann, bleibt die Anwendung der Kategorien auf Erscheinungen beschränkt, so jedoch, daß diese Kategorien den Erscheinungen objektive Realität, Objektivität, Gegenständlichkeit verleihen. Das heißt jetzt: Bei Kant stellt der Mensch als sinnliches Wesen bereits eine Modifikation des Seienden in seinem Sein dar.

Nietzsche dehnt nun diese Modifikation auf den ganzen Menschen aus. Gerade auch das Denken und seine Vollzugsformen, die Kategorien, haben die Wesensart des Organhaften. Das ist der Schritt, den Nietzsche über Kant hinaus tut. Wenn man es einmal schlagwortartig ausdrücken will: Nach Nietzsche denken wir im gegenständlichen Vorstellen, also im Erkennen von etwas, gar nicht auf das Seiende zu, sondern wir denken gerade auf uns zurück. Das Denken auf das Seiende ist durch und durch selbstbezügliches Denken des Lebens an sich selbst. Das Denken, das sich auf sich beziehende Vor-sich-Bringen und Bei-sich-Sicherstellen des Seienden, also die Vergegenständlichung, ist das Subjektivste im Subjekt. Darin waltet und wirkt der organhafte Grundzug des Lebens gerade am stärksten.

2. Die Ablösung der Metaphysik durch eine Philosophie des Werdens

Aus diesem Begreifen des denkenden Subjekts, welches der Mensch ist, aus dem selbstbezüglichen Leben im Sinne des Organhaften fällt auch nun erst ein Licht auf das grundlegende erste Stück von *Menschliches, Allzumenschliches*. Es trägt die Überschrift "*Chemie der Begriffe und Empfindungen*" und lautet:

> "Die philosophischen Probleme nehmen jetzt wieder fast in allen Stücken dieselbe Form der Frage an, wie vor zweitausend Jahren: wie kann Etwas aus seinem Gegensatz entstehen, zum Beispiel Vernünftiges aus Vernunftlosem, Empfindendes aus Todtem, Logik aus Unlogik, interesseloses Anschauen aus begehrlichem Wollen, Leben für Andere aus Egoismus, Wahrheit aus Irrthümern? Die metaphysische Philosophie half sich bisher über diese Schwierigkeit hinweg, insofern sie die Entstehung des Einen aus dem Andern leugnete und für die höher gewertheten Dinge einen Wunder-Ursprung annahm, unmittelbar aus dem Kern und Wesen des »Dinges an sich« heraus. Die historische Philosophie dagegen, welche gar nicht mehr getrennt von der Naturwissenschaft zu denken ist, die allerjüngste aller philosophischen Methoden, ermittelte in einzelnen Fällen (und vermuthlich wird diess in allen ihr Ergebniss sein), dass es keine Gegensätze sind, ausser in der gewohnten Übertreibung der populären oder metaphysischen Auffassung und dass ein Irrthum der Vernunft dieser Gegenüberstellung zu Grunde liegt: nach ihrer Erklärung giebt es, streng gefasst, weder ein unegoistisches Handeln noch ein völlig interesseloses Anschauen, es sind beides nur Sublimirungen, bei denen das Grundelement fast verflüchtigt erscheint und nur noch für die feinste Beobachtung sich als vorhanden erweist. - Alles, was wir brauchen und was erst bei der gegenwärtigen Höhe der einzelnen Wissenschaften uns gegeben werden kann, ist eine *Chemie* der moralischen, religiösen und ästhetischen Vorstellungen und Empfindungen, ebenso aller Regungen, welche wir im Gross- und Kleinverkehr der Cultur und Gesellschaft, ja in der Einsamkeit an uns erleben: wie, wenn diese Chemie mit dem Ergebniss abschlösse, dass auch auf diesem Gebiete die herrlichsten Farben aus niedrigen, ja verachteten Stoffen gewonnen sind?"[3]

Die Form der Frage, die jetzt die philosophischen Probleme wieder annehmen, beherrschte das Denken im Anfang der abendländischen Philosophie, bei den sogenannten Vorsokratikern, denn diese erfuhren das Sein des Seienden als den Wechselbezug dessen, was sich gegenwendig gegeneinander ausschließt, als da sind: Tag und Nacht, Sommer und Winter, dunkel

[3] Ebd., Zif.1; KGW IV/2, S.19f.

und hell, warm und kalt, hoch und niedrig, Leben und Tod, usf. Diese Gegensätze gehen einer aus dem anderen hervor. Die Frage, vor der diese ersten Denker standen, war einfach diese: Wie ist es möglich, daß Gegensätze auseinander hervorgehen können, was sich doch gegenseitig ausschließt? Was sich gegenseitig gerade verneint, wie kann denn das auseinander hervorgehen? Das war die Grundfrage der sogenannten Vorsokratiker. Sie antworteten - und das ein jeder auf seine Weise natürlich: Diese Gegensätze sind im Grunde dasselbe. Sie sind, wie Heraklit zum Beispiel sagt, so etwas wie das Feuer, das ja beides in eins und zumal ist: das zum Erscheinen Bescheinende, Belebende und das Erlöschende, Verzehrende, Verschwinden-Machende. Im Feuer erblickte Heraklit anschaulich die Natur der Dinge, ihr Wesen, die *physis*, wie die griechischen Denker sagten, die Art und Weise, wie das Seiende im Ganzen ist, nämlich so, daß das eine und selbe, indem es als das eine vergeht, als das andere gerade hervorkommt. Nach Nietzsche nehmen die philosophischen Probleme der Gegenwart jetzt wieder "fast" dieselbe Form der Frage an. Die Verwandtschaft mit diesen ersten Denkern betrifft also nur die *Form* des Fragens. Die Gegensätze selber sind inhaltlich anders gefaßt.

Als der tragende und bestimmende Grund von allem, als das Element, hat sich das Leben gezeigt. Dessen Wesen ist das Organhafte. Mittels seiner Organe und in ihnen und durch sie lebt das Lebendige sein Leben. Das Lebendige hat es von vornherein abgesehen auf die Sicherung seines Bestandes; das heißt aber immer, da es sich doch um Lebendiges handelt, auf die Sicherung seines Wachstums, seiner Entwicklung. Das Lebendige ist wesenhaft darauf aus, sich mit einem Umkreis von Wirklichem zu umgeben, einer Sphäre, die ihm seinen Bestand verbürgt. Es lebt - das macht die Struktur der *psyche* aus -, indem es, über sich hinausgreifend, anderes zu sich holt, um es für sich zu gebrauchen. Es lebt in Selbstbezüglichkeit um willen seiner selbst. Wie können nun aus diesem Leben Vernunft und Logik entstehen, die sich doch beim Lebewesen Mensch finden, und zwar als das Beherrschende?

Die Vernunft ist das Denkvermögen. Das Denken spricht sich aus im Urteil. Es teilt der Sache, über die geurteilt wird, das zu, was ihr von ihr selbst her zukommt. Das Urteil hat den Charakter der Sachlichkeit. Es begründet sich in der Sache, über die geurteilt wird, und von ihr her. Das sich in der Sache eigens begründende Urteil ist daher auch das eigentliche Urteil im Unterschied zur bloßen Meinung. Wie kann diese von sich selbst absehende Tendenz auf die Sache und auf sachliche Begründung seinsmäßig aus dem selbstbezüglichen, das heißt doch unsachlichen, also unlogischen Leben überhaupt entstehen? Wie ist sie möglich? Wie kann es ferner ein Handeln im Blick auf den anderen geben, also ein Handeln, bei dem der Handelnde von sich absieht? Wie kann ein Lebewesen überhaupt um willen eines anderen handeln? Wie können Gesetze der Moral aufkommen, die dem Menschen vorschreiben, sich an die Stelle des anderen zu versetzen, sich objektiv zu nehmen? Wie kann "interesseloses Anschauen aus begehrlichem Wollen" erwachsen?

"Begehrliches Wollen" ist hier der Name für den beherrschenden Zug des Lebens, denn etwas begehren heißt immer, es für sich begehren. Die Begierde als Grundzug des Lebens, also in ontologischer Bedeutung zu nehmen, ist ebenfalls die Übernahme eines griechischen Grundbegriffs: *epithymia*. Das ist der Drang, der das Lebewesen stets über sich hinausdrängt, so daß es nicht mit sich allein auskommt, sondern auf ein Mehr-und-noch-Dazu aus ist. Dies wird in der Präposition epi ausgedrückt. Wie kann aus der *epithymia* die *theoria* erwachsen, so könnte man es griechisch formulieren, ein solches Betrachten, das nur danach trachtet, das Seiende als das begegnen zu lassen und aufzuschließen, was und wie es von sich her ist, also ein Verhalten, welches das Seiende im Beschauen gerade das sein läßt, was es ist?

Philosophie und Wissenschaften sind Weisen solcher *theoria*, aber auch das Verhalten zum Kunstwerk, das seit Kant entschieden ästhetisch genannt wird. Nietzsche nennt hier ein dreifaches Verhalten, das in der Schätzung des Menschen am höchsten steht: das Logische (das Verhalten zum Wahren) das Moralische (das Verhalten zum Guten) und das Ästhetische (das Verhalten zum Schönen).

Dieses Dreifache zeigt aber doch einen gegenteiligen Charakter zum Wesen des selbstbezüglichen, stets nur für sich interessierten Lebens. Das interessierte Betrachten überläßt sich niemals der Sache, es sieht sie nur im ständigen Rückbezug auf den Betrachtenden an, es ist nie bei der Sache selbst, sondern hält sich immer dazwischen: inter-esse, dazwischensein.

Ist das Leben nun das Element von allem, in dem alles, was ist, sich aufhält, wie kann denn aus diesem Element ein Verhalten hervorgehen, das diesem Element entgegengesetzt ist? Nietzsche antwortet auf diese schwierige Frage: Die bisherige Metaphysik umging diese Schwierigkeit. Sie leugnete die Herkunft dieser am höchsten geschätzten Dinge und Verhaltungen aus dem Leben. Sie nahm vielmehr für sie eine eigene Wesensabkunft an.

Als Beispiel für dieses Verfahren der überlieferten Metaphysik stehe hier eine Stelle aus Platons *Phaidon*[4]. Hier werden von Platon zwei Grundarten des Seins unterschieden: das Sichtbare - damit ist gemeint: das, was sich den Sinnen zeigt - und das Übersinnliche, das nur im reinen Denken zu erfassen ist. Das erste ist das, was niemals dasselbe bleibt, das andere und immer andere, also das Leibhafte, das Leibliche und darum Begierdenhafte, ständig auf anderes Ausgreifende, das Vielgestaltige. Das Übersinnliche dagegen ist das, was in Selbigkeit mit sich selbst immer gleichbleibt, das Eingestaltige. Dieses nennt Platon *ousia.* Das ist das griechische Wort, das im betonten Sinne Sein meint, also das wesentliche Sein, weshalb denn auch *ousia* mit Recht zumeist mit "Wesen" ins Deutsche übersetzt wird, lateinisch: essentia. Dieses in Selbigkeit mit sich selbst immer Sichgleichbleibende, das wir nur im Denken erfassen können, das uns nur im Denken zugänglich ist, das nennt Platon: *aute he ousia.* Er nennt es auch: *auto kat hauto*, die Sache an sich selbst - in der an Kant anschließenden Sprache Nietzsches: die Dinge an sich.

Die Seele des Menschen, also das eigentlich Lebendige im Menschen, sofern sie vernunfthaft ist, sofern ein Denkvermögen in ihr anwesend ist, gehört nach Platon einem anderen Wesensbereich des Seienden zu als der Leib, dem Bereich des Wesens des Seienden selbst, dem Immerseienden, welches nach griechischer Erfahrung daher auch etwas Göttliches ist. Die vernunftbegabte Seele steht in Wesensverknüpfung mit dem, was immer ist, dem über-

---

4 Phaidon 79a 5.

sinnlichen Wesen der Dinge. Und im 6. Buch des *Staates*[5] zeigt Platon in dem bekannten Sonnengleichnis, daß aus der höchsten Idee, der Idee des Guten, in eins und zumal entspringen das Wesen des jeweils Seienden - das des Menschen, das des Baumes, das des Schönen etwa -, seine Erkennbarkeit, Wahrheit genannt, und das Erkenntnisvermögen in der Seele - die Vernunft, der *nous*. Von dieser Idee des Guten sagt Platon, sie sei für alles der Grund alles Schönen und Rechten. Sie ist es, die das Seiende in seiner Schönheit, in seiner Harmonie aufscheinen läßt und alles Verhalten des Menschen ins Rechte fügt, wenn der Mensch nach dieser Idee des Guten sich richtet, sich an sie bindet.

Einen solchen "Wunder-Ursprung", mit Nietzsche zu sprechen, einen solchen wunderbaren und unbegreiflichen Ursprung der am höchsten vom Menschen geschätzten Dinge anzunehmen geht nicht mehr an, wenn sich das Organhafte als das Wesen von allem, was ist, enthüllt; denn dann müssen auch diese scheinbar göttlichen und dem Leben entgegengesetzten Verhaltungen von der Wesensart des selbstbezüglichen Lebens sein.

Nietzsche setzt der bisherigen metaphysischen Philosophie, die eine eigene Wesensherkunft von Vernunft, Moral und Schönheit über die Natur hinaus ansetzte, die "historische Philosophie" entgegen. Von dieser sagt er, sie sei gar nicht mehr getrennt von den Naturwissenschaften zu denken. Er sagt nicht, die metaphysische Philosophie werde nunmehr durch Naturwissenschaften, etwa die Biologie, Psychologie, Physiologie ersetzt. Die historische Philosophie bleibt, was sie ist: Philosophie. Hätte man genau gelesen, dann wäre man nicht auf den Gedanken gekommen, die mit *Menschliches, Allzumenschliches* beginnende Denkperiode Nietzsches für wissenschaftspositivistisch zu halten, wie das des öfteren geschehen ist.

Platon weist dem Wahren, Guten und Schönen eine eigene Wesensabkunft jenseits der Natur zu. Deshalb kommt für Platon alles darauf an, das Übersinnliche als das in Wahrheit Seiende von dem Sinnlichen zu trennen, es voneinander getrennt zu halten und nicht zu vermischen. Diese Trennung ist nun nach Nietzsche unmöglich geworden. Die Philosophie geht nicht mehr über die

---

[5] Politeia 506d 6ff.

Natur hinaus in einen anderen, sogenannten höheren Bereich des Übersinnlichen, sondern sie geht, gerade umgekehrt, in den Bereich zurück, in dem sich die Naturwissenschaften bewegen. Darum ist sie von den Naturwissenschaften nicht mehr zu trennen, gleichwohl bleibt sie Philosophie. An dieser Stelle lernen wir auch Nietzsches Gebrauch des Wortes "Metaphysik" kennen. Er setzt seine Philosophie, die er hier noch die historische nennt - später gibt er diesen Namen auf -, der metaphysischen Philosophie entgegen. Er gebraucht also "metaphysisch" in einem engeren Sinn. "Metaphysisch" heißt innerhalb dieses Wortgebrauchs und für ihn: den Grund des Seienden in einem Bereich suchen, der über die Natur hinaus liegt, im Bereich des Übersinnlichen, und diesen als Herkunft dessen ansetzen, was die Wesensauszeichnung des Menschen ausmacht: der denkenden Vernunft. Diese Bedeutung des Wortes "metaphysisch" ist vor allem an Platon orientiert. Metaphysisch in diesem Sinne ist dann auch nach Nietzsche die Lehre vom Diesseits als der vergänglichen und vom Jenseits als der ewigen und göttlichen Welt sowie die Lehre vom Diesseits als einem bloßen Durchgang zum Jenseits. Deshalb kann Nietzsche auch die Religion, und das ist für ihn in erster Linie immer die christliche Theologie, in diese Betrachtung einbeziehen.

Nietzsches Begriff des "Metaphysischen" deckt sich also nicht ganz mit dem von uns früher ausgeführten Begriff der Metaphysik. Wir verstanden sie damals als eine Weise des Denkens, welche im Sein den Grund des Seienden sucht, ohne schon zu entscheiden, in welchem Bereich dieser Grund zu suchen ist. In diesem Sinne bleibt dann auch Nietzsches "historische Philosophie" Metaphysik, und zwar eine sozusagen umgedrehte, umgekehrte Metaphysik. Daß übrigens Nietzsche selbst das Wort "Metaphysik" auch in der umfassenden, nämlich auch *sein* Denken mit umgreifenden Bedeutung kennt, bezeugt eine Aufzeichnung aus dem Jahre 1881, aus den nachgelassenen Fragmenten zur *Fröhlichen Wissenschaft*. Wir lesen hier:

"Hierin umzu*lehren* jetzt immer noch die Hauptsache - vielleicht *wenn* die Metaphysik eben *dies* Leben mit dem *schwersten* Accent trifft - nach meiner Lehre!"[6]

Nach der Lehre Nietzsches trifft die Metaphysik das Leben hier und jetzt in ihrem schwersten Akzent. Also ist seine Lehre Metaphysik. Wir sehen, daß Nietzsche den Ausdruck auch in der weiten Bedeutung kennt, wie wir ihn von Anfang an genommen haben.

Weshalb bezeichnet Nietzsche jedoch sein neues Philosophieren als historisch? "Historisch" kennzeichnet eine Forschungsweise, die darauf aus ist, zu erkennen, wie es gewesen, und vor allem, wie und warum es so geworden ist, wie es ist. Nun ist das Leben, der Grund der Metaphysik, in seinem Wesen Wachstum, Entwicklung. Das Leben erhält sich gerade, indem es ständig über sich hinauswächst. Das Logische, das Verhalten zum Wahren, das erkennende Verhalten, das Moralische, das Verhalten zum Guten, das Ästhetische, das Verhalten zum Schönen, sind also als Gewordene in ihrem Gewordensein zu erkennen und zu betrachten. Es kommt aber Nietzsche nicht darauf an, die faktische Enststehungs- und Entwicklungsgeschichte der Menschheit historisch abzuschildern. Seine historische Betrachtungsweise bleibt philosophisch. Es kommt ihm darauf an, die innere Genesis des logischen, des moralischen und des ästhetischen Verhaltens, welches den Menschen auszeichnet, aus der Wesensart des Lebendigen aufzuzeigen. Ihm geht es darum, die seinsmäßige Herkunft dieser menschlichen Verhaltensweisen aus dem Leben aufzuhellen. Dabei zeigt sich dann, daß die metaphysische Entgegenstellung des logischen, des moralischen und des ästhetischen Verhaltens einerseits und der Selbstsucht des Lebendigen andererseits dem Nachdenken nicht mehr standhält.

Diese Entgegensetzung, erklärt Nietzsche, hat zwar das populäre Vorurteil auf seiner Seite, die Auffassung, die die Menschen in ihrem Durchschnitt haben. Die Metaphysik, die doch die Sache der Wenigen ist, nämlich der Wenigen, die nachdenken, geht in diesem Punkt seltsamerweise Hand in Hand mit dem gängigen Meinen. Aber diese Entgegenstellung ist eine populäre Übertrei-

---

6 KGW V/2, 11[187].

bung, sofern sich das gängige Meinen leicht zu groben Entgegensetzungen verleiten läßt, und eine metaphysische Übertreibung, sofern die Metaphysik seit Platon für die den Menschen auszeichnenden Verhaltungen einen eigenen Wesensursprung über die Natur hinaus ansetzte.

Was es mit dieser Übertreibung auf sich hat, bezeugt Platon selbst, nämlich noch einmal im 6. Buch des *Staates*. Danach entspringen das Wahre, das Schöne und die Vernunft aus der höchsten Idee, dem Wesen aller Wesen, der Idee des Guten. Von ihr heißt es, daß sie "noch über das Sein hinaus an Alter und Vermögen hinausrage". Und der Mitunterredner fällt ein: "Bei Gott, ein unheimlicher Überschwang"[7].

Dieser Überschwang, den Platon selber ausgesprochen hat, erklärt Nietzsche, ist eine Übertreibung. Er treibt das Logische, das Moralische und das Ästhetische ins Verstiegene, statt es umgekehrt aus dem zugrunde liegenden Grund alles Lebens zu entfalten und zu begreifen. Dies alles hat keine eigene Herkunft, sondern ist eine Sublimation des Lebens selbst, Verflüchtigung der Grundelemente des Lebens. Darin liegt: Das Übersinnliche ist zwar nicht schlechthin nichts im Sinne eines groben materialistischen Atheismus, das ist nicht Nietzsches Position, aber es ist nicht das in Wahrheit Seiende, für das es die Metaphysik gehalten hat, sondern es *ist* zwar, aber in der Weise einer Verflüchtigung an Sein. Weil das Übersinnliche Sublimierung der Grundelemente des Lebens ist, bedarf es einer "Chemie" der metaphysischen, der moralischen und der ästhetischen Vorstellungen, einer chemischen Analyse, durch welche das Grundelement in diesen Erscheinungen, das selbstbezügliche Leben, zutage tritt.

Menschliches, Allzumenschliches, auch die übrigen Werke dieser Periode versuchen eine solche chemische Analyse der metaphysischen Begriffe, Vorstellungen und Empfindungen. Wir sehen zugleich, daß das Wort "Chemie" hier metaphorisch, analogisch gemeint ist und nicht etwa die Metaphysik der Chemie ausdrückt.

Erstmals im Jahre 1885 und erneut 1888 plante Nietzsche eine Überarbeitung und Neuherausgabe der Schrift *Menschliches,*

---

[7] Politeia 509b 9f.

Allzumenschliches. Er wollte diese Schrift seiner unterdessen entschiedener gewordenen Erkenntnis vom Wesen des Lebens durch einige Umformulierungen angleichen. Es ist allerdings 1888 nur zum Umschreiben der ersten drei Stücke gekommen. In dieser späteren Zweitfassung des ersten Stücks setzt Nietzsche an die Stelle von "historischer Philosophie" "*Philosophie des Werdens*". Er behauptet dort, es handele sich um

> "eine umgekehrte Philosophie [...], die allerjüngste und radikalste, die es bisher gegeben hat, eine eigentliche *Philosophie des Werdens*, welche an ein »An-sich« überhaupt nicht glaubt und folglich ebensowohl dem Begriffe »Sein« als dem Begriffe »Erscheinung« das Bürgerrecht verweigert."[8]

"Philosophie des Werdens", weil das allem Voraus- und Zugrundeliegende, das Leben, eben das ständig Übergängige ist, das Sich-Entwickelnde, Sich-Wandelnde, Über-sich-Hinausgehende. Die "radikalste Philosophie" kann Nietzsche sein Denken nennen, weil es die Metaphysik selbst noch auf ihren Wurzelgrund zurückverfolgt in dem Leben, aus dem sie sich nährt, aus dem sie wächst und dessen Erscheinung sie ist. Sie verweigert den Begriffen "Sein" und "Erscheinung" das Bürgerrecht, weil diese neue Philosophie an ein "An-sich" überhaupt nicht glaubt.

"Sein" ist hier, wie sehr oft bei Nietzsche, wenngleich nicht ausschließlich, in einem beschränkten, nämlich durch den Gegenbegriff "Erscheinung" eingeschränkten Sinne genommen. Dieser Gegensatz , so daß das Sein auf die eine Seite zu stehen kommt als Gegenbegriff zu Erscheinung, stammt von Platon. Dabei bedeutet Erscheinung bloße Erscheinung, bloßer Anschein von Sein. Das aber ist nach Platon das Sinnliche als das Bestandlose, das andere und andere, also das Werdende. Diesem steht dann das in Beständigkeit Anwesende gegenüber. Das ist das Übersinnliche als das eigentlich Seiende. So tritt denn bei Platon Sein in den Gegensatz zum Werden als dem bestandlosen Schein von Sein. Das Seiende im prägnanten, im erfüllten Sinne des Wortes ist das, was an sich selbst besteht. Enthüllt sich aber als der tragende Grund von allem das Leben, das ja in unaufhörlichem

---

[8] Mitgeteilt im Kommentar zu Menschliches, Allzumenschliches; KGW IV/4, S.164.

Wandel sich befindet, dann erweist sich das Übersinnliche, das beständig Bleibende, seinerseits als etwas Scheinhaftes, wie leuchtend und glänzend es auch immer sein mag.

Die Philosophie des Werdens hält das An-sich nicht länger für das Wahre, nicht länger für das, was in Wahrheit ist. Wird mit Platon also Sein mit An-sich gleichgesetzt, dann kann allerdings die Philosophie des Werdens den Begriff "Sein" im maßgeblich bestimmenden Sinne überhaupt nicht mehr zulassen. Und mit der Absetzung des Begriffs "Sein" entfällt auch der Gegenbegriff "Erscheinung" im Sinne des bloßen Anscheins von Sein, welche im Lichte des Platonischen Denkens ja das Werdende ist. Nehmen wir dagegen Sein in einem weiteren Sinne, nämlich im Sinne dessen, was im Grunde und in Wirklichkeit ist, dann können wir sagen, nach Nietzsche ist die Wesensart des Seins aller Dinge gerade das Werden. Sein im Sinne von Werden, nämlich Leben, kennzeichnet die Art des Seienden dessen, was ist, nicht mehr Sein im Sinne von beständig Bleibendem. Wenn Nietzsche vom Sein spricht, so versteht er meistens, aber nicht immer, darunter Sein im Sinne des beständig Bleibenden. Dieser Begriff des Seins hat ebenso wie sein Gegenteil, der Begriff des Werdens als des bloßen Scheins, dann in der Tat kein Bürgerrecht mehr in einer Philosophie des Werdens; denn das beständig Bleibende, also das Seiende in diesem Sinne, ist gar nicht mehr das, was in Wirklichkeit ist. Dies ist vielmehr gerade das Werden, das Lebendige. Dieses Werden ist nicht bloß wechselnder Schein, sondern die Lebendigkeit des Lebendigen selbst. Das Rangverhältnis von Sein als Bleiben und als Werden dreht sich also um. Deshalb kann Nietzsche des öfteren von einer umgekehrten Philosophie oder sogar von einem umgedrehten Platonismus sprechen.

Das Organhafte macht das Wesen des Lebens aus. Unter allen Lebewesen ist der Mensch als der denkend Vorstellende am meisten Lebewesen. Aber bei dieser Wesenssetzung des Lebens als des Organhaften kann es nicht sein Bewenden haben, denn es fragt sich doch: *Inwiefern* macht denn das Organhafte das Wesen des Lebens aus?

Das Leben ist das unaufhörlich Wachsende und Sich-Überwachsende, das Sich-Entwickelnde. Das kann es nur sein, heißt es, wenn es organischen Wesens ist. Weshalb ist denn das Lebendige notwendig ein organhaftes Wesen? Erst, wenn das Organhafte in seiner wesensmäßigen Notwendigkeit für das Lebendige begriffen ist, ist es als sein Wesen begriffen. Um das zu sehen, bedarf es unsererseits einer freieren Umschau über das Ganze der Gedanken Nietzsches in dieser ersten Phase. Nietzsche begreift nämlich das Organische in seiner seinsmäßigen Notwendigkeit aus der Lage des Lebendigen im Sein. Das gilt es in einer freieren Überlegung zu sehen.

Den gesamten Umkreis dessen, in den alles hineingehört, was lebt, nennt Nietzsche "Natur". In ihr findet sich das Lebendige vor, jedoch so, daß es aus ihr lebt. Das Lebendige lebt sein Leben in der Angewiesenheit auf das, worin es lebt, in der Zugehörigkeit zum ganzen Umkreis des Lebens. Um hier nun die rechte Blickrichtung zu gewinnen für das, was Nietzsche in diesem Gedankenzusammenhang Natur nennt, muß zunächst der Begriff von Natur ferngehalten werden, den die Naturwissenschaften allein kennen. Die Natur nämlich als Gegenstandsbezirk wissenschaftlicher Erkenntnis durch den Menschen ist bereits die gegenständlich vorgestellte, durch Berechnung sichergestellte, also bereits in die Subjektsphäre des Menschen einbezogene Natur. Ebensowenig ist unter Natur hier die Landschaft zu verstehen, die unsere Gemütskräfte in den Zustand einer gewissen harmonischen Ausgewogenheit versetzt. Natur ist hier verstanden als das unbekümmert sich Entfaltende und eigenwüchsig, rücksichtslos Waltende.

Wenn wir die Natur in dem ursprünglichen, von Nietzsche gemeinten Sinne in den Blick bekommen wollen, dann müssen wir zunächst an das denken, was keine technische Erstellung durch Wissenschaft jemals meistern kann: den Wechsel von Hitze und Kälte, Sommer und Winter, Regen und Trockenheit, Wachstum und erstarrender Vereisung, verbrennender Sonnenglut. Wir müssen an die Natur denken, welche von der Art ist, daß sie Pflanze und Tier tränkt, aber auch an den Saat und Frucht vernichtenden Hagelschlag, das belebende Feuer und seine alles versengende Glut. Diese dürftigen Hinweise lassen uns wenigstens in die Richtung sehen, in die Nietzsche hier denkt, wenn er von Natur spricht.

Das Lebendige, voran der Mensch, lebt inmitten dieser Natur, in Angewiesenheit auf sie. In sie entlassen und ihr überlassen, steht es in einer doppelten Bedrohung. Diese Natur nämlich bedroht das in Angewiesenheit auf sie Lebende zufolge ihres unbekümmert freien Waltens mit Entzug und mit dem Andrang ihrer Überfülle. Das Lebendige kann an Wassermangel ebenso zugrundegehen wie an einer Überschwemmung. Alles elementar Natürliche, also gerade das, worauf die Lebewesen angewiesen sind, wie alles Natürliche überhaupt, stellt das Lebendige, das daraus lebt, zugleich in diese doppelte Bedrohung durch Entzug und Übermaß des Andrangs.

Die Lebewesen, unter ihnen der Mensch, leben in der Angewiesenheit auf ein sie in zweifacher Hinsicht Bedrohendes. Soll nun das Lebewesen sich in diesem mit Entzug und bedrängendem Andrang drohenden Ganzen halten, dann muß es sich in ein ganz bestimmtes Verhalten einspielen. Es muß das Sich-Entziehende, auf das es angewiesen ist, zu sich heranziehen und festhalten, und es muß sich andererseits dem bedrängenden Andrang entziehen können. Aus diesem Grundverhältnis zur Natur entspringen nun alle Verhaltungen des Lebendigen. Sie sind von diesem Grundverhältnis im vorhinein, anfänglich, schon bestimmt, gestimmt und durchherrscht. Das Lebendige ist gefährdet gefährdend: gefährdend nämlich anderes Lebendiges, auf das es ausgreifend übergreift und dessen Übergriff es seinerseits sich zu entziehen trachten muß. Das Lebewesen ist damit selbst von der Art dessen, von dem es bedroht wird: ebenso ausgreifend wie sich entziehend. Das Lebendige steht von vornherein in einer Gefahr, und es bringt anderes in die Gefahr, in der es selber steht.

Einem solchen Wesen, sagt Nietzsche, ist der Irrtum von Grund auf eigentümlich, ja sogar lebensnotwendig. Es kann überhaupt das Seiende in seinem eigenen Sein nicht erfassen; denn um dazu imstande zu sein, müßte es sich ja gerade indifferent gegenüber dem es umgebenden Seienden verhalten. In Wirklichkeit aber ist das Lebendige ganz und gar derart selbstbezüglich, daß jede seiner Verhaltungen aus dem in jedem Betracht vorherrschenden Grundverhältnis von ausgreifendem Angriff und zurückweichendem Sich-Entziehen begriffen werden muß.

"Welt" kennzeichnet daher nicht das Seiende in seinem eigenen Sein, sondern das Grundverhältnis des jeweils Lebendigen zum Seienden, eine Grundweise, wie das Lebendige sich in der Angewiesenheit auf das andrängend Bedrängende und das Sich-Entziehende erhält. Das gilt erst recht von dem vorstellenden, dem denkenden Lebewesen, vom Menschen, der nicht in die Grenzen einer bestimmten Art festgestellt ist wie die anderen Lebewesen und aus ihr lebt, sondern von vornherein freigestellt ist in den Bezug zum Ganzen des Seienden. Dieses denkend vorstellende Lebewesen handelt vorsätzlich. Es nimmt das, dem es nachgeht, das es zu sich stellen und zu sich heranzuziehen und sich verfügbar zu machen trachtet, vorweg in die Vorstellung, dergestalt, daß diese Vorstellung sein Verhalten überall leitet. Solches denkende Vorstellen spricht sich im Ist-Sagen aus in all seinen Modifikationen. Alles Lebendige stellt das in zweifacher Hinsicht Bedrohende in die Rücksicht auf sich selbst und seine eigene Erhaltung vor. Das denkend vorstellende Wesen, welches der Mensch ist, aber nimmt das in dieser Rücksicht auf sich selbst Gesichtete für das Seiende. Es hält das so Vorgestellte für das, was von sich her ist. Erst beim Menschen wird der dem Leben von Haus aus eigene Irrtum eigentlich zum Irrtum, sofern ja Irrtum besagt: etwas für das halten, was es gar nicht ist.

3. Sittlichkeit und Lebenswille

Sofern aber die Metaphysik das in vorgreifender Rücksicht auf sich selbst Gesichtete und Vorgestellte als das Seiende anspricht und als das Seiende zum Thema ihres Nachdenkens macht, handelt sie von den Grundirrtümern des Menschen, doch so, als wären es die Grundwahrheiten über das Seiende selbst. Daß und wie sich in der zum Menschen gehörigen Weltvorstellung und Weltauslegung die lebensnotwendigen Grundirrtümer des Organischen ausprägen, das erhellt schlagartig ein Stück aus der *Morgenröte*. Dies ist die zweite große Schrift aus der ersten Phase, mit der wir hier zu tun haben. Ziffer 102 des 2. Buches ist ein

Stück, das eine Herkunftsanalyse des moralischen Urteils aus dem Leben enthält. Es heißt hier:

"*Die ältesten moralischen Urtheile*. - Wie machen wir es doch bei der Handlung eines Menschen in unsrer Nähe? - Zunächst sehen wir darauf hin, was aus ihr *für uns* herauskommt, - wir sehen sie nur unter diesem Gesichtspunct. *Diese* Wirkung nehmen wir als die *Absicht* der Handlung - und endlich legen wir ihm das Haben solcher Absichten als *dauernde* Eigenschaft bei und nennen ihn zum Beispiel von nun an »einen schädlichen Menschen«. Dreifache Irrung! Dreifacher uralter Fehlgriff! Vielleicht unsre Erbschaft von den Thieren und ihrer Urtheilskraft her! Ist nicht der *Ursprung aller Moral* in den abscheulichen kleinen Schlüssen zu suchen: »was mir schadet, das ist etwas *Böses* (an sich Schädigendes); was mir nützt, das ist etwas *Gutes* (an sich Wohlthuendes und Nutzbringendes); was mir *einmal oder einigemale* schadet, das ist das Feindliche an sich und in sich; was mir *einmal oder einigemale* nützt, das ist das Freundliche an sich und in sich.« O pudenda origo! Heisst das nicht: die erbärmliche, gelegentliche, oft zufällige *Relation* eines Anderen zu uns als sein *Wesen* und Wesentlichstes auszudichten, und zu behaupten, er sei gegen alle Welt und gegen sich selber eben nur solcher Relationen fähig, dergleichen wir ein- oder einigemal erlebt haben? Und sitzt hinter dieser wahren Narrheit nicht doch der unbescheidenste aller Hintergedanken, dass wir selber das Princip des Guten sein müssen, weil sich Gutes und Böses nach uns bemisst? -"[9]

Das ist typisch Nietzschescher Stil, nämlich eine die Sache überschärfende Überbelichtung, um etwas sichtbar zu machen. Man kann in der Philosophie niemals etwas sichtbar machen, wenn man es nicht überbelichtet. Nietzsche analysiert hier die Genesis des Urteils: Das ist ein schlechter Mensch. In solchem Urteil legt sich eine Ansicht fest, die wir als die unsrige festhalten. Wir stellen die Handlung unter den einen Gesichtspunkt, was für uns dabei herauskommt. Dieser ist durch das uns leitende Interesse für uns selbst gesetzt. Gesichtspunkte sind niemals einfach vorhanden. Sie werden dadurch gesetzt, daß etwas ins Auge gefaßt, etwas zum Gesichtspunkt genommen wird. Etwas wird zum Gesichtspunkt genommen durch unser Absehen auf etwas. Die Wahl ist durch das Interesse für uns selbst bestimmt.

---

[9] Morgenröte II, Zif.102; KGW V/1, S.88f.

Der Gesichtspunkt gibt dem Sehen, im weitesten Sinn, die Bahn und leitet so unser Sehen. Durch ihn wird ausgemacht, als was und wie die Dinge und Menschen sich uns zeigen. Die durch den Gesichtspunkt ausgemachte Art und Weise des Sich-Zeigens sprechen wir dem Sich-Zeigenden als dessen Sein zu. Aber weiter: Die Wirkung des Handelns auf uns legen wir dem Handelnden als seine Absicht unter, als das, worauf er es abgesehen hatte, also als vorsätzlich gewollt. So legen wir das, was beim Handeln für uns dabei herauskommt, dem Handelnden als Grund seines Handelns zugrunde. Und das Haben solcher Absichten legen wir ihm nun als dauernde, wesentliche Eigenschaft zu, also als eine solche, die ihn, den Handelnden, in dem bestimmt, was und wie er ist. So sagen wir: Das ist ein schlechter Mensch, der verhält sich nämlich immer so.

Das bedeutet erstens: Die Handlung wird unter dem Gesichtspunkt gesehen, was für uns dabei herauskommt. Zweitens: Das wird dann dem Handelnden als Absicht, als Grund seines Handelns unterstellt. Drittens: Solche Absichten werden ihm als wesentliche Eigenschaften zugesprochen, und durch den letzten Schritt wird das Urteil zu einem moralischen Urteil, denn es teilt nun dem Beurteilten etwas zu, was ihm überall und jederzeit zukommt, weil es ihm von ihm selbst her, aus seinem Wesen zu eigen ist. Das Urteil beansprucht jetzt Allgemeingültigkeit in dem doppelten Sinne, daß es von dem Beurteilten überall und jederzeit gilt und daß es für alle urteilsfähigen Menschen gültig ist. Das Wesen moralischer Urteile, ihre Essenz, besteht darin, daß sie in diesem Sinne unbedingte Gültigkeit bezüglich des Seins des Beurteilten in Hinsicht auf gut und schlecht beanspruchen.

Da die moralischen Urteile das Seiende in Hinsicht auf Gut- oder Schlecht-Sein in unbedingter Weise beurteilen, liegt ihnen immer eine mehr oder minder implizite Metaphysik zugrunde, nämlich der Begriff des An-sich. Aber auch umgekehrt: Da die Metaphysik das Unbedingte, das unwandelbar Sichgleichbleibende als das vorstellig macht, was wahrhaft ist, beanspruchen die metaphysischen Urteile ihrerseits unbedingte Verbindlichkeit.

Die bisherige Metaphysik bestimmt das Sein als das, was das Seiende an sich ist. Insofern ist sie in ihrem Wesen moralisch. Dieser Zusammenhang von Moral und An-sich, Moral und Metaphysik, so daß die Metaphysik essentiell moralisch, die Moral immer essentiell metaphysisch ist, tritt bei Kant offen zutage. Nach Kant erreicht das menschliche Erkenntnisvermögen, das theoretische Erkenntnisvermögen, die theoretische Vernunft, nicht das Seiende, wie es ist, sondern nur wie es sich uns, gemäß unseren Rezeptionsbedingungen seiner, erscheint. So bleiben wir von der theoretischen Erkenntnis der Dinge, wie sie an sich selbst sind, ausgeschlossen. Da aber im Handeln unser Wille sich unter einem unbedingt gebietenden Gesetz stehend weiß, dem moralischen oder Sittengesetz, so denken wir uns als sittlich verantwortliche Wesen notwendigerweise als der Ordnung der Dinge an sich zugleich zugehörig, ohne uns jedoch als Wesen an sich selbst theoretisch erkennen zu können, denn da bleiben wir immer auf Erscheinungen angewiesen. Das unbedingt gebietende moralische Gesetz in uns verbürgt uns über unsere theoretische Erkenntnis hinaus die Zugehörigkeit zu einer übersinnlichen Welt des Seienden, wie es an sich selbst ist, also unsere übersinnliche Herkunft. So steht die Moral in einem Wesensbezug zum metaphysischen Grundbegriff, dem Begriff des An-sich-Seins.

Nietzsche sagt in dem genannten Stück, diese drei Fehlgriffe seien wohl eine "Erbschaft von den Thieren und ihrer Urtheilskraft her". Im moralischen Urteil bezeugt sich also nicht eine höhere Abkunft des Menschen aus dem Übersinnlichen, wie die bisherige Metaphysik geglaubt hatte, sondern gerade erst recht seine Lebewesenhaftigkeit. Das Lebewesen - gefährdet durch das, auf das es immer angewiesen bleibt - stellt das Umgebende und Begegnende in die Hinblicke des Nützlichen und Schädlichen. Nützlich ist das, was das Leben gedeihen läßt, also das Gedeihliche; schädlich ist das, was ihm Abbruch tut, es zerstört. Das Lebewesen ist überhaupt nicht imstande, das Seiende in seinem eigenen Sein in den Blick zu nehmen. Es bezieht vielmehr alles im versammelnden Rückbezug auf sich, auf sein eigenes Gedeihen inmitten des Seienden, und das mit Notwendigkeit. Es urteilt in Wahrheit nur über die Relation eines anderen zu ihm, nicht aber über dessen Sein. Der Mensch aber teilt in den moralischen und metaphysischen Urteilen der Relation, in welcher anderes zu ihm steht, eine Wesensbestimmtheit zu. Darin bekundet sich eine gewisse Anmaßung des Menschenwesens, welches sein Gedeihen und Mißglücken inmitten der Welt zum Maß für die Ermessung des Seins des Seienden selber nimmt.

Wenn nun jedes Lebewesen und darunter der Mensch, um den es ja in erster Linie geht als *hypokeimenon* der Metaphysik, lebt in Angewiesenheit auf ein durch Andrang und Entzug Gefährdendes und so notwendigerweise, um existieren zu können, in Selbstbezüglichkeit um willen seiner selbst existiert, dann steht das Lebewesen, und das heißt jetzt der Mensch, weder in sich noch bei sich, noch steht er bei dem anderen, denn er ist ja immer auf sich zurückbezogen, dergestalt, daß beides das Sein des Lebewesens bestimmt: der Bezug auf anderes zufolge der Angewiesenheit und der Rückbezug auf sich selbst um der Sicherung willen, um der Selbstbehauptung willen. Er weilt zwischen sich und dem übrigen Seienden. Dieses Zwischenfeld ist der Bereich seines Lebens, sein Lebensraum. Hier spielt sich das Leben ab. Wir sehen: Dieses Zwischenfeld ist nicht einfach vorhanden, so daß es nur besetzt zu werden braucht, sondern es öffnet und bildet sich in diesem Hin und Her von Sichbeziehen auf das Seiende, Angewiesenheit und Rückbezug seiner auf sich selbst um der Selbstbehauptung willen.

Das Ganze der festen Verhältnisse, in dem der Mensch sich zur Welt und zu sich selbst verhält, nennt Nietzsche die Sitte. Sie gibt einen wesentlichen Aufschluß über den Menschen, denn die Sitte betrifft nicht nur das Verhältnis der Menschen zueinander und zur Natur, sondern gerade auch das Selbstverhältnis des Menschen zu sich selbst.

Wir müssen hier Nietzsches Nachdenken über die Sitte eine Strecke weit folgen, um zu sehen, wie sich seinem Denken in Umkehr der bisherigen metaphysischen Auffassung das Wesen des Menschen darstellt. Wir halten uns dazu an einige Stücke aus der *Morgenröte*. Ziffer 9 des 1. Buches ist überschrieben: "*Begriff der Sittlichkeit der Sitte*". Dort lesen wir:

> "Im Verhältniss zu der Lebensweise ganzer Jahrtausende der Menschheit leben wir jetzigen Menschen in einer sehr unsittlichen Zeit: die Macht der Sitte ist erstaunlich abgeschwächt und das Gefühl der Sittlichkeit so verfeinert und so in die Höhe

getragen, dass es ebenso gut als verflüchtigt bezeichnet werden kann."[10]

Dieser Anfang des Stücks weist auf etwas, an das Nietzsche immer wieder erinnert. Die uns vertraute, uns gewohnte Gestalt des Menschen kann nicht einfach zum Maß dessen genommen werden, was der Mensch überhaupt ist. Im zweiten Stück des ersten Bandes von *Menschliches, Allzumenschliches* hatte Nietzsche bereits das Folgende gesagt:

> "Alle Philosophen haben den gemeinsamen Fehler an sich, dass sie vom gegenwärtigen Menschen ausgehen und durch eine Analyse desselben an's Ziel zu kommen meinen. Unwillkürlich schwebt ihnen »der Mensch« als eine aeterna veritas, als ein Gleichbleibendes in allem Strudel, als ein sicheres Maass der Dinge vor. Alles, was der Philosoph über den Menschen aussagt, ist aber im Grunde nicht mehr, als ein Zeugniss über den Menschen eines *sehr beschränkten* Zeitraumes. Mangel an historischem Sinn ist der Erbfehler aller Philosophen; manche sogar nehmen unversehens die allerjüngste Gestaltung des Menschen, wie eine solche unter dem Eindruck bestimmter Religionen, ja bestimmter politischer Ereignisse entstanden ist, als die feste Form, von der man ausgehen müsse. Sie wollen nicht lernen, dass der Mensch geworden ist, dass auch das Erkenntnisvermögen geworden ist."[11]

Was der Mensch ist, das ist er als Gewordener. Um etwas über sein Wesen zu erfahren, muß man ihn daher als Werdenden im Werden betrachten. Was er ist, das breitet er in seiner Geschichte aus. Deshalb bedarf es des Rückgangs in die Geschichte des Menschen. Nietzsche sagt:

> "Demnach ist das *historische Philosophiren* von jetzt ab nöthig und mit ihm die Tugend der Bescheidung."[12]

Die Philosophie muß also den Anspruch aufgeben, eine feststehende Wesensgestalt des Menschen ein für allemal aufzustellen und dies als ewige Wahrheit zu behaupten, unbekümmert darum, daß das Sein des Lebens doch das Werden ist, das Übergehen von

---

10 Ebd. II, Zif.9; KGW V/1, S.17.
11 Menschliches, Allzumenschliches I, Zif.2; KGW IV/2, S.20.
12 Ebd.; KGW IV/2, S.21.

Gestalt zu Gestalt. Mit diesem Anspruch aber hat die Philosophie im Grunde seine gerade gegenwärtige Gestalt zum Wesen des Menschen überhaupt erhoben. Der jetzige Mensch lebt aber anders, das heißt er ist anders im Verhältnis zur Lebensweise ganzer Jahrtausende, denn wir stehen nicht mehr in der fraglosen Macht der Sitte, und zwar entschieden seit Sokrates und Platon nicht mehr.

Was hat es mit diesem Wandel auf sich, den wir kennen müssen, um uns als europäisch geprägte Menschen in der rechten Weise zu verstehen? Der "Hauptsatz" über die Sitte lautet:

> "Sittlichkeit ist nichts Anderes (also namentlich *nicht mehr*!), als Gehorsam gegen Sitten, welcher Art diese auch sein mögen; Sitten aber sind die *herkömmliche* Art zu handeln und abzuschätzen."[13]

Abschätzen heißt: ausmachen, worauf es jeweils ankommt. Dieses durch Abschätzen Ausgemachte gibt dem Handeln den leitenden Gesichtspunkt und dem Urteilen den Maßstab, auch und vor allem der Selbstbeurteilung. In den Sitten sind also die das Handeln und Urteilen leitenden und bestimmenden Gesichtspunkte und Maßstäbe festgelegt. Was aber die Sitte zur Sitte macht, was ihr ihre Wirklichkeit, und das heißt ihre Wirksamkeit gibt, die Sittlichkeit des Menschen nämlich, das ist der Gehorsam gegen sie. Gehorchen heißt: das Hören auf eine Weisung sammeln, sich auf eine vernommene Weisung hin zusammennehmen, und das heißt schon, die Weisung befolgen. Gehorchen ist ein Hören, das sich immer schon auf die Befolgung des Gehörten vorweg zusammengenommen, versammelt hat. Das Hören auf die Weisung ist in sich schon die Bereitschaft, der Wille, das Gehörte auch zu befolgen. Wer sich in dieser Weise im vorhinein schon der zu hörenden Weisung unterstellt, ist gehorsam, Gehorsam also als eine Verfassung des Menschen.

Die Sitten sind herkömmliche Arten des Handelns und Abschätzens, sie beruhen auf geschichtlicher Zuweisung und Übernahme. In den Sitten ist demnach der Mensch dem Herkommen anheimgegeben, anbefohlen und in diesem Sinne seinem Befehl

[13] Morgenröte I, Zif.9; KGW V/1, S.17f.

unterstellt. Nietzsche sagt daher, in Konsequenz dieses Gedankens, im 1. Buch der *Morgenröte*:

> "In Dingen, wo kein Herkommen befiehlt, giebt es keine Sittlichkeit; und je weniger das Leben durch Herkommen bestimmt ist, um so kleiner wird der Kreis der Sittlichkeit. Der freie Mensch ist unsittlich, weil er in Allem von sich und nicht von einem Herkommen abhängen will."[14]

Auf dem "will" liegt hier der Ton. Unsittlich sein bedeutet demnach vor allem, den Befehl des Herkommens nicht in den eigenen Willen aufnehmen, vorsätzlich anderes zum Grund seines Handelns nehmen, was es auch sei. Demgemäß heißt "sittlich sein" in diesem Sinne: nicht nur die Sitte äußerlich befolgen, sondern ihren Befehl in den eigenen Vorsatz nehmen, ihr Herrsein durchsetzen im Urteilen und Handeln, zuerst und vor allem auch sich selbst und andersgearteten Bestrebungen in einem selbst gegenüber. Die Sitte gründet also im Herkommen. Was aber ist dieses Herkommen seinerseits? Nietzsches Antwort lautet:

> "Eine höhere Autorität, welcher man gehorcht, nicht weil sie das uns *Nützliche* befiehlt, sondern weil sie *befiehlt*."[15]

Hier haben wir den Wesensbegriff von Autorität überhaupt, von dem Nietzsche meint, und wohl mit Recht, er habe heute vollständig ausgespielt, so daß man das Leben nicht mehr auf Autorität gründen kann im Unterschied zu früheren Jahrtausenden. Die Sitte ist also dem Handelnden und seinem Willen überlegen, eine höhere Autorität. Und diese Autorität durchstimmt und durchherrscht den Menschen früherer Zeiten durch und durch.

Um dieser Autorität näherzukommen und so einen entschiedeneren Begriff von Autorität überhaupt zu gewinnen, fragen wir: Von welcher Art ist dieses Durchstimmt- und Durchherrschtsein des Menschen in den früheren Zeiten? Wobei man übrigens hinzufügen muß, daß der Abbau der Autorität und die Gründung des Lebens auf andere Fundamente mit den Griechen beginnt. Wir werden noch sehen, inwiefern.

---

14 Ebd.; KGW V/1, S.18.
15 Ebd.

Sofern das Herkommen dem Handelnden überlegen ist, ist es eine Art von Furcht, die den Menschen gefaßt hält. Aber diese ist von ganz besonderer Art, die Nietzsche zu klären und zu fassen versucht. Er fragt: Wodurch unterscheidet sich dieses Gefühl der Furcht von dem uns allgemein bekannten Gefühl der Furcht? Wir fürchten uns gemeinhin vor etwas, das uns in dieser oder jener Hinsicht bedroht. Bedrohlich aber ist immer nur das, was uns, zumindest vermeintlich, in einer Hinsicht überlegen ist. Das Herkommen versetzt in die Furcht, weil es über die Möglichkeiten des Handelns und Urteilens selbst verfügt und insofern überlegen ist. Diese Furcht ist von eigener Art. Nietzsche versucht sie zu bestimmen aus dem Charakter dessen, wovor sie sich fürchtet. Er sagt:

> "Es ist die Furcht vor einem höheren Intellect, der da befiehlt, vor einer unbegreiflichen unbestimmten Macht, vor etwas mehr als Persönlichem, - es ist *Aberglaube* in dieser Furcht."[16]

In den Sitten befiehlt etwas, das über die Arten des Handelns und Urteilens wissend verfügt. Nun eignet auch dem Menschen ein Intellekt und daher immer schon irgendein Wissen. Der Intellekt ist gerade das dem Menschen Eigene, kraft dessen er versteht und aufgrund eines Verständnisses handelt. Jenes Befehlende aber, das in den Sitten befiehlt, ist von der Art dessen, was dem Menschen eigen ist, aber so, daß es ihn darin gerade übertrifft. Dieses Befehlende weiß nicht nur mehr als der Mensch im Sinne des mengenmäßigen Übertreffens, nein, es weiß in höherer Weise.

Was den Menschen an bloßer Kraft übertrifft, dem braucht er noch nicht unterlegen zu sein, denn er kann diese Ungleichheit durch andere, ihm und nur ihm eigene Fähigkeiten ausgleichen, ja sogar übertreffen, etwa durch seinen Intellekt. Was den Menschen aber gerade in dem zu übertreffen scheint, was sein Eigenstes ist und ihn vor allem übrigen auszeichnet, dem ist er in ganz anderer Weise unterlegen als allem, was ihn an Kraft übertrifft. Es ist ihm eine unbegreifliche Macht, weil es ihm gerade an Wissen überlegen ist. Und diese Macht ist unbestimmt, ist nicht als

---

[16] Ebd.

dies oder jenes fixierbar, ist nicht durch ein Begreifen umgreifbar. Als Wille und Verstand ist dieses Mächtige Person wie der Mensch, aber gerade mehr als Person, so daß es sich als eine Person darstellt, die zugleich immer wieder ins Unbegreifliche, Unfixierbare, Unbestimmte zurückweicht.

In all dem zeigt sich: Das Mächtige ist dem Menschen gerade an dem ihm Eigenen überlegen, an dem, was ihn als Menschen auszeichnet, gleichsam ein Höheres seiner selbst und deshalb auf ganz andere Weise zu fürchten als alles übrige Furchtbare in der Welt. Wir sehen hier die Erschließungskraft von Nietzsches Entwurf bezüglich früherer Völker- und Kulturgemeinschaften.

Es liegt eine Scheu in dieser Furcht, die sich nicht zu vermessen wagt, dem frei und selbständig mit eigenem Willen gegenüber- und entgegenzutreten, welches das in höherer und stärkerer Weise darstellt, was dem Menschen als sein Eigenes innewohnt. Diese Scheu vor einem gerade innerlich Mächtigeren läßt den Menschen an sich halten, nicht aus seinem eigenen Bereich heraustreten, um ihm frei gegenüberzutreten. So hält er sich in dem geziemenden Bezug zu diesem Übermächtigen, und zwar so, daß er sich seinen Weisungen einfach fügt. Indem er ihm nicht frei gegenüberzutreten wagt, es auch gar nicht kann, wahrt er das rechte Verhältnis im Abstand der Ferne von ihm. Nietzsche sagt: "Es ist *Aberglaube* in dieser Furcht." Aberglaube, weil hier herkömmliche Arten des Handelns und Urteilens für das Unfaßliche einer höheren Person, einer Überperson, gehalten werden, die wissentlich-willentlich über das Handeln und Urteilen der einzelnen Menschen und der Menschengemeinschaft verfügt, einer Überperson, der man sich fügt, weil sie befiehlt, die man nicht auf Gründe in Frage stellt. Wo die Autorität sich begründen muß, da ist sie schon erledigt, da ist sie erschüttert. Eine Autorität, die es nötig hat, sich auf sich zu berufen, die ist erst recht erledigt.

In der Sitte waltet also ein den Menschen übertreffender Wille, dem er sich anheimgibt, dessen Befehl er sich unterstellt. Solange der Mensch in diesen Machtbereich der Sitte einbehalten war, wagte er ihr nicht als einzelner gegenüberzutreten. Nietzsche sagt daher im gleichen Stück der *Morgenröte*:

> "Sie verlangte, dass man Vorschriften beobachtete, *ohne an sich* als Individuum zu denken. Ursprünglich also war Alles Sitte."[17]

Die Sitte machte das Leben des Menschen selbst aus. Da der Mensch ihr folgte, und zwar fraglos, ohne an sich als einzelnen dabei zu denken, lebte er das gemeinsame Leben in der Gemeinschaft. Dieses war die alles durchwaltende höhere Macht.

Das uns vertraute Menschsein dagegen ist durch den Machtschwund der Sitte bestimmt. Daran waren vor allem die sokratisch-platonische Philosophie und ihre Nachfolger und das Christentum beteiligt. Nietzsche sagt dazu:

> "Jene Moralisten dagegen, welche wie die Nachfolger der *sokratischen* Fusstapfen die Moral der Selbstbeherrschung und Enthaltsamkeit dem *Individuum* als seinen eigensten *Vortheil*, als seinen persönlichsten Schlüssel zum Glück an's Herz legen, *machen die Ausnahme* - und wenn es uns anders erscheint, so ist es, weil wir unter ihrer Nachwirkung erzogen sind: sie alle gehen eine neue Strasse unter höchlichster Missbilligung aller Vertreter der Sittlichkeit der Sitte, - sie lösen sich aus der Gemeinde aus, als Unsittliche, und sind, im tiefsten Verstande, böse."[18]

Nietzsche weist hier auf den Bruch hin, der mit dem Auftreten des Sokrates geschah. Sokrates - die Platonischen Dialoge sind ein einziges Zeugnis dafür - steht für eine ganz neue Begründung des Lebens, die europäische nämlich, die unsrige. Sokrates läßt es nicht bei der fraglos befolgten Sitte bewenden. Er besteht darauf, daß der einzelne sein sittliches Verhalten begründet, und zwar begründet aus der Idee der *eudaimonia*, was man unter anderem übersetzen kann mit: das geglückte Leben, diejenige Lebensweise, in der der Mensch als Mensch geglückt ist. Wodurch das geglückte menschliche Leben verbürgt wird, was dafür gutsteht, daß der Mensch in rechter Weise ein Mensch ist, daß er in seinem Wesen zuhause ist, daß er sich als Mensch nimmt und gibt und benimmt, das ist die Idee des Guten. Die Sitte, die sittlich geprägten Haltungen, müssen sich nunmehr in ihrem Anspruch auf

---

[17] Ebd.
[18] Ebd.; KGW V/1, S.19.

Gutsein rechtfertigen, nämlich daraufhin, für das Glücken des menschliche Lebens gutzustehen: Es ist aus mit der fraglosen Befolgung der Sitten.

Diese neue Befestigung der Sittlichkeit in der Idee des geglückten menschlichen Lebens, in der Idee des Guten, nennt Nietzsche auch Moral, so daß man sagen kann: Die Sittlichkeit wandelt sich in Moral. Das Nachdenken über die Sittlichkeit wird Moralphilosophie. Wie kommt es zu diesem Ausdruck? Die sittliche Grundhaltung, also diejenige Haltung, die dem Menschen verbürgt, in rechter Weise ein Mensch zu sein, heißt griechisch: *ethos*. Daher der Name "Ethik", die Lehre vom rechten Menschsein. *ethos* ist ins Römische übersetzt worden mit mores. So werden also "ethisch" und "moralisch" synonym gebraucht. Ethik ist dann das Nachdenken über die Moral, Moralphilosophie. Allerdings müssen wir darauf achten, daß Nietzsche auch den Ausdruck Moral in dem weiteren Sinne gebrauchen kann, wonach auch die ehemalige Sittlichkeit der Sitte, also das unbefragte Befolgen der Sitte, darunter fällt. Wir müssen, wenn das Wort "moralisch" und "Moral" bei Nietzsche erscheint, immer darauf achten, in welchem Sinne dies gemeint ist: Im weiten Sinne, so daß auch die Sittlichkeit der Sitte darunter fällt, also die früheren Zeiten vor den Griechen, die außereuropäischen Kulturen? Oder ist mit Moral nur diejenige Sittlichkeit gemeint, die mit Sokrates und Platon ihren Beginn genommen hat, nämlich dergestalt, daß die sittlichen Haltungen sich zu rechtfertigen haben vor der Idee des geglückten Lebens?

So fragt Sokrates: Was ist denn eigentlich Gerechtigkeit? Und das heißt immer sofort: Inwiefern ist sie gut? Inwiefern steht sie gut für das menschliche Leben? Inwiefern ist sie es, die den Menschen als Menschen gedeihen läßt? Als was treten die sittlichen Haltungen jetzt auf? Denn das *ethos*, die Grundhaltung, differenziert sich gemäß den verschiedenen Feldern des Lebens in Grundhaltungen, die dann griechisch *aretai* heißen, lateinisch virtutes, ins Deutsche übersetzt mit "Tugenden". Was ist Gerechtigkeit, was ist das Gerechte als solches? Inwiefern ist es gut? Inwiefern ist das Gerechte etwas, wenn auch nicht das Einzige, das den Menschen in sein Menschenwesen gelangen läßt?

Die Sittlichkeit der Sitten, die *arete*, fordert jetzt Gründe, sie ist eine Sache des Wissens, sie muß als gut für den Menschen ausgewiesen werden. Das ist der Grund der Sokratischen These, Tugend sei gleich Wissen.

Mit dieser Frage, die sich natürlich lange vorbereitet hat, ist die Macht der Sittlichkeit der Sitte zweifellos gebrochen. Es ist freilich eine Frage, ob ihr Machtschwund nicht umgekehrt die Sokratische Frage erst ermöglicht habe. - Beiläufig gesagt: Was Nietzsche hier in dieser Frühschrift "Sittlichkeit der Sitte" nennt, ist dasjenige, was Hegel die "substantielle Sittlichkeit" nennt, die nach seiner Darstellung mit der Sokratischen Frage zu Ende geht. - Es bleibt also eine eigene Frage, und sie ist wohl zu bejahen, ob der Machtschwund der Sittlichkeit der Sitte nicht die Sokratische Frage erst ermöglicht, ja nötig gemacht hat. Platon und Sokrates wollten ja die Sittlichkeit der Sitte in ihr Wesen wiedereinsetzen, und zwar eben durch Gründung der Tugenden, der sittlichen Haltungen, in der Idee des Guten, in welcher alle sittlichen Tugenden begründet werden müssen, um für den Menschen verbindlich zu sein. Also gehört jetzt zur Sittlichkeit die Einsicht in das Gute.

Die Sittlichkeit besteht nicht mehr im fraglosen Gehorsam gegenüber dem Herkommen, sondern der Mensch ist jetzt, gerade umgekehrt, gehalten, sein Verhalten aus der Idee des Guten zu begründen. Das geschieht nach Platon durch eine Erkenntnis dessen, was das Gute ist, nach der christlichen Theologie in der gläubigen Hinnahme des Wortes Gottes, das in Christus spricht. Auch dieses beruht in der Gewißheit, daß der Wille Gottes das Gute sei, an dem alle Sittlichkeit sich zu messen hat. Auch im Christentum, und da erst recht, hat sich die Sittlichkeit vor dem Guten zu rechtfertigen, welches hier nicht die Idee des Guten, sondern der göttliche Wille ist. In dieser Weise wird dann die griechische Eeudaimonia zur christlichen beatitudo.

Platon freilich erhebt in der Nachfolge des Sokrates den Anspruch, daß das erfragte Gute, in welchem sich alle sittlichen Haltungen zu gründen haben, um verbindlich zu sein für menschliches Verhalten, den Charakter des Gemeinsamen habe, des *koinon*. Das Gute hat an sich selbst Gemeinsamkeitsstruktur, und die Übersetzung von *koinon* ist commune, das Gemeinsame, so daß die im Guten durch Einsicht begründeten sittlichen Verhaltungen den Einzelnen in die politische Gemeinschaft binden. So bei Platon und auch bei Aristoteles. Die sogenannten sokratischen Schulen jedoch, wie überhaupt alle philosophischen Schulen nach Aristoteles, die Stoiker und Epikuräer, lehren ganz offenkundig eine Sittlichkeit des privaten Glücks, das also nicht mehr der Realisation in einer bestimmten politischen Gemeinschaft bedarf. Innerhalb dieser Perspektive kommt dann die Sittlichkeit als Vorteil des Einzelnen durch die christliche Lehre von der ewigen Seligkeit, auf die alles ankomme, auf den Gipfel. So heißt es dann konsequenterweise bei Nietzsche:

> "Ebenso [nämlich unsittlich] erschien einem tugendhaften Römer alten Schrotes jeder *Christ*, welcher »am ersten nach seiner *eigenen* Seligkeit trachtete«."[19]

Seit Sokrates stellt der Mensch sich selbst als Einzelner in die Sorge in Hinblick darauf, ob er als Mensch geglückt ist, in Hinsicht auf die *eudaimonia*, das geglückte Menschsein, das geglückte Leben. Aber was ist der Einzelne als er selbst? Worin besteht das Selbstsein des einzelnen Menschen? Nach Platon in der Seele, die das in Wahrheit Seiende vernimmt, die übersinnlichen Ideen, aus denen die Seele, sofern sie eine denkende Seele ist, auch ihre Herkunft hat. Nach christlicher Lehre in der gottgeschaffenen Einzelseele, an deren Heil, nämlich ihrer Vereinigung mit Gott in einem jenseitigen Leben, alles gelegen ist. Wie es auch sei, die Sorge des Menschen um sich selbst, Platonisch gesprochen, die *epimeleia tes psyches*, ist seit Sokrates das Grundstreben des Menschen, um das er ständig bemüht bleibt. In Zeiten dagegen, die unter der Macht der Sitte standen, hatte der Mensch sich dem Herkommen immer schon anheimgegeben, seinem Befehl unterstellt, der Sitte Opfer gebracht, auch sich selbst.

Nietzsche hat nun in dem angeführten Abschnitt die Sittlichkeit in ihrem Gehalt entfaltet aus dem Bezug des Lebens, das sich unter die Befehlsgewalt der Sitte stellt. Der Mensch erfährt sie als eine höhere Macht in Gestalt von Überpersonen, weil sie den Menschen gerade in dem übertrifft, was sein Eigenes ist. Diese

---

19 Ebd.

Wesensentfaltung der Sittlichkeit der Sitte verlangt jedoch die weitere Frage nach dem Grund, in dem sie beruht. Dieser Grund ihres Wesens kann nach Nietzsche natürlich nur das Leben sein. Es fragt sich daher, ob der bisherige Wesensbegriff des Lebens tief genug ergründet ist, um die Lebensmacht der Sitte zu tragen. Gibt die bisherige Explikation des Lebens durch Nietzsche die Grundlage her, auf welche das Wesen der Sitte und der Moral gestellt und diese sachbegründet begriffen werden kann? Kann die scheue Furcht vor einer in den Sitten befehlenden höheren Person aus dem Wesen des Lebens begriffen werden? Das ist die Frage, vor der wir jetzt stehen. Es gilt, die Tragfähigkeit des Begriffs des Lebens als des Grundes an der Macht, dem Walten der Sitte, zu erproben. Es gilt, aus dem Wesensbegriff des Lebens das Walten der Sitte zu begreifen. Wir vollziehen also hier einen weiteren Schritt: die Rückführung der Lebensmacht der Sitte auf den Grund ihres Wesens, das Leben selbst, eine Aufgabe, die Nietzsche im Beginn von *Menschliches, Allzumenschliches* bereits gestellt hat. Im ersten Buch der *Morgenröte* heißt es:

> "Die Sitte repräsentirt die Erfahrungen früherer Menschen über das vermeintlich Nützliche und Schädliche, - aber *das Gefühl für die Sitte* (Sittlichkeit) bezieht sich nicht auf jene Erfahrungen als solche, sondern auf das Alter, die Heiligkeit, die Indiscutabilität der Sitte."[20]

Das klingt für unsere Ohren zunächst plausibel. Wiederholt gemachte Erfahrungen werden zu Regeln, die überliefert werden. Diese Regeln legen das Handeln und Urteilen fest. Mit der Zeit bekommen sie ein hohes Alter, sie werden ehrwürdig. Die Motive, die ihre Aufstellung veranlaßt haben, geraten in Vergessenheit. Sie regeln jetzt das Leben ohne Rückblick auf nützlich und schädlich. Aber reicht eine solche Erklärung aus? Denn was hält diese sittlichen Regeln in Geltung, wenn das, um dessentwillen sie aufgestellt waren, aus dem Gesichtskreis geschwunden ist? Offenbar die bloßen Denkgewohnheiten. Nun ist es zwar richtig, daß wir in vielen, ja sogar in sehr vielen Dingen bloßen Denkgewohnheiten folgen, aber die Sittlichkeit der Sitte beruht nach

---

20 Ebd., Zif.19; KGW V/1, S.28.

Nietzsches These eben nicht in bloßen Gewohnheiten, sondern auf Scheu und Furcht vor einer im Herkommen waltenden höheren Macht.

Wie kann das aus bloßer Gewohnheit Befolgte zu einem von einer höheren Macht Befohlenen werden? Vielleicht, kann man zunächst sagen, weil die Zeiten, in denen die Sitte herrschte, so abergläubisch veranlagt waren, daß sie ihre eigenen Gewohnheiten als eine höhere Macht verstanden. Sagt doch Nietzsche selbst, daß in diesem Gefühl der Furcht Aberglauben steckt. Aber dann bedarf es eben einer Erklärung, weshalb denn der Mensch damals dazu kam, seine eigenen Lebensgewohnheiten abergläubisch zu betrachten und jeden Verstoß gegen sie als Verletzung einer höheren Macht zu fürchten.

Um hier nicht aus der Dimension herauszufallen, in der Nietzsche denkt, gilt es zunächst einmal, an folgendes zu erinnern: Die Begriffe "nützlich" und "schädlich", die hier zur Sprache kommen, nennen die leitenden Hinblicke des Lebens. Ihre Bedeutung ist aus dem Wesen des Lebens zu denken. Diese Begriffe, wie überhaupt alle philosophischen Begriffe, in denen Nietzsche spricht, können nicht einfach in der Bedeutung genommen werden, in der sie unseren Vorstellungen geläufig sind. "Nützlich" und "schädlich" werden von Nietzsche nicht in dem pragmatischen Sinne des überlegenden Berechnens von Nutzen im Umgang mit den Dingen gebraucht. Werden sie so verstanden, dann wird Nietzsches Wesensaufhellung der Sittlichkeit der Sitte aus dem Leben zu einer banalen, utilitaristischen Erklärung und Herleitung der Moral, die überdies angesichts des von ihm selbst herausgestellten Phänomens der Sittlichkeit der Sitte offenkundig unzureichend ist. "Nützlich" und "schädlich" sind vielmehr, ursprünglich gedacht, wesensnotwendige Gesichtspunkte des Lebendigen, das lebt in Angewiesenheit auf eine mit Andrang und Entzug drohende Welt. Es sind die Hinblicke, durch die es lebt, Wesensbedingung seines Seins als eines Lebendigen. Unsere Begriffe von nützlich und schädlich, so wie wir sie gemeinhin gebrauchen, sind nur nachträglich und abgeleitet.

Der Mensch, der als denkendes Lebewesen zu dem Ganzen in einem Bezug steht, muß das Sich-Entziehende zu sich heranziehen, es in feste Verhältnisse zu sich bringen und sich in diesen festen Verhältnissen selbst festhalten, um bestehen zu können. Er muß aber ferner in eins damit das Andrängende und Bedrängende von sich fernhalten, es in einer Ferne halten, andernfalls würde er von ihm überwältigt und verschlungen. Er muß also zumal das Seiende heranziehen und fernhalten. Durch dieses fernhaltende Heranziehen öffnet sich ein Zwischenfeld, welches der Raum seines Lebens ist. Der Mensch hält dieses Zwischenfeld offen, indem er sich in den Verhältnissen festhält, welche das Seiende in einer abständigen Nähe halten. So hütet er, bewahrt er sich den Raum seines Lebens. Das Ganze dieser Lebensverhältnisse ist die Sitte. Damit ist schon deutlicher geworden, inwiefern die Sitte Erfahrungen über das, was nützlich und schädlich ist, repräsentiert. Denken wir also die Begriffe "nützlich" und "schädlich" aus dem wesentlichen Wissen Nietzsches vom Leben, dann beginnt allerdings der zitierte Satz in der rechten Weise zu uns zu sprechen.

Leben lebt um willen seiner selbst. Das, worumwillen etwas ist, ist sein Grund. Da das Leben um willen seiner selbst lebt, ist es selbst der Grund, durch den es lebt. Es ist sich selbst der Grund seines Seins. Nun hat das Leben sich immer schon auf sich selbst hin zusammengenommen vor allem vorsätzlichen Vorstellen, wie es dem Menschen eigen ist. Solches Sich-Zusammennehmen seiner auf sich selbst hin, nämlich auf seine Erhaltung und sein Wachstum, ist aber das Wollen. Leben ist also Wille zum Leben, ein Wille, der sich nicht als Wille eigens vorzustellen braucht. Dieser Wille ist allem zuvor und über alles hinweg. Er ist das Erste, dem alles übrige als sein Gefolge folgt, ist der alles in sich einbehaltende Anfang im Sinne dessen, was die Griechen *arche*, die Römer principium nannten. Das einzelne Lebendige ist als ein solches diesem Lebenswillen anbefohlen, welcher das Grundwesen alles Lebendigen selbst ist. Dieser Lebenswille ist es, der in der Sitte befiehlt. Jetzt sehen wir auch, warum die Sitten Befehlscharakter haben, warum sie in die Form des Sollens gebracht werden.

Indem sich nun der Mensch in die Sitte fügt, bewahrt er sein Leben sowohl vor der überwältigenden Übernähe des Seienden wie vor seinem Entzug, verhält er sich in einer abständigen Nähe, welche Übersicht, Sich-Auskennen, Erfahrungen sammeln überhaupt erst möglich macht. Sich in die Sitte fügend, befiehlt der Mensch sich dem Lebenswillen selbst an.

Weshalb also fürchtet und scheut er in der Sitte eine höhere Macht? Diesen ihn tragenden und durchherrschenden Lebenswillen kann der einzelne Mensch sich nicht selbst als Willen zuschreiben. Er stellt ihn nicht als seinen eigenen Willen vor. Er ist auch nicht der bloß aufsummierte Wille aller, auch nicht der gemeinsame Wille der Gemeinde. Diese ist vielmehr, als ein sittliches Ganzes, von jenem Willen des Lebens selbst erst gewollt und so ermöglicht. Der Einzelwille und der Wille der Gesamtheit sind insofern erst Wille, als sie den im Leben waltenden Grundwillen selbst vollziehen. Sie sind ihrerseits wollend als die Willigen, das heißt diejenigen, die sich in den Befehl des Lebenswillens stellen. Dieser Wille des Lebens hat den Menschen im einzelnen und auch als Gesamtverband immer schon überholt und bleibt ihm überlegen.

Abergläubisch ist die Furcht vor diesem übermächtigen Willen insofern, als der Mensch ihn nach dem Bilde seiner selbst vorstellt. Er sieht darin eine von Absichten geleitete und nach Vorsätzen wirkende übermenschliche Person, deren Willen und Absichten man nicht erfragt, sondern denen man einfach zu folgen hat. Der im menschlichen Leben wesende Lebenswille wird vorgestellt als mit einem höheren Intellekt ausgestattete Person. Darin besteht das Religiöse, das überall mit der Sittlichkeit der Sitte verbunden ist.

Wie kommt es, daß dieser Lebenswille als eine höhere Person vorgestellt wird? Das ist doch die Frage, die wir jetzt entwickeln müssen. Diese Vorstellung erwächst aus Zweierlei: Einmal, wie gesagt, wagt der Mensch diesen Willen nicht sich selbst zuzuschreiben. Wie könnte er das auch, denn dieser Wille ist ja allem seinem eigenen vorsätzlichen Tun voraus, so daß er als Lebewesen, als Mensch, immer schon im Machtbereich dieses Lebenswillens steht. Er kann diesen Willen nicht sich als ein Eigenes zuschreiben, und zwar nicht, weil dieser der Wille eines anderen Seienden ist, sondern weil er der Grundwille des Lebens selbst ist. Seinem eigenen Sein nach ist das menschliche Leben mit seinem Dasein als Leben schon diesem Grundwillen anbefohlen.

So weit ist der Sachverhalt klar. Nun aber stellt der Mensch diesen ihn beherrschenden Willen als eine höhere Person vor. Wie geschieht das? Und weshalb geschieht es denn eigentlich? Das ist bis jetzt noch nicht erklärt.

4. Die Grundirrtümer der Metaphysik

Im 1. Buch der *Morgenröte* lesen wir in Ziffer 17 das Folgende:

> "Erst haben die Menschen sich in die Natur hineingedichtet: sie sahen überall sich und Ihresgleichen, nämlich ihre böse und launenhafte Gesinnung, gleichsam versteckt unter Wolken, Gewittern, Raubthieren, Bäumen und Kräutern."[21]

Daß der Mensch dazu neige, sich selbst in die Welt hineinzusehen und die Welt und alles, was in ihr ist, voran natürlich die Natur, nach seiner eigenen Gestalt zu denken, erscheint uns heute wie selbstverständlich. Aber diese Übertragung der Menschengestalt auf das Ganze der Welt ist doch sehr seltsam und schwer zu begreifen. Noch seltsamer ist, daß gerade uns, die wir doch durch die wissenschaftliche Objektivierung der Welt bestimmt sind, das so natürlich und selbstverständlich zu sein scheint. Vermutlich verbirgt sich in dieser Natürlichkeit und Selbstverständlichkeit nur unsere eigene Gedankenlosigkeit. Wie soll denn eine solche Übertragung der Menschengestalt auf die Natur überhaupt vor sich gehen? Wie ist sie nur möglich?

Der zitierte Satz Nietzsches wird allein begreifbar aus einer gründlichen Kenntnis der Metaphysik der Subjektivität, so daß wir an dieser Stelle von deren Erschließungskraft etwas erfahren können. Eine kurze Erinnerung an die Struktur der neuzeitlichen Subjektivität ist daher notwendig. Sie hat die Form des cogito me cogitare, in der Formulierung Descartes'. Ich, der Vorstellende, stelle in allem Vorstellen mich selbst als den Vorstellenden vor. Das erste und beständige Objekt des Vorstellens ist das ego, das vorstellende Ich selbst. Nach Kants transzendentaler Fassung dieses vorstellenden Ich stellt dieses die Gegenständlichkeit der

---

[21] Ebd., Zif.17; KGW V/1, S.25.

Gegenstände selbst vor, also das Ganze dessen, was einen Gegenstand als einen solchen bestimmt. Diese Gegenständlichkeit der Gegenstände als solcher, sofern sie Gegenstände sind, wird bekanntlich in den Kategorien ausgemacht. Mithin denkt sich das vorstellende Ich als den Inbegriff des Ganzen der Gegenständlichkeit der Gegenstände. Aber dieser reine Gegenstand als solcher, der in den Kategorien festgelegt ist, ist noch nicht der wirkliche Gegenstand für uns. Zu ihm gehört auch immer die Sinneswahrnehmung, die Sinnesanschauung. Deshalb das Angegangenwerden durch die Sinne, die Affektion. Als der reine Gegenstand ist das "Ich-denke", das vorstellende Ich, gleichsam die Form für jegliches gegenständlich Vorstellbare, griechisch gesagt, das *eidos* des Gegenstandes als eines solchen, der Anblick, in den alles zu stehen kommt, was uns als ein Gegenstand möglicher Erkenntnis begegnet. Indem also das vorstellende Ich das den Sinnen sich zeigende Mannigfaltige gemäß den Kategorien denkt, denkt es sich hinein in das Mannigfaltige des den Sinnen Sich-Zeigenden als dessen gegenständliche Einheit.

Nietzsches These lautet nun so: Die Menschen haben sich in die Natur hineingedichtet. Dieser Satz stellt eine abwandelnde Radikalisierung der Position Kants dar, denn Kant unterscheidet zwischen dem empirischen Ich, dem Ich als dem Einzelnen hier und dort, und dem transzendentalen Ich, welches die Gegenständlichkeit der Gegenstände selbst vorstellig macht. Das transzendentale Ich bekundet nach Kant eine höhere Abkunft aus dem Übersinnlichen. Er sagt ausdrücklich im 3. Abschnitt der *Grundlegung zur Metaphysik der Sitten*:

> "Um deswillen muß ein vernünftiges Wesen sich selbst *als Intelligenz* (also nicht von seiten seiner untern Kräfte), nicht als zur Sinnen-, sondern zur Verstandeswelt gehörig, ansehen."[22]

Diese Selbstunterscheidung des Menschen gemäß seiner zweifachen Zugehörigkeit zu einer Sinnenwelt und zu einer Verstandeswelt, also einer übersinnlichen, metaphysischen Welt, von Platon herkommend, von Kant radikalisiert, wird aber hinfällig,

---

[22] I. Kant, Grundlegung zur Metaphysik der Sitten, Akademie-Ausgabe, Bd.IV, Berlin 1911, S.452.

wenn sich das Leben als einziger Grund des Seins und das denkende Vorstellen als eine Manifestation des Lebens darstellt. Dann wird das Sichhineindenken des vorstellenden ego in die Natur zu einem Hineindichten des Lebewesens Mensch in die Natur, das heißt zu etwas Imaginativem. Das cogito me cogitare wird dann zu einem Sich-Zusammennehmen des Menschen auf sein Eigenes, auf das hin er alles Seiende zusammenzuführen trachtet. Und das hat nach Nietzsche seinen Grund im Wesen des selbstbezüglichen Lebens, dessen vordringlichste, manifesteste Erscheinung gerade das vorstellende Denken selbst ist, das darum keine höhere Abkunft aus einer metaphysischen Welt mehr verbürgt. Im Durchsetzen der Vergegenständlichung will der Mensch demnach nicht Wahrheit, sondern er will sich selbst, sein eigenes Bestehen, indem er sich mit dem Seienden, mit der Welt, als einem verfügbaren Bestand zu umgeben trachtet.

Aus dieser Perspektive gesehen, kann man sagen: In Kants Philosophie dichtet der Mensch sich nur noch als denkend vorstellendes Ich in die Natur hinein. Mit allem anderen - mit den Sinnesanschauungen, mit seinen Strebungen, Stimmungen, also in der Kantischen Sprache mit seinen unteren Kräften, den sinnlichen Kräften - hat er sich bereits aus der Natur herausgenommen, denn sie gelten als bloß subjektiv, als Manifestation eines sinnlich bedürftigen Leibwesens. In älteren Zeiten jedoch, und zwar durch die längsten Fristen der Menschheitsgeschichte hindurch, in denen die Kantisch-Platonische Selbstunterscheidung des Menschen noch nicht vollzogen und geübt war, dichtete der Mensch im Vorstellen des Seienden sich ganz und gar, nach jeder Hinsicht, in die Natur hinein. Seine eigene, feindselig argwöhnische Gesinnung sah er daher überall gleichsam versteckt. Mit Platons Unterscheidung von Sinnlichem und Übersinnlichem beginnend und seit Kant entschieden, dichtet sich der Mensch nur noch mit dem in die Natur hinein, worin er sich von allen übrigen Lebewesen verschieden glaubt, mit dem Denken, dergestalt daß er die gegenständliche Vorgestelltheit des Seienden im Denken für dessen Sein hält, dagegen die leiblichen Bekundungsweisen des Seienden als bloß subjektiv preisgibt.

Nun wird begreiflich, weshalb der Mensch, solange er unter der Macht der Sitte stand, in dieser den Befehl einer höheren Person fürchtete. Diesen Willen, den er sich nicht zuschreiben kann, denkt er sich wie alles von ihm Vorgestellte nach dem Anblick seiner selbst als ein Höheres seiner selbst, also als etwas von seiner Art zwar, das ihm aber gerade in dem ihm Eigenen unvorstellbar überlegen ist, dem er deshalb in Furcht und Scheu begegnet.

Im denkenden Vorstellen des Seienden ist der Mensch nicht von der Selbstbezüglichkeit alles Lebens frei. Denken ist vorstellender Rückbezug des Vorgestellten auf den Vorstellenden, der als das erste und ständige und durchgängige Objekt alles Vorstellens das Vorbild abgibt, nach welchem das Seiende gedacht wird. Dieses Denken erfaßt nicht das Seiende in seinem eigenen Sein. Da der Mensch aber gleichwohl das nach dem eigenen Anblick vorgestellte Seiende als das anspricht, was ist, nämlich im Urteil, befindet er sich ständig im Irrtum. Er bildet ein Bild vom Seienden nach seinem eigenen Anblick. Er stellt alles als seiend Vorgestellte vorweg in das Bild seiner selbst. Solches Denken nennt Nietzsche ein Dichten, das heißt aber hier: bloßes Dichten. Dichten bedeutet Einbilden, Einbringen eines Bildes, eines bloßen Anblicks. Ein Bild gibt zu sehen, und zwar das in ihm Dargestellte. Aber es gibt zu sehen in der Weise des Sich-Zeigens für uns gemäß unserem Standort, nicht so, wie es selbst ist. Daß das Denken ein bloßes Dichten sei, etwas Imaginatives, will besagen, es läßt das Seiende lediglich im Wie seiner Vorgestelltheit durch uns und für uns sehen.

In diesem Zusammenhang spricht Nietzsche nun seine Sätze über die bisherige Metaphysik. Sie sind und bleiben unverständlich, wenn sie nicht aus diesem Zusammenhang gedacht werden, den wir hier zu explizieren wenigstens versucht haben. Einige dieser Sätze seien jetzt einmal aufgeführt als Bestätigung und zugleich Verdeutlichung des zur Frage stehenden wesentlichen Sachverhalts.

In *Menschliches, Allzumenschliches* nennt er die "beglückenden und blendenden Irrthümer, welche metaphysischen und künstlerischen Zeitaltern und Menschen entstammen". Diese stehen "schön, prunkend, berauschend, ja vielleicht beseligend" da. Die Metaphysiker heißen "Verehrer der *Formen* [...], mit ihrem Maasstabe des Schönen und Erhabenen"[23]. Form, forma, ist die Übersetzung des griechischen *eidos*, worin Platon und Aristoteles das Sein des Seienden selbst erblickten. Die Metaphysiker heißen daher "Verehrer der Formen". Nietzsche fährt fort:

"Ehemals war der Geist nicht durch strenges Denken in Anspruch genommen, da lag sein Ernst im Ausspinnen von Symbolen und Formen."[24]

Und weiter unten, in Ziffer 16, heißt es:

"Dadurch, dass wir seit Jahrtausenden mit moralischen, ästhetischen, religiösen Ansprüchen, mit blinder Neigung, Leidenschaft oder Furcht in die Welt geblickt und uns in den Unarten des unlogischen Denkens recht ausgeschwelgt haben, ist diese Welt allmählich so wundersam bunt, schrecklich, bedeutungstief, seelenvoll *geworden*, sie hat Farbe bekommen, - aber wir sind die Coloristen gewesen: der menschliche Intellect hat die Erscheinung erscheinen lassen und seine irrthümlichen Grundauffassungen in die Dinge hineingetragen."[25]

Nietzsches Zusammenfassung der Charakterisierung der Metaphysik lautet: Der menschliche Intellekt hat die Erscheinungen erscheinen lassen. Erscheinen heißt: sich zeigen, offenkundig werden. Das im Sich-Zeigen Offenkundige ist dann die Erscheinung. Der Satz behauptet also: Das Erscheinen der Erscheinung, also die Art, wie die Dinge offenkundig werden, liegt beim menschschlichen Intellekt. Dieser ist, wie wir gesehen haben, bestimmt durch die Art und Weise, wie sich der Mensch inmitten der Welt vorfindet und befindet. Diese Lage des Menschen ist in ihren Grundzügen inzwischen bekannt: Er lebt in ständiger Gewärtigung von Gefahren. Die Art der Gefahren haben wir dargestellt. Darum trachtet er danach, sich in das ruhige Verweilen zu entlassen. Dieses gewährt ihm das Schöne, denn es läßt den Menschen ungefährdet, gelöst und gesammelt zugleich bei der Welt wie bei sich selbst verweilen. Deshalb stellt der menschliche Intellekt im maßgeblich bestimmenden Hinblick auf die Lage des Menschen die vorgestellte Welt auch immer sowohl in den An-

---

23 Menschliches, Allzumenschliches I, Zif.3; KGW IV/2, S.21f.
24 Ebd.; KGW IV/2, S.22.
25 Ebd., Zif.16; KGW IV/2, S.32f.

blick des Bedrohlichen, des Moralischen - des Sittlichen und Religiösen - und des Ästhetischen. Die Metaphysik spricht nun das in diesen Anblicken Sich-Zeigende als das Seiende an, als das, was ist, und entnimmt ihnen das Sein als Grund des Seienden. Die durch den Intellekt gemäß der Lage des Menschen inmitten des Seienden gebildeten Anblicke der Welt sind für den Menschen maßgeblich für das, als was er das Sein des Seienden, also den Grund des Seienden, anspricht. Er sucht den Grund für seine eigene Zuständlichkeit in den Anblicken der Welt, die sein Intellekt gemäß der Lage, in welcher er sich befindet, selbst bildet. Je nach dem vorwiegenden Anblick und der Art des Vorwiegens denkt der Mensch dann das Wesen der Dinge anders. Er unterstellt also die selbstgebildeten Anblicke der Welt dieser als deren Sein. Dabei verfährt er in Entsprechung zu den Künstlern, sagt Nietzsche, welche die Welt im Licht ihrer eigenen Zuständlichkeit sehen und die gebildeten Weltanblicke dann als Ursache ihres Lebenszustandes angeben. Sie dichten sich in die Welt hinein.

Es wird also deutlich, weshalb Nietzsche "metaphysisch" und "künstlerisch" in die nächste Nachbarschaft versetzen kann. Dem Künstler ist es eigentümlich, die Weise seines Angemutetseins von der Welt, also seinen Zustand angesichts der Welt, ins Bild zu bringen und diese Weltbilder dann als Ursache für seinen Zustand zu nehmen. Entsprechend verfährt die Metaphysik. In ihr dichtet der Mensch seine eigene Lage inmitten des Seienden in das Wesen der Dinge hinein und dichtet seine eigene Lage als Sein des Seienden selbst aus.

Es ist nun an der Zeit, den Untertitel der Abhandlung *Menschliches, Allzumenschliches* zu bedenken. Er lautet: "Ein Buch für freie Geister". Der Begriff des "freien Geistes" trägt das gesamte Denken der Periode, die *Menschliches, Allzumenschliches* eröffnet und die *Die fröhliche Wissenschaft* beschließt. Nietzsche charakterisiert sein Denken als das eines freien Geistes. Was besagt "freier" Geist? Der Ausdruck hat nichts zu tun mit Freigeisterei im vulgären Sinne eines groben Atheismus oder gar der moralischen Zügellosigkeit. Um die hier waltende Freiheit zu verstehen, gilt es auf das hinzublicken, was dieses freie Denken denkt, also auf sein Gedachtes, denn immer bestimmt sich ein Denken von dem her, was es denkt. Was hier gedacht wird, ist vor allem das metaphysische Denken selbst. Es wird gedacht in seiner Wesensart und seiner Wesensherkunft aus dem Leben. Dieses Denken, das metaphysische, beansprucht, ein Wissen vom Sein des Seienden selbst zu erlangen. In Wirklichkeit jedoch dichtet sich der Mensch, als das denkend vorstellende Wesen, selbst in das Wesen der Dinge hinein. Er langt zwar in der Metaphysik nach der Wahrheit aus, aber nur, um sich ständig in sich selbst zu verfangen. Leben lebt im ausgreifenden Auslangen nach Seiendem, aber es ist selbst immer schon vom Lebenswillen umfaßt und erfaßt. Das Lebendige lebt als das vom Lebenswillen Umfaßte, gerade auch dann, wenn es nach der Wahrheit auszulangen versucht. Das Lebendige ist gleichsam vom Lebenswillen immer schon eingefangen und wird von ihm festgehalten. Dieses Umfaßt- und Gefaßt- und Gefangensein des Lebewesens Mensch vom Lebenswillen ist dasjenige, was der freie Geist durchschaut. Er erkennt, daß etwas nicht deshalb für das Wahre erklärt wird, weil es das Wahre, das Wirkliche ist, sondern für wahr gehalten wird aus einem Eingenommensein des selbstbezüglichen Lebens für sich selbst. In der *Morgenröte*, Ziffer 90, mit der Überschrift "*Egoismus gegen Egoismus*" lesen wir:

> "Wie Viele schliessen immer noch: »es wäre das Leben nicht auszuhalten, wenn es keinen Gott gäbe!« (oder, wie es in den Kreisen der Idealisten heisst: »es wäre das Leben nicht auszuhalten, wenn ihm die ethische Bedeutsamkeit seines Grundes fehlte!«) - folglich *müsse* es einen Gott (oder eine ethische Bedeutsamkeit des Daseins) geben! In Wahrheit steht es nur so, dass, wer sich an diese Vorstellungen gewöhnt hat, ein Leben ohne sie nicht wünscht: dass es also für ihn und seine Erhaltung nothwendige Vorstellungen sein mögen, - aber welche Anmassung, zu decretiren, dass Alles, was für meine Erhaltung nothwendig ist, auch wirklich *da sein* müsse! Als ob meine Erhaltung etwas Nothwendiges sei! Wie, wenn Andere umgekehrt empfänden! wenn sie gerade unter den Bedingungen jener beiden Glaubensartikel nicht leben möchten und das Leben dann nicht mehr lebenswerth fänden! - Und so steht es jetzt!"[26]

"Gott" ist nach der theologisch-metaphysischen Grundauffassung der Name für das höchste Seiende, für das Ewige, für den

---

[26] Morgenröte I, Zif.90; KGW V/1, S.79f.

Grund des Seins alles Seienden und zugleich für die metaphysische Welt der Ideen über dem Leben hier und jetzt. Sofern sich der Mensch inmitten des Wechsels des Kommenden und Gehenden zugleich dem Ewigen zugehörig glaubt, hat all sein Tun und Lassen ethische Bedeutsamkeit. Auch sein Tun, ja sogar sein Dasein selbst ist etwas, das kommt und geht wie alles andere auch. Da er aber zugleich dem Ewigen zugehört, steht er mit allem, was er ist, in einem Bezug zu diesem. Er lebt im Wechsel der Zeit im Blick auf die Ewigkeit. Dadurch bekommt auch das Leben hier und jetzt ein eigenes Gewicht, eben ethische Bedeutsamkeit. Ohne die Annahme eines Gottes, das heißt zugleich einer ewigen metaphysischen Welt über dem Leben, wäre das Leben nicht auszuhalten; denn es wäre alles, was der Mensch tut und leidet, sein gesamtes Streben, umsonst, da er mit allem, was ist, in den Strudel des Lebens, ins Vergehen nämlich, wieder zurückgerissen wird.

Wer so denkt, sagt Nietzsche, für den ist der metaphysische Gottesgedanke eine notwendige Vorstellung. Ihre Notwendigkeit besteht in der Unentbehrlichkeit dieses Gedankens für eine Art des menschlichen Lebens. Sie ist eine Bedingung seiner Selbsterhaltung, notwendig im Hinblick auf das Leben, dessen Lebensbedingung diese Vorstellung ist. Sie ist aber keine schlechthin notwendige Vorstellung, denn meine Selbsterhaltung ist nicht notwendig.

Was Nietzsche hier über die Idee Gottes sagt, das gilt natürlich für alle metaphysischen Begriffe. Das in ihnen Gedachte ist notwendig gedacht im Hinblick auf ein Leben, das darin seine Lebensbedingung erblickt. Aber mit dieser Erkenntnis büßt die Metaphysik ihre Verbindlichkeit auch schon ein. Diese beruht ja in der durch sie beanspruchten Wahrheit ihrer Vorstellungen. Die Metaphysik behauptet die in ihr hinterlegten Bedingungen eines bestimmten Lebens als das Unbedingte, als die Wahrheit. Diesen Anspruch muß sie nunmehr aufgeben. Vom Leben als dem zugrunde liegenden Grund her gedacht, beruht die Notwendigkeit der metaphysischen Vorstellungen nur auf einer Unentbehrlichkeit für eine bestimmte Art von Lebewesen. Sie sind bloß menschlich, ja allzumenschlich, sofern hier der Mensch seine Lebensbedingungen für die Seinsbedingungen von Seiendem überhaupt erklärt und hält.

Von hier aus wird nun die Lage begreiflich, in der sich der sich aus der Verbindlichkeit der Metaphysik befreiende Geist befindet: Er erkennt die metaphysischen Ideen und Kategorien in ihrer Unverbindlichkeit in bezug auf Wahrheit, zugleich aber in ihrer Unentbehrlichkeit. Der freie Geist befindet sich daher in einer eigentümlichen Situation: Er steht in der fortgesetzten Abwehr des Strebens, das von der Metaphysik Vorgestellte für das zu halten, was in Wirklichkeit ist. Diese fortgesetzte Abwehr stellt sich gleichsam zur Tendenz des Denkens quer. Ja, das Denken stellt sich gleichsam zu sich selbst quer, sofern es sein Gedachtes als das Wahre festzuhalten trachtet, es zugleich jedoch immer wieder von sich abstoßen muß. Das Denken des freien Geistes kann kein metaphysisch Gedachtes als das Wahre festhalten, es muß sich immer wieder davon abstoßen, um seine Freiheit zu behaupten. In dieser Bewahrung der Freiheit eines fortgesetzten Sich-Querstellens zu sich selbst behauptet das Denken des freien Geistes seine eigene Wahrhaftigkeit. Es handelt in Selbstbehauptung seiner eigenen Wahrhaftigkeit.

Das ist das *ethos*, welches die Schriften dieser Periode des Nietzscheschen Denkens trägt und bestimmt und durchstimmt. Unter diesem entscheidenden Gesichtspunkt möchte alles von Nietzsche in dieser Periode Gesagte und Gedachte verstanden werden. Wer das nicht sieht, versteht so gut wie nichts von dem, was Nietzsche hier darlegt. Diese eigene Wahrhaftigkeit erlangt dieses Denken nur, wenn es das eines freien Geistes geworden ist, das sich der in ihm selbst liegenden Tendenz auf Festsetzung in seinen lebensunentbehrlichen Vorstellungen, nämlich der metaphysischen, ständig entgegensetzt. Nietzsche gibt, so können wir sagen, die von der Metaphysik beanspruchte Wahrheit preis um der Wahrhaftigkeit des Denkens willen. Das seit 2500 Jahren geübte Streben nach der Wahrheit schlägt zum Schluß auf das Denken zurück, das am Ende einer langen Geschichte dieses Strebens nunmehr nur noch seine eigene Wahrhaftigkeit erstrebt, indem es die Wahrheit der Metaphysik preiszugeben genötigt ist aus Gründen der Wahrhaftigkeit. Es durchschaut nämlich das von der Metaphysik Gedachte in seiner Lebensunentbehrlichkeit und kann eben deshalb dieses Gedachte nicht länger für das Wahre halten, also für das, was wirklich ist. Seine Wahrhaftigkeit besteht darin, sein Bestimmtsein durch das von sich selbst eingenommene Leben zu durchschauen und dieses Durchschauen auszuhalten. Jetzt noch immer die von der Metaphysik beanspruchte Wahrheit für die Wahrheit zu halten, das wäre eine wissende Verlogenheit des Denkens gegen sich selbst.

Das freie Denken, das sich fortgesetzt von allem bisher für wahr Gehaltenen abstößt, bringt sich in eine Schwebe. Es ist nur möglich als dieses Schweben. Nietzsche sagt dazu:

> "Vielmehr muss ein Mensch, von dem in solchem Maasse die gewöhnlichen Fesseln des Lebens abgefallen sind, dass er nur deshalb weiter lebt, um immer besser zu erkennen, auf Vieles, ja fast auf Alles, was bei den anderen Menschen Werth hat, ohne Neid und Verdruss verzichten können, ihm muss als der wünschenswertheste Zustand jenes freie, furchtlose Schweben über Menschen, Sitten, Gesetzen und den herkömmlichen Schätzungen der Dinge *genügen*."[27]

Das Denken lebt in Selbstgenügsamkeit seiner Freiheit, welche ihm seine Wahrhaftigkeit verbürgt. Wir sehen: Die *theoria*, die einstmals nur nach dem Seienden trachtete, um es in seinem Sein zu betrachten, zu erkennen und in solcher Betrachtung zu verweilen, ist jetzt zum Schweben über den herkömmlichen Schätzungen der Dinge geworden, zu einem Schweben über der Metaphysik.

Nun konnte es Nietzsche nicht verborgen bleiben, daß auch dieser Zustand des freien Denkens über dem Leben in diesem sein seinsmäßiges Fundament haben muß. Denn auch dieses freie, über dem Leben schwebende Denken muß doch aus dem Leben als dem alles tragenden Grund hervorgehen und in ihm schließlich und endlich begründet sein wie alles, was ist. Wie steht das freie und deshalb wahrhaftige Denken zum Leben als der einzigen Realität von allem, was ist?

Die Titel der beiden nächsten Schriften deuten in die Richtung, in die Nietzsche gehen mußte. Nietzsche betitelt nämlich die nächste große Abhandlung, die er zusammen mit den *Vermischten*

---

27 Menschliches, Allzumenschliches I, Zif.34; KGW IV/2, S.51.

Sprüchen als II. Band von *Menschliches, Allzumenschliches* herausgegeben hat, als *Der Wanderer und sein Schatten.* Dieser Titel drückt das Problem der Einsamkeit des über dem Leben schwebenden Erkennenden aus. Zwar hat auch er noch einen Begleiter, auch er hat noch ein Gegenüber, nämlich sich selbst, seinen Schatten, sich selbst als den im Vorstellen Vorgestellten, als den in allem Denken Gedachten; er selbst noch einmal, aber - ein bloßer Schatten. Es fehlt dem freien Geist der lebendige Andere. Es fehlen ihm die Menschen, so daß sogar die Gefahr besteht, daß er selbst zu einem bloßen Schatten des Lebens wird.

Die nächste große Schrift trägt den Titel *Morgenröte,* mit dem Untertitel *Gedanken über die moralischen Vorurteile.* In der Morgenröte kündigt sich die aufgehende Sonne an. Die Sonne führt den Tag herauf, in dessen Helle alle Dinge voll gegenwärtig sind. Das mit *Menschliches, Allzumenschliches* anhebende Denken beginnt sich aus den Selbstverfängnissen zu befreien, sie unter sich zu bringen. Es ist ein das Selbstverfängnis der Metaphysik überwindendes und deshalb auf die Metaphysik noch zurückbezogenes Denken. Es ist noch nicht die Sonne selbst, noch nicht die volle Präsenz des Tages, noch nicht der nach jeder Hinsicht freie Blick auf das Leben, in welchem dieses sich selbst voll gegenwärtig wäre, sondern diese Gegenwart kündigt sich erst an. Das Denken befindet sich noch in einem Zwischenzustand; der Schatten der Metaphysik beginnt zu weichen, die "moralischen Vorurteile", wie Nietzsche sagt, Vorurteile, sofern sie Anspruch auf unbedingte Wahrheit erheben und darum moralisch verbindlich sind. Die freie Aussicht auf das Leben, in der sich das Leben ganz und gar gegenwärtig ist, ohne die Schatten der Metaphysik, kündigt sich erst an.

Schließlich die Schrift *Die fröhliche Wissenschaft*: Nietzsche nennt seine Philosophie in dieser Periode gern "Wissenschaft", hier sogar als Titel einer großen Abhandlung gebraucht. Das will nun nicht besagen, daß die Philosophie jetzt durch eine Wissenschaft ersetzt wird, sei es die Psychologie, die Biologie, die Physiologie; sie bleibt, was sie von Anfang an war - Philosophie.

Aristoteles hat ja bereits die Philosophie als eine Art von Wissen, *episteme tis,* gekennzeichnet, ein Wissen vom Sein des Seienden. Nietzsche enthüllt sich dieses metaphysische Wissen vom

Sein des Seienden als Grundwertung des Lebewesens Mensch. Das Wissen von der Lebensgebundenheit aller metaphysischen Erkenntnisse ist jetzt das eigentliche, das freie Wissen. Nietzsche nennt dies "Wissenschaft", und er stellt sie in den Gegensatz zur herkömmlichen Metaphysik. So spricht er gern vom "Geist der Wissenschaft". Diesen zeichnet die von allem selbstsüchtigen Interesse losgelöste Sachlichkeit des forschenden Urteilens aus. Aber, wie gesagt, es geht Nietzsche nicht darum, die Philosophie etwa einem wissenschaftlichen Exaktheitsideal anzugleichen und ihre Ergebnisse möglichst zwingend zu machen und dadurch die Philosophie dem anzugleichen, was doch unter ihrem Rang liegt. Wohl aber sieht er innerhalb der Herrschaft der Metaphysik in den Wissenschaften etwas vom "freien Geist" noch am ehesten am Werk, nämlich in diesem unbekümmerten, analytisch-methodischen Vordringen in die Erscheinung. Unbekümmert um alle moralischen Urteile, die sich als das unbedingt Verbindliche aufwerfen, unbekümmert auch darum, was sich daraus für Folgen für das Leben entwickeln mögen.

Der Name "Wissenschaft" in dem Titel dieser Abhandlung erinnert also einmal an eine alte Kennzeichnung der Philosophie, wonach sie eine *episteme* ist, ein Wissen. Zum anderen aber ist dieser Ausdruck polemisch auf die bisherige Metaphysik bezogen, welche das Denken in den Fängen des selbstbezüglichen Lebens hält, ohne es zu wissen, während das unbekümmert-analytische Vorgehen der Wissenschaften etwas vom freien Denken des freien Geistes zum Vorschein kommen läßt. In *Menschliches, Allzumenschliches* lesen wir:

> "*Der Geist der Wissenschaft im Theil, nicht im Ganzen mächtig.*"[28]

In den Teilbezirken des Seienden, in denen die Wissenschaften sich angesiedelt haben und für die sie kompetent sind, herrscht bereits so etwas wie freier Geist. Aber er ist bis jetzt noch ohnmächtig in der Philosophie, nämlich im Denken auf das Ganze des Seienden. Ob Nietzsche damit recht hatte, wenn er in dem

28 Ebd., Zif.6; KGW IV/2, S.23.

analytischen Vorgehen der modernen Wissenschaften den freien Geist schon am Werk zu sehen glaubt, ist eine ganz andere Frage.

In der Vorrede zu *Menschliches, Allzumenschliches* aus dem Jahre 1886, also aus der letzten Phase seines Denkens, sagt er:

> "So habe ich denn einstmals, als ich es nöthig hatte, mir auch die »freien Geister« *erfunden*, denen dieses schwermüthig-muthige Buch mit dem Titel »Menschliches, Allzumenschliches« gewidmet ist: dergleichen »freie Geister« giebt es nicht, gab es nicht, - aber ich hatte sie damals, wie gesagt, zur Gesellschaft nöthig, um guter Dinge zu bleiben inmitten schlimmer Dinge [...]: als tapfere Gesellen und Gespenster, mit denen man schwätzt und lacht, wenn man Lust hat zu schwätzen und zu lachen, und die man zum Teufel schickt, wenn sie langweilig werden, - als ein Schadenersatz für mangelnde Freunde."[29]

So der spätere Nietzsche. Die Wissenschaften sind zwar gar nicht das, als was Nietzsche sie hier in Anspruch nahm, aber sie widersetzen sich auch nicht der Rolle, die er ihnen eine Weile zugewiesen hat. Im *Willen zur Macht*, also im unvollendeten Hauptwerk, heißt es:

> "Ob man nicht die Feindschaft der Wissenschaft mit in den Kauf bekommt? [...] Aus ihrem Betriebe *folgt* endlich eine Selbstzersetzung, eine Wendung gegen *sich*, eine Anti-Wissenschaftlichkeit."[30]

So viel zum Begriff der "Wissenschaft" in Nietzsches Verwendung.

Der Zusatz "fröhliche" im Titel kennzeichnet das Unbekümmerte und Heitere eines in sich immer sicherer werdenden Denkens, unbekümmert gegenüber dem Schein von Befehlen des Unbedingten, den es hier überwunden hat, und heiter gegenüber der Schwermut, die das Denken angesichts der Aufgabe notwendigerweise befällt, von allem bisher für wahr und in Ehren Gehaltenen sich frei machen zu müssen um der Wahrhaftigkeit willen. Der freie Geist hält sich kraft solchen Denkens im Abstand von sich selbst. Er wird in einen Zustand der Enthobenheit seiner über sich selbst entrückt. Aber seltsam: Das letzte Stück der

---

[29] Ebd., Vorrede, Zif.2; KGW IV/2, S.9.
[30] WzM Zif.1; KGW VIII/1, 2[127].

Fröhlichen Wissenschaft - das 5. Buch lassen wir hier außer Betracht, es ist erst viel später hinzugefügt und stammt aus dem Jahre 1886, also aus der letzten Periode - trägt die Überschrift "*Incipit tragoedia*", die Tragödie beginnt. Die *Fröhliche Wissenschaft* endet in dem Beginn einer Tragödie. Inwiefern? Das Stück enthält den Anfang des *Zarathustra*:

> "Als Zarathustra dreissig Jahr alt war, verliess er seine Heimath und den See Urmi und gieng in das Gebirge. Hier genoss er seines Geistes und seiner Einsamkeit und wurde dessen zehn Jahre nicht müde. Endlich aber verwandelte sich sein Herz, - und eines Morgens stand er mit der Morgenröthe auf, trat vor die Sonne hin und sprach zu ihr also: »Du grosses Gestirn! Was wäre dein Glück, wenn du nicht Die hättest, welchen du leuchtest! Zehn Jahre kamst du hier herauf zu meiner Höhle: du würdest deines Lichtes und dieses Weges satt geworden sein, ohne mich, meinen Adler und meine Schlange; aber wir warteten deiner an jedem Morgen, nahmen dir deinen Ueberfluss ab und segneten dich dafür. Siehe! Ich bin meiner Weisheit überdrüssig, wie die Biene, die des Honigs zuviel gesammelt hat, ich bedarf der Hände, die sich ausstrecken, ich möchte verschenken und austheilen, bis die Weisen unter den Menschen wieder einmal ihrer Thorheit und die Armen wieder einmal ihres Reichthums froh geworden sind. Dazu muss ich in die Tiefe steigen: wie du des Abends thust, wenn du hinter das Meer gehst und noch der Unterwelt Licht bringst, du überreiches Gestirn! - ich muss, gleich dir, *untergehen*, wie die Menschen es nennen, zu denen ich hinab will. So segne mich denn, du ruhiges Auge, das ohne Neid auch ein allzugrosses Glück sehen kann! Segne den Becher, welcher überfliessen will, dass das Wasser golden aus ihm fliesse und überallhin den Abglanz deiner Wonne trage! Siehe! Dieser Becher will wieder leer werden, und Zarathustra will wieder Mensch werden.« - Also begann Zarathustra's Untergang."[31]

Diese Wendung zur Tragödie nennt das entscheidende Geschehen im Denken Nietzsches. Auf diese Wendung, die sich in dem "Incipit tragoedia" ankündigt, läuft das Denken der Periode hinaus, die wir in ihren Grundzügen uns vergegenwärtigt haben. Denn erst durch die Konzeption des *Zarathustra* ist Nietzsche imstande, seinen philosophischen Grundgedanken in aller Entschiedenheit zu denken: das Wesen des Lebens als Wille zur Macht.

---

[31] Die fröhliche Wissenschaft IV, Zif.342; KGW V/2, S.251.

Deshalb fragen wir: Was geschieht da eigentlich? Wechselt Nietzsche von der übermenschlichen Heiterkeit der *Fröhlichen Wissenschaft* zu einer tragischen Auffassung hinüber? Oder enthüllt sich das erreichte Enthobensein, dieses Schweben über den Lebensbezügen, selbst am Ende als tragisch? Das erste Stück des vier Jahre nach der *Zarathustra*-Zeit geschriebenen 5. Buches der *Fröhlichen Wissenschaft* trägt die Überschrift: "*Was es mit unserer Heiterkeit auf sich hat*"[32]. Also behält Nietzsche doch die Dimension des Heiteren bei. Es kann sich also hier nicht etwa um einen Wechsel der Auffassung gehandelt haben. Das Ereignis, welches die Konzeption der Gestalt des Zarathustra ist, dieser Dreh- und Angelpunkt des gesamten Denkens Nietzsches, muß anders verstanden werden. Aber wie?

Der tragische Gang ist ein Untergang. Worin Zarathustras Untergang besteht, wird deutlich gesagt. Untergang heißt: hinuntergehen zu den Menschen, wieder Mensch werden unter Menschen. Hinab von wo? Von der Dimension des über dem Leben schwebenden "freien Geistes" natürlich. Die Tragödie, die jetzt beginnt, ist also von eigener, unvergleichbarer Art und darf nicht gemessen werden an dem, was wir sonst als tragisch vorstellen, meinen und empfinden. Dieser Vorgang muß aus sich selbst, aus seinem eigenen Wesen, aus seinem eigenen Sich-Ereignen gedacht werden. Es ist also der Untergang des freien Geistes in das nur Menschliche. Aber was nötigt denn eigentlich zu diesem Hinuntergang? Der eigene Wille Zarathustras. Was will dieser Wille? Er will sein Wissen austeilen, mitteilen. Weshalb? Aus Überfülle. Also hat dieses Wissen denselben Charakter wie das Leben, das ja auch ständig über sich hinweg strömt in eine neue Gestalt. Weil Wissen von der Art des Lebens ist, so hat das wesentliche Wissen auch den Charakter des Sich-Mitteilens, des Sich-Überströmens, des Sich-Gebens an andere.

Soweit ist der Sachverhalt klar. Aber nun kommt die entscheidende Frage: Wer ist denn eigentlich derjenige, der da untergeht, hinuntergeht zu den Menschen und Mensch wird? Wer ist Zarathustra? Wer anders, so lautet die nächstliegende Antwort, die wir geben, als Nietzsche selbst? Diese Antwort liegt uns nahe und

---

[32] Ebd. V, Zif.343; KGW V/2, S.255.

sieht uns auch ähnlich. Nietzsche, so meinen wir, verdichtet seine eigenen Erlebnisse in eine dichterische Gestalt und stellt sie dar in dem Werk *Also sprach Zarathustra.* Die Vorstellung, daß ein Philosoph seine eigenen Erlebnisse verdichtet und sie auch noch darstellt, anderen in Buchform mitteilt auch noch, verkennt das Wesen des philosophischen Denkens von Grund auf. Denn das philosophische Denken - und wir sprechen nur von den großen Denkern - ist von nichts anderem angegangen als von seiner Aufgabe, während es das Kennzeichen der Nicht-Denkenden ist, ihre eigenen Erlebnisse für das Wichtigste zu halten. Diesen Unterschied müssen wir erkennen. Daß also Zarathustra Nietzsche selbst sei, das ist eine ganz unmögliche Aussage. Aber wenn diese Auskunft unmöglich ist, dann stellt sich eben die Frage: Wer ist denn nun eigentlich Zarathustra?

Man wird sagen: Es ist der freie Geist, der sich ins Leben hinabbegibt. Die Antwort ist richtig. Aber welche Gestalt nimmt denn der freie Geist an, wenn er in dieser Weise ins Leben hinabgeht? Er ist dann nicht mehr der über den Schätzungen und notwendigen Vorurteilen des Lebens schwebende Geist, sondern Zarathustra. Also bleibt es bei der Frage: Wer ist Zarathustra? Diese Frage ist nur durch eine Interpretation des Werks zu beantworten, denn dort und nur dort stellt er sich selber dar.

II. TEIL
DIE GESTALT ZARATHUSTRAS

1. Incipit tragoedia

Die Gestalt Zarathustras kann in ihrem Wesen und in ihrer Notwendigkeit innerhalb der Philosophie Nietzsches von uns nur aufgehellt werden durch die Besinnung auf das Werk, in welchem sie auftritt. Um an dieses heranzukommen, müssen wir uns noch entschiedener auf Nietzsches Denken versammeln. Wir versuchen das, indem wir das bisher Gedachte zusammennehmen, um in ihm festen Fuß fassen zu können. Diese Zusammenfassung soll nicht etwa nur das Gedachte gedächtnismäßig reproduzieren, sondern sie soll uns vor- und vorausweisen, auf die Bahn des Denkens, auf der die Gestalt Zarathustras dem Denken Nietzsches begegnet.

Der Ausgang unserer Überlegungen war: Nietzsche gehört in die Geschichte des metaphysischen Denkens, welche das Seiende in seinem Sein denkt. Dieses Denken erreicht in der Philosophie des Deutschen Idealismus - in Sonderheit der Philosophie Hegels - seine geschichtliche Vollendung: Denn nach Hegel ist das Seiende seiend als das Wissen, das sich und seinen Gegenstand nach jeder Hinsicht, also in unbedingter Weise, weiß. Das Sein des Seienden ist dieses Wissen, das alle Beziehung zu anderem, zu Fremdem, in Selbstverhältnisse seiner zu sich selbst verwandelt hat. Das Seiende ist seiend als dieses Wissen, als Metaphysik, welche das absolute Wissen zur Darstellung bringt.

Nun erfragt die Metaphysik, wie wir gesehen haben, das Sein immer als den dem Seienden zugrunde liegenden Grund. Wenn nun das Seiende seiend ist im absoluten Wissen und als das absolute Wissen, das heißt als diese Metaphysik selbst, dann bleibt als letzte die noch mögliche und notwendige Frage übrig, nach dem zugrunde liegenden Grund dieser Metaphysik selbst zu fragen: Die Frage nach dem Sein als dem Grund des Seienden wird zur Frage nach dem Grund der Metaphysik. Das ist der Rückstoß der Metaphysik auf sie selbst, den Nietzsches Denken auffängt und austrägt.

Was der Metaphysik zugrunde liegt als Grund ihres Entstehens und Bestehens, ist nach Nietzsche das Lebewesen Mensch. Leben aber lebt in Selbstbezüglichkeit um willen seiner selbst, und es lebt in der doppelten Angewiesenheit auf das, was es in die doppelte Gefahr des Entzugs und der Übernähe stellt, weshalb das Leben von Haus aus darauf aus ist, das Sich-Entziehende zu sich heranzuziehen und es zugleich in einer abständigen Entfernung von sich zu halten. So entfaltet das Lebendige einen Zwischenraum zwischen sich und dem Seienden, den eigenen Lebensraum. Diese lebewesenhafte Selbstbezüglichkeit alles Lebendigen kommt nun in vordringlicher Weise zum Vorschein bei dem Lebewesen Mensch, bei dem Lebewesen, das denkt. Das ist nur aus der neuzeitlichen Bestimmung des Denkens zu verstehen, die Descartes zum ersten Mal aufgestellt hat, wonach "denken" besagt: vorstellen, etwas vor sich hinstellen, bei sich vergegenwärtigen. Da das denkende Lebewesen nun das Seiende im ganzen auf sich zurückbezieht, greift es sogar auf das Ganze hinaus und macht das Ganze der Dinge zum Medium seiner Existenz. Und da das erste Vorgestellte in allem Vorstellen der Vorstellende selber ist im Sinne des cogito me cogitare, denkt der Mensch sich gemäß dem Grundzug des Lebens in das Seiende hinein, stellt es nach dem Anblick seiner selbst vor. Er denkt das Seiende gar nicht in dem, was es von sich her ist, sondern denkt sich, "dichtet" sich, wie Nietzsche sagt, in dieses hinein, indem er die Hinblicke, gemäß denen er das Seiende vorstellt, für die Seinsbestimmungen des Seienden selbst nimmt.

Diese Erkenntnis von dem Gegründetsein alles Denkens im Leben verwandelt die Metaphysik in eine Erscheinung des Menschen. Sie hört auf, die Wahrheit über das Seiende zu verwalten; sie ist etwas bloß Menschliches, ja Allzumenschliches, sofern der Mensch fraglos seine lebensbezüglichen Hinsichten für die Aussichten auf das Sein selbst nimmt. Mit dieser Erkenntnis büßt die Metaphysik ihre Verbindlichkeit ein. Sie verliert den von ihr erhobenen Wahrheitsanspruch. Die Metaphysik, sofern sie im Ansehen unbedingter Verbindlichkeit für das Wollen und Wirken des Menschen stand, ist aber die Moral. Mit dem Unverbindlich-Werden der Metaphysik stürzt auch die überlieferte Moral ein.

Die Frage, die Nietzsche nun unaufhörlich angeht und bewegt, ist die: Was ist das, das in der Metaphysik und in der Moral befiehlt? Oder, da die metaphysische Moral, wie wir gesehen haben, eine späte Erscheinung innerhalb der Menschheitsgeschichte darstellt, die über die längsten Zeiten hin unter der Macht der Sittlichkeit der Sitte stand: Was ist das, was in der Sitte befiehlt? Die Antwort lautet, wie wir wissen: Das Leben befiehlt darin sich selbst. Leben lebt um willen seiner selbst. Es ist sich selbst der Grund, um dessen willen es lebt, es hat sich also immer schon auf sich selbst hin zusammengenommen, auf seine Selbsterhaltung, und das heißt zugleich auf seine Entwicklung. Im Leben waltet der Wille zum Leben selbst. Leben ist in seiner Essenz Wille zum Leben. Diesem Willen ist das Lebendige anbefohlen, seinem Befehl ist es unterstellt.

Dem "freien Geist" enthüllen sich mithin sowohl die Sittlichkeit der Sitte als auch die metaphysische Moral als Bedingungen der Selbsterhaltung einer bestimmten Art von Leben, nämlich des Menschen. Diese Bedingungen sind nicht unbedingt, wie es die metaphysisch-moralische Weltauslegung behauptet hatte. Sie sind nicht die Seinsbedingungen von Seiendem überhaupt, sondern sie sind von der Wesensart dessen, was durch sie bedingt ist. In ihnen legt nur eine Art des Lebens, die Menschenart nämlich, ihre Lebensbedingungen fest. Sie gründen in einem das Leben durchherrschenden Willen zum Leben. Dieser bislang verborgene Lebenswille als die Essenz des Seienden tut sich auf im Denken des freien Geistes. Ein Wesensblick eröffnet sich, welcher das Leben, den allem zugrunde liegenden Grund, in seinem Wesen selbst zu erblicken beginnt. Dem freien Geist zeigt sich: Das menschliche Leben ist einem Willen anheimgegeben, der sein Wesen selber ausmacht, das menschliche Leben ist diesem Willen unterstellt. Anders gesagt: Im Denken des freien Geistes wird das Leben sich selbst durchsichtig. Es tritt in die Offenbarkeit seines Wesens heraus als Wille zu sich selbst.

Daraus folgt jedoch der alles Weitere bestimmende Gedanke: Vor dem Denken des freien Geistes kommt das Leben in der Wahrheit seines Wesens heraus. Wenn das geschieht und geschehen ist, muß dann das Leben nicht auch auf diese seine Wahrheit, also auf das im Denken des freien Geistes errungene wesentliche Wissen vom Leben, gegründet werden? Muß das Leben nicht nunmehr wissentlich, aus diesem Wissen seines eigenen Wesens, vollzogen werden? Muß der Gedanke vom Lebenswillen als dem Sein alles Lebendigen nicht der leitende Hinblick des Lebens werden, so daß nunmehr dieser Lebenswille wissentlich-willentlich vollzogen wird? Denn das vom freien Geist errungene Wissen vom Leben, das heißt der freie Geist selbst, ist ja nicht etwas anderes als das Leben, sondern ist selbst von dessen Art - wie alles, was ist. Anders ausgedrückt: Die Wahrheit über das Leben ist selbst von der Art dessen, dessen Wahrheit sie ist, nämlich von der Art des Lebens. Das heißt aber: Es waltet im freien Geist der Lebenswille, der will, daß das Leben gemäß dem errungenen Wissen seiner von sich selbst nunmehr gelebt wird. Deshalb kann es nicht beim selbstgenügsamen Schweben des freien Geistes über dem Leben, beim Leben im bloßen Erkennen des Lebens bleiben, sondern der freie Geist muß ins Leben hinein und hinab, damit dieses nun auf seiner eigenen Wesenserkenntnis von sich selbst gegründet, das heißt vollzogen wird. Indem der freie Geist ins Leben hinabgeht, sein Schweben über dem Leben aufgibt, entspricht er dem auch in ihm waltenden Lebenswillen, entspricht er dem allererst, als was er vom Lebenswillen gewollt war. So hört er auf, der über dem Leben schwebende freie Geist zu sein. Er vollzieht eine Wandlung und wird Zarathustra.

Aber es geschieht zugleich noch etwas anderes Wesentliches, nämlich mit dem menschlichen Leben selbst und nicht nur mit dem freien Geist, der zu Zarathustra werden muß. Wenn der freie Geist ins Leben hinabgeht, um dieses jetzt auf sein errungenes Wissen vom Leben zu gründen, dann wandelt sich auch das Leben, das ja bis dahin unwissend, verschlossen gegen sein eigenes Wesen gelebt hatte. Es hatte bis dahin auf vorgegebene Ziele hin gelebt, etwa durch strengste Beachtung der vorgegebenen Sitten oder durch das Sich-Binden an die als an sich seiend gedachte metaphysische Welt der Ideen über den Dingen oder durch das

Sich-Binden an das überall und für alle gültige Sittengesetz oder an eine über dem Leben existierende wahre, göttliche Welt. Dann jedoch, wenn der Mensch den Lebenswillen wissend übernimmt und das menschliche Leben demgemäß einrichtet, gibt es für ihn keine vorgegebenen Ziele mehr, sondern er muß die Ziele und Bedingungen des Lebens aus diesem selbst allererst schöpfen und schöpferisch setzen. Der Mensch muß über sein bisheriges Menschsein hinaus und hinüber zu einer anderen Gestalt des Menschseins gehen. Diese nennt Nietzsche den "Übermenschen". Über Nietzsches Gedanken vom Übermenschen ist viel geredet worden, und geredet ist noch ein Euphemismus! Wir lassen das daher auf sich beruhen und halten fest: "Übermensch" in der Sprache Nietzsches bedeutet *nicht* eine Vergrößerung der menschlichen Fähigkeiten ins Riesenhafte. "Übermensch" meint *auch nicht* das Produkt biologischer Züchtung auf biochemischem Wege, kein Ergebnis der Anwendung biochemischer Erkenntnisse auf den Menschen.

Der Übermensch ist der Mensch, der dem vom freien Geist errungenen Wissen vom Leben entspricht. Die erste Bestimmung des Übermenschen ist diese, daß er willig ist zum wissenden Vollzug des Lebenswillens, welcher die Essenz des Lebendigen ist. Er ist eine andere, nämlich die über sich selbst wissend gewordene Gestalt des Menschseins, die die Lebensziele aus dem Leben hier und jetzt allererst schöpfen und darum setzen muß, weil es eben vorgegebene, an sich seiende, metaphysische Ziele nicht mehr gibt.

So wird schon klarer, worin die Verwandlung des freien Geistes bestehen mag, wenn er aus dem Schweben über dem Leben in dieses hinuntergeht. Der freie Geist wird dann zum Lehrer einer anderen Gestalt des Menschen, die, gemessen an seiner bisherigen Gestalt, von Nietzsche dann "Übermensch" genannt wird, und das deshalb, weil die Wesenserkenntnis des Lebens den Menschen nötigt, über sein bisheriges Menschsein in eine andere Gestalt hinüberzugehen. Man kann sehr daran zweifeln, ob dieser Ausdruck "Übermensch" glücklich von Nietzsche gewählt war, denn er ist dann zugleich die Veranlassung zu verheerenden Mißverständnissen bezüglich der Philosophie Nietzsches geworden. Aber wenn man diese Wortfügung "Übermensch" aus dem Gedanken Nietzsches denkt, dann ist klar, was gemeint ist und was nicht.

Also beginnt Zarathustra auch seine Reden:

> "*Ich lehre euch den Übermenschen.* Der Mensch ist Etwas, das überwunden werden soll."[1]

Es ist der metaphysisch bestimmte Mensch, der nun überwunden werden muß nach dem Fortfall vorgegebener, an sich seiender Ziele, die schon bestehen in einer Welt über dem Leben hier und jetzt.

Aber damit ist die entscheidende Frage immer noch nicht beantwortet: Warum setzt Nietzsche denn nun in der *Fröhlichen Wissenschaft* über den Beginn von *Zarathustra* den Titel "*Incipit tragoedia*"? Inwiefern ist denn nun dieser Gang ins Leben hinab ein tragischer Gang? Bedenken wir dazu zunächst das Folgende: Indem das Leben sich auf das errungene Wissen seiner von sich selbst gründet, wird die moralische Metaphysik überwunden. Das bisher für das Wahre und Seiende Gehaltene wird zu einer Selbsttäuschung des menschlichen Lebens, zu etwas Nichtigem. Was bis dahin für Wahrheit galt, erweist sich als lebensbedingte Illusion des Lebewesens Mensch: Verehrung der metaphysischen Wahrheit als Verehrung von lebensbedingten Illusionen als Wahrheit. Es zeigt sich: Was der Mensch in feierlichem Ernst für die Wahrheit, das heißt Wirklichkeit, erklärt hatte, ist etwas Nichtiges, das nur unter der Macht des von sich selbst eingenommenen Lebens für das Wahre gehalten wurde. All das kann nicht länger den Ernst beanspruchen, den der Mensch ihm bis dahin zugewendet hatte. Stattdessen beginnt jetzt der eigentliche Ernst; das bislang verborgene Wesen des Wirklichen kommt selbst zum Vorschein. Und da gibt es kein Ausweichen vor der Wirklichkeit des Wirklichen selbst, kein Daran-Vorbeikommen, vor allem kein Augenverschließen, wenn der Mensch nicht zum willentlichen Selbstbetrug greifen sollte. Eigentlich ernst wird es ja immer erst dann, wenn es wirklich wird, durch die Eröffnung des Blicks des Lebens auf sich selbst, denn wir können zwar vor diesem oder jenem Wirklichen ausweichen, aber niemals vor der

---

[1] Also sprach Zarathustra I, Zarathustra's Vorrede, Zif.3; KGW VI/1, S.8.

alles Wirkliche bestimmenden Wirklichkeit - es sei denn ins Nichts.

In *Ecce Homo*, der letzten von Nietzsche veröffentlichten Schrift, lesen wir in einem Abschnitt, in dem er noch einmal zu *Also sprach Zarathustra* rückblickend Stellung nimmt, daß Zarathustra

> "alle bisherige Feierlichkeit in Gebärde, Wort, Klang, Blick, Moral und Aufgabe wie deren leibhafteste, unfreiwillige Parodie hinstellt, [und daß] trotzalledem, vielleicht *der grosse Ernst* erst anhebt, das eigentliche Fragezeichen erst gesetzt wird, das Schicksal der Seele sich wendet, der Zeiger rückt, die Tragödie *beginnt*..."[2]

Das ist aber ein Selbstzitat aus dem 5. Buch der *Fröhlichen Wissenschaft* von 1887[3]. Nietzsche hat es in seine letzte Schrift übernommen als Charakterisierung dessen, was im *Zarathustra* eigentlich geschieht. Versuchen wir, diese Sätze etwas zu erläutern, um uns ihr Verständnis zuzueignen.

Das eigentliche Fragezeichen wird jetzt gesetzt, heißt es. Inwiefern? Es fragt sich jetzt, ob der Mensch überhaupt fähig ist, die aus ihm selbst und allem übrigen herauskommende und auf ihn zukommende Wirklichkeit zu übernehmen und zu bestehen; ob er für eine solche Wandlung, in die er eingehen muß, stark genug ist, eine Wandlung, die ihn allererst vor den Grundzug dessen bringt, was in Wirklichkeit und in Wahrheit ist. Der Mensch wird erst jetzt der Wahrheit dessen, was ist, wissend überantwortet. Unter der Herrschaft der moralischen Metaphysik lebte er noch in einer Unkenntnis dessen, was in Wirklichkeit ist. Diese Unkenntnis bewahrte ihn davor, der Wirklichkeit alles Wirklichen ausgesetzt zu sein. Der Mensch lebte bis dahin im schützenden Schein der moralischen Metaphysik, deren Gedanken er für die Wirklichkeit des Wirklichen selber hielt. Jetzt wandelt es sich in ihm. Er wird der Wirklichkeit des Wirklichen zugewendet. Die Stunde ist gekommen, da er dem alles bestimmenden Wesen des Wirklichen unter die Augen treten muß. Die Frage ist, ob der

2 Ecce Homo, Also sprach Zarathustra, Zif.2; KGW VI/3, S.337.
3 Die fröhliche Wissenschaft V, Zif.382; KGW V/2, S.319.

Mensch dazu bereit und imstande ist. Insofern also wird das eigentliche Fragezeichen gesetzt.

Aber mit all dem wird das Tragische noch immer nicht begreifbar, welches den Hinuntergang des "freien Geistes" ins Leben beschreibt. Inwiefern beginnt die Tragödie?

Diese Gründung des Lebens durch das Wissen seiner von sich selbst, durch Hinabgang des "freien Geistes" ins Leben, ist zugleich notwendig eine Wesensgefährdung des Menschen, wie sie bis dahin noch niemals bestanden hat. Inwiefern ist das so, und inwiefern geht eine noch nie dagewesene Wesensgefährdung des menschlichen Lebens in dem Augenblick aus dem Leben hervor, wo der freie Geist ins Leben zurückkehrt, um es auf das Wissen vom Leben zu gründen?

Das *letzte* Stück des 4. Buches der *Fröhlichen Wissenschaft* trägt die Überschrift "*Incipit tragoedia*" und enthält den Anfang des *Zarathustra*. Das *vorletzte* Stück lautet:

> "*Das grösste Schwergewicht*. - Wie, wenn dir eines Tages oder Nachts, ein Dämon in deine einsamste Einsamkeit nachschliche und dir sagte: »Dieses Leben, wie du es jetzt lebst und gelebt hast, wirst du noch einmal und noch unzählige Male leben müssen; und es wird nichts Neues daran sein, sondern jeder Schmerz und jede Lust und jeder Gedanke und Seufzer und alles unsäglich Kleine und Grosse deines Lebens muss dir wiederkommen, und Alles in der selben Reihe und Folge - und ebenso diese Spinne und dieses Mondlicht zwischen den Bäumen, und ebenso dieser Augenblick und ich selber. Die ewige Sanduhr des Daseins wird immer wieder umgedreht - und du mit ihr, Stäubchen vom Staube!« - Würdest du dich nicht niederwerfen und mit den Zähnen knirschen und den Dämon verfluchen, der so redete? Oder hast du einmal einen ungeheuren Augenblick erlebt, wo du ihm antworten würdest: »du bist ein Gott und nie hörte ich Göttlicheres!« Wenn jener Gedanke über dich Gewalt bekäme, er würde dich, wie du bist, verwandeln und vielleicht zermalmen; die Frage bei Allem und Jedem »willst du diess noch einmal und noch unzählige Male?« würde als das grösste Schwergewicht auf deinem Handeln liegen! Oder wie müsstest du dir selber und dem Leben gut werden, um nach Nichts *mehr zu verlangen*, als nach dieser letzten ewigen Bestätigung und Besiegelung? -"[4]

---

[4] Ebd. IV, Zif.341; KGW V/2, S.250.

Das ist die bekannte Lehre Nietzsches von der ewigen Wiederkunft des Gleichen. Sie gilt mit Recht als eine der philosophischen Grundlehren Nietzsches, er hat es selber bezeugt. Es fehlt aber weithin die Bereitschaft, in dieser Lehre die vielleicht letzte Antwort auf die philosophische Grundfrage der Überlieferung zu erblicken und diese auch verbindlich zu denken. Auch wir werden uns der Einsicht in diesen Gedanken nur langsam nähern können. Deshalb sei hier zunächst nur ein Hinweis darauf gegeben - mehr noch nicht -, daß Nietzsche diesen Gedanken aus seiner Philosophie des Werdens mit Notwendigkeit denken mußte. Diese Philosophie des Werdens, die wir ja kennengelernt haben, bedeutet, daß das Übersinnliche, das bleibend Anwesende, nun nicht mehr das ist, was in Wahrheit und in Wirklichkeit besteht. Es ist eine bloße Erscheinung des Lebewesens Mensch, also nicht etwas selbst Existierendes, als was es ja die Metaphysik behauptet hatte. Das uneingeschränkt Seiende, das selbst Existierende, ist das Werdende. Werden in dem Sinne, wie wir es wissen, als Leben, Sich-Entwickeln, Sich-Wandeln, dessen aus ihm zu begreifende Erscheinung lediglich das metaphysisch Übersinnliche ist.

Hier erhebt sich sofort die Frage: Wie ist denn das möglich? Wie kann denn das Werdende das Seiende im eigentlichen Sinne sein? Muß das Seiende denn nicht das immer Seiende sein, also das Ewige, wie es die Metaphysik behauptet hatte? So ist es: Das Seiende muß das immer Seiende sein; aber es ist jetzt als das Werdende das immer Seiende und Ewige, also als das immer *wieder* Seiende, und das immerfort. Und würde es nicht als das Gleiche immer wieder sein, dann müßte es eine Ursache außerhalb der Werdewelt geben, die eine solche Ungleichheit bewirken könnte. Aber außerhalb der Werdewelt ist nichts. Dieser Gedanke, verbindlich gedacht - in Nietzsches Sprache: dem menschlichen Leben einverleibt -, würde, nachdem die metaphysische Bedeutsamkeit des Seienden verschwunden ist, ein ganz neues Schwergewicht auf Dinge und Menschen, auf Gegenwart und Zukunft legen: das Gewicht der Ewigkeit und des vorübergehenden Augenblicks. Aber Ewigkeit bedeutet jetzt nicht mehr das überzeitliche Sein, sondern Immer-wieder-Sein in der Weise des Gleichen. Es ist die Frage, ob der Mensch überhaupt imstande ist, das Gewicht dieses Gedankens auszuhalten und zu tragen. Nietzsche meint, wenn jemand auch nur einmal im Leben zu einem Augenblick - sei er noch so kurz - unbedingt hat Ja sagen können, dann bedeutet das nichts anderes, als daß er diesen Augenblick immer wieder will. Da aber zufolge der Kontinuität des Lebens jedes mit jedem verknüpft ist, so kann er diesen Augenblick nicht immer wieder wollen, wenn er nicht alles andere mitbejaht. Das ist, ganz vorläufig gesagt, der Grundgedanke der ewigen Wiederkehr des Gleichen. Wir werden darauf immer wieder zurückkommen müssen, und er wird sich uns hoffentlich noch weiter klären. Hier sollte zunächst nur ein Hinweis darauf gegeben werden, daß dieser Gedanke Nietzsche mit Notwendigkeit kommen mußte, sofern er das Werdende nun verbindlich als das, was allein ist, also als das Seiende dachte.

Es ist noch etwas hinzuzufügen: Man rechnet Nietzsches Denken unter die Lebensphilosophien, und das mit Recht. Aber zu den Vertretern der Lebensphilosophie gehören auch andere Philosophen, z.B. Dilthey oder Bergson. Doch keiner von diesen hat das Wesen des Lebens auf den auslegenden Begriff zu bringen versucht, keiner außer Nietzsche hat im Leben das Sein zu denken versucht. Bergson und Dilthey haben vielmehr vor dem Leben denkend kapituliert, indem sie es im Irrationalen haben stehenlassen. Nicht aber so Nietzsche. Insofern, streng philosophisch gedacht, sind diese anderen Lebensphilosophen Epigonen.

Nietzsches Lehre von der ewigen Wiederkunft des Gleichen ist bisher nach zwei Hinsichten ausgelegt worden. Einmal sieht man darin eine kosmologische Lehre alten Stils: von der Wiederkehr aller Dinge, vom Kreislauf des Geschehens. Dann würde Nietzsche hier auf die Stufe der von ihm so sehr bekämpften Metaphysik zurückfallen. Da das nicht anzunehmen ist, behauptet die andere Auffassung, dieser Gedanke sei lediglich erdacht, um den Menschen zum unbedingten Wollen, zum unbedingten Ja des Lebens anzustacheln, weil auf jedem Augenblick das Gewicht der Ewigkeit liegt. Man sieht dann in dieser Lehre eine Art von Lebens-Imperativ, der etwa so lautet: Lebe so, daß du von jedem Lebensmoment und von deinem Leben im ganzen wollen kannst, daß es immer wiederkehre. Ein Leben, das sich unter diesen Imperativ stellt, zwingt sich das Äußerste ab. Diese Auffassung entgeht zwar nicht dem Einwand, daß sie Nietzsches Lehre auf die

Ebene einer dogmatischen Metaphysik zurückfallen läßt, aber sie steht vor der Schwierigkeit, die gedankliche Verbindlichkeit dieser Lehre zu begründen. Nach dieser Auffassung sieht es so aus, als wäre sie willentlich erdacht, um das Leben zur höchsten Steigerung anzutreiben.

Aber dieser Gedanke der ewigen Wiederkehr des Gleichen ist, wie Nietzsche selber in der *Fröhlichen Wissenschaft* bezeugt, nicht willentlich erdacht, sondern der Gedanke ist seinem Denken zugesprochen[5]. Von wem denn wohl? Doch von dem, was er zu denken hatte, also vom Leben selbst. Enthüllt das Leben in der einsamsten Einsamkeit des Denkens sein letztes, verborgenstes Wesen? Ist etwa die ewige Wiederkunft des Gleichen das Sein des Lebens selbst?

Die Frage sei hier nur gestellt. Ihre Beantwortung wird sich zur gegebenen Zeit einstellen. Es genügt zunächst, zu sehen, was das heißt: Die Tragödie beginnt in dem Augenblick, da der freie Geist ins Leben zurückkehrt. Sie beginnt insofern, als die Gründung des Lebens auf das Wissen seiner von sich selbst das Leben in die äußerste Gefahr stellt, in den Anblick der ewigen Wiederkehr des Gleichen, der unerträglich für den Menschen sein könnte.

2. Zarathustras Wandel

Es ist hier bereits eine Reihe von wesentlichen Bezügen auf eine erste Weise zutage getreten: der sich wissende Wille des Lebens zu sich selbst, der Gedanke des Übermenschen, der Gedanke von der ewigen Wiederkehr des Gleichen. Diese Bezüge werden eine Klärung und weitere Erhellung erfahren, wenn wir jetzt darangehen, eine Interpretation des *Zarathustra* zu versuchen. Dabei kann es nicht unsere Aufgabe sein, dieses Werk vollständig zu erklären. Wir beschränken uns auf den dritten Teil, den Dreh- und Angelpunkt des Ganzen, denn es entspricht dem Baugesetz dieses Werks, daß es sowohl nach vorwärts als auch vom dritten Teil wiederum nach rückwärts gelesen werden muß.

---

[5] Ebd.

Mit der Schrift *Menschliches, Allzumenschliches,* so haben wir gesehen, tut Nietzsche insofern den grundlegenden, alles Folgende bereits bestimmenden Schritt auf der Bahn seines Denkens, als sich ihm das im Wandel stehende Leben hier und jetzt, das er im *Zarathustra* auch die Erde nennt, das Irdische also, als die erste und letzte Realität darstellt und die Metaphysik sich als eine bloße Erscheinung dieses Menschenlebens erweist.

Durch zwei Grundzüge ist das Leben bestimmt: Einmal durch das übergreifende Zu-sich-Holen von anderem, sodann, in Einheit damit, durch den unablässig über sich hinausdrängenden Drang, das unablässig Sich-Fortzeugen, demgemäß es in keiner gegenwärtigen Gestalt sich genügt, sondern schöpferisch in immer wieder neue Gestalten seiner hinausdrängt.

Dieser Drang des unaufhörlichen Über-sich-Hinaus entspringt nicht, wie es Schopenhauer gedacht hatte, einem permanenten Ungenügen des Lebens an sich selbst, einem permanenten Mangel, sondern im Gegenteil der eigenen Fülle und Überfülle des Lebens, der gemäß es sich im Gegenwärtigen niemals zu befriedigen vermag. Das ist der entscheidende Punkt, an dem Nietzsche sich von Schopenhauers Philosophie unterscheidet. Das Leben ist daher, weil es das Schöpferische ist, immer auch zugleich zerstörend. Zerstörend die gegenwärtige Gestalt, in der es niemals endgültig zur Ruhe kommen kann, sondern über die es hinausgeht, indem es sich eine neue Lebensgestalt erzeugt. Das Leben erreicht sich immer nur im schöpferischen Über-sich-Hinausgehen.

Dasjenige Denken, in dem das Leben sich das Wissen von sich selbst errungen hat, ist das Denken des freien Geistes; frei, weil befreit aus dem Verfangensein in die Illusion einer übersinnlichen Erkenntnis einer an sich seienden metaphysischen Welt über dem Leben. Doch kann es bei diesem über dem Leben schwebenden Wissen nicht sein Bewenden haben, denn nachdem dem Leben im Denken des freien Geistes sein eigenes Wesen aufgegangen ist, ist es nunmehr auf diese Wesenserkenntnis seiner selbst zu gründen: Die Lebensvollzüge sind diesem Wissen des Lebens von sich selbst zu unterstellen. Und zwar drängt dieses Wissen von sich her den Wissenden ins Leben zurück. Es ist der Wille des Lebens selbst, welcher den Wissenden in es zurückdrängt, so daß dieser, indem er ins Leben zurückgeht, damit das

Leben auf dieses Wissen gegründet wird, diesem Lebenswillen gemäß handelt. Das Wissen des Lebens ist selbst von der Wesensart des Lebens, es ist selbst das an sich selbst Überfließende, das sich Äußernde, das sich Mitteilende.

Das Wissen bedarf des empfangenden, das Überfließende bei sich auffangenden Umfassens und Bewahrens. Im ersten Abschnitt des ersten Teils des *Zarathustra* sagt dieser selbst:

> "Siehe! Ich bin meiner Weisheit überdrüssig, wie die Biene, die des Honigs zu viel gesammelt hat, ich bedarf der Hände, die sich ausstrecken."[6]

Zarathustra beginnt also, das eingesammelte Wissen vom Wesen des Lebens dem Leben - und das heißt den Menschen - mitzuteilen. Wissen mitteilen ist Lehren. Also wird das Wissen des freien Geistes vom Leben zur Lehre.

Deren Inhalt ist der Übergang vom bisherigen Menschen zum Übermenschen. Zarathustra lehrt das notwendige Hinausgehen des Menschen über sein bisheriges Menschsein, welchem durch den beständigen Rückgang auf eine an sich seiende übersinnliche Welt die Lebensziele vorgegeben waren, zu einem Menschentum, welches nach dem Fortfall der übersinnlichen Welt des An-sich-Seienden fähig und entschlossen ist, dem Leben die Wege und Bahnen durch selbstgesetzte Ziele zu eröffnen, eben aus dem errungenen Wissen des Lebens von sich selbst. So entfaltet sich das Wissen vom Wesen des Lebens zu einer Wesensherrschaft des Lebens über sich selbst in der Gestalt einer Willensherrschaft. Diese Herrschaft des Lebens über sich selbst ist eins mit der wissenden Herrschaft des Menschen über die Lebensvollzüge selbst, dergestalt, daß das Leben nunmehr aus diesem Wissen zu vollziehen ist. Das ergibt eine ganz neue Daseinssituation für den Menschen.

Aber Zarathustras Lehre, also die Mitteilung seines Wissens an die Menschen, erreicht diese nicht. Das ist der wesentliche Inhalt der ersten beiden Teile von *Also sprach Zarathustra*. Die Menschen bleiben dem, was er sagt und zeigt, verschlossen. Sein Gang aus der Einsamkeit des freien Geistes hinunter ins menschliche

---

[6] Also sprach Zarathustra I, Zarathustra's Vorrede, Zif.1; KGW VI/1, S.5.

Leben kommt bei den Menschen nicht an. Das scheint nun auf den ersten Blick der übliche Vorgang zu sein: Die Menschen hören nicht auf die Weisen und Seher und Propheten, verspotten sie, nehmen Ärgernis an ihnen und verfolgen sie am Ende gar. Aber es handelt sich hier nicht um diesen üblichen, uns geläufigen, aus der Geschichte bekannten Vorgang. Es dreht sich um etwas ganz anderes, um etwas Unheimliches. Denn ganz anders nimmt sich die Sache aus, wenn Zarathustra bestürzt und verstört seinen Gefährten, die er um sich gesammelt hat, erzählt, wie "die stillste Stunde", seine "zornige Herrin", wie er sie nennt, mit lautloser Stimme ihn aufgeschreckt und ihn an ein Versäumnis gemahnt habe. Es heißt da im letzten Abschnitt des 2. Teils des *Zarathustra*, "*Die stillste Stunde*":

> "Und ich schrie vor Schrecken bei diesem Flüstern, und das Blut wich aus meinem Gesichte: aber ich schwieg.
> Da sprach es abermals ohne Stimme zu mir: »Du weisst es, Zarathustra, aber du redest es nicht!« -
> Und ich antwortete endlich gleich einem Trotzigen: »Ja, ich weiss es, aber ich will es nicht reden!«
> Da sprach es wieder ohne Stimme zu mir: »Du *willst* nicht, Zarathustra? Ist diess auch wahr? Verstecke dich nicht in deinem Trotz!« -
> Und ich weinte und zitterte wie ein Kind und sprach: »Ach, ich wollte schon, aber wie kann ich es! Erlass mir diess nur! Es ist über meine Kraft!«
> Da sprach es wieder ohne Stimme zu mir: »Was liegt an dir, Zarathustra! Sprich dein Wort und zerbrich!« -"[7]

Also hätte Zarathustra sein Wissen doch nicht ausgesprochen, sondern bislang in all seinen Reden gleichwohl zurückgehalten, sein eigentliches Wort, das, was er eigentlich zu sagen hat? Aber hat er nicht sein Wissen vom Leben als der ersten, letzten und eigentlichen Realität und von der Notwendigkeit des Übergangs des Menschen in eine neue Gestalt, Übermensch genannt, deutlich und überdeutlich, laut und überlaut herausgesprochen und immer wieder aufs neue in anderen Varianten mitgeteilt? Gewiß, aber es scheint so, daß sich hinter diesem mitgeteilten Wissen noch ein ganz anderes Wissen verbirgt, eines, das Zarathustra

---

[7] Ebd. II, Die stillste Stunde; KGW VI/1, S.184.

nicht nur vor den Menschen, den anderen, sondern auch vor sich selbst verschlossen hält und das er durch alle Verkündigungen, alle Reden hindurch bislang verschwiegen hat: sein Wort, das, was er eigentlich zu sagen hat.

Aber wenn es sich so verhält, ist Zarathustra dann nicht nur der Lehrer des Übermenschen? Ist er dann vielmehr gar noch ein ganz anderer, als welcher er sich nicht nur vor den Menschen, sondern auch vor sich selbst verborgen hält, weil er den Mut noch nicht hat zu dem, was er eigentlich weiß, so daß die stillste Stunde ihn allererst vor sich gelangen läßt, und das gegen seinen eigenen Willen?

Es kommt heraus, am Ende des 2. Teils, nach all den vielen Reden, die er gehalten hat, daß Zarathustra auf seinem Gang zu den Menschen nicht nur noch nicht zu ihnen gelangt ist, sondern daß er sich selbst noch nicht erreicht hat. Er ist vor dem, der er ist und zu sein hat, bisher noch zurückgewichen. Das lautlose Gespräch mit der stillsten Stunde nötigt Zarathustra zu dem Eingeständnis: Es fehlt ihm an Kraft und Mut zu dem, was er bereits weiß, und das heißt zu dem, der er als der Wissende dieses Wissens in Wahrheit und in Wirklichkeit ist. Der weitere Text lautet:

> "Und ich antwortete: »sie verspotteten mich, als ich meinen eigenen Weg fand und gieng; und in Wahrheit zitterten damals meine Füsse.
> Und so sprachen sie zu mir: du verlerntest den Weg, nun verlernst du auch das Gehen!«
> Da sprach es wieder ohne Stimme zu mir: »Was liegt an ihrem Spotte! Du bist Einer, der das Gehorchen verlernt hat: nun sollst du befehlen!
> Weisst du nicht, *wer* Allen am nöthigsten tut? Der Grosses befiehlt.
> Grosses vollführen ist schwer: aber das Schwerere ist, Grosses befehlen.«"[8]

Damit Zarathustra sein Wort sprechen, das in ihm verschlossene Wissen in die Wahrheit überführen kann, also dieses in das Selbstbewußtsein heraufrufen, so daß es selbstbewußtes, sich wissendes Wissen wird, darf er nicht länger immer nur der Lehrende sein - er muß zum Befehlenden werden.

---

[8] Ebd.; KGW VI/1, S.184f.

Befehlen ist Sache des Willens. Wie beides zueinander steht - Zarathustra als der Lehrende, als der er bisher aufgetreten ist, der Lehrer des Übermenschen, und Zarathustra als der Befehlende, der er werden muß -, bleibt bis zu dem Augenblick verschleiert, da Zarathustra sich doch entschließt, sein Wort auszusprechen, dies in ihm verschlossene Wissen ins Selbstbewußtsein heraufzurufen. Auch dann bleibt der Bezug von Befehlen und Sprechen des Wortes von einem Schleier umgeben.

Hier ist nun eine hermeneutische Grundbemerkung notwendig, welche überhaupt den Versuch, der hier vorgelegt wird, charakterisiert: Eine Interpretation kommt immer nur dem nach, was sie zu interpretieren versucht. Sie ist prinzipiell etwas Nachkommendes, denn die Gedanken, die interpretiert werden, sind ja schon gedacht, sind schon ausgesprochen, sind voraus. Damit aber nun eine Interpretation den Gedanken eines Denkers entgegenkommt und sie mitdenken kann, muß sie dem jeweils interpretierten Gedanken immer auch schon voraus sein. Andernfalls fällt die Interpretation auf ein bloß paraphrasierendes Nachreden des schon Gesagten zurück. Dies ist in der Tat überflüssig, denn seine Gedanken hat der Denker noch am besten gesagt. Ein solches Vorausdenken, um den Gedanken eines Denkers entgegenkommen zu können, ist ebenso unumgänglich für eine Interpretation wie das Wagnis, auf das jede Auslegung sich einlassen muß. Dieses Vorausdenken kann der Sache, die es hier mit- und nachzudenken gilt, inadäquat sein. Dann ist die Interpretation gescheitert. Auf solche Möglichkeiten des Scheiterns einer Interpretation muß jede Auslegung sich einlassen.

An dieser Stelle, an der wir hier stehen, offensichtlich dem Dreh- und Angelpunkt des gesamten Werks *Zarathustra*, könnte ein Vorausdenken dann gelingen, wenn der folgende Gedankenzusammenhang evident wird: Die Aufgabe, die Zarathustra zugemutet wird und vor der er zurückweicht, Befehlender zu werden, das heißt aber doch wohl, den Lebenswillen selber wissentlich zu vollziehen, ist unausweichlich. Wird nämlich das Leben auf das Wissen seiner von sich selbst gestellt, dann wird das Wesen des Lebens in das Wissen zurückgenommen und wird nunmehr zum sich selbst wissenden, zum selbstbewußten, schöpferischen Willen. Schöpferischer Wille ist das Leben in seinem Wesen, aber in dem Augenblick, da das Leben das Wissen seiner selbst gewinnt, wird dieser Lebenswille zum selbstbewußten Willen, zum sich wissenden Willen. Das Schöpferische des Willens besteht darin, daß er selbst dem Leben die Ziele setzt. Nun ist das Wollen des Willens immer durch das bestimmt, was er will, durch die Ziele. Wenn aber der Lebenswille die Ziele selbst setzt, dann befiehlt er sich selbst, dann ist er Herr seiner selbst. Dasjenige Wissen also, dem das Wissen vom Leben aufgegangen ist und das es deshalb unternimmt, das Leben auf dieses Wissen zu gründen, hat den schöpferischen Lebenswillen zu übernehmen. Zarathustra muß also zu demjenigen werden, der dem Leben die Ziele selbst setzt. Das versteht Nietzsche unter Befehlen, nicht Herumkommandieren, autoritativ oder autoritär, sondern aus dem errungenen Wissen des Lebens dem Leben selber die Ziele setzen, dergestalt, daß diese Ziele nicht mehr einer an sich seienden metaphysischen Welt der an sich bestehenden Ideale und Ideen entnommen werden, sondern daß sie aus dem Leben hier und jetzt selbst geschöpft werden müssen. Die lautlose Stimme sagt:

> "Weisst du nicht, *wer* Allen am nöthigsten thut? Der Grosses befiehlt.
> Grosses vollführen ist schwer: aber das Schwerere ist, Grosses befehlen."[9]

Wer Großes zu vollführen hat, der wagt viel, aber noch nicht alles. Er wagt noch nicht sich selbst. Der Großes Vollführende ist noch einem anderen Willen anbefohlen, der das zu Vollführende zuvor als Ziel schon gesetzt hat. Wer Großes befiehlt, dessen Wille befiehlt auch sich selbst. "Allen am nöthigsten thut", so sagt die stillste Stunde zu Zarathustra, wer "Grosses befiehlt". Weshalb tut das am nötigsten? Nachdem in eins mit dem Wegfall der metaphysischen Welt der Ideen dem Leben das wesentliche Wissen über sich selbst aufgegangen ist, muß es eben aus diesem Wissen vollzogen werden, so daß sein Wesen die Gestalt des sich wissenden, die Ziele wissentlich setzenden Willens annimmt. Diesen Lebenswillen hat derjenige zu übernehmen, in welchem das Leben

---

[9] Ebd.; KGW VI/1, S.185.

sein Wissen von sich selbst errungen hat. Deshalb genügt es nicht, das Wissen als Lehre vom Übermenschen mitzuteilen, sondern der Lehrende selber muß durch eine wesentliche Wandlung hindurchgehen. Zarathustra muß vom Lehrenden zum Befehlenden werden in dem Sinne, wie hier Befehlen zu verstehen ist: Er muß derjenige werden, der dem Leben aus seinem Wesen die Ziele wissentlich setzt. Diese Wandlung Zarathustras, der er sich unterziehen muß, ist von Nietzsche im 3. Teil dargestellt.

Aber damit noch nicht genug. Die Sache ist noch rätselhafter. Es ist ja der von Zarathustra zu übernehmende Wille der Wesenswille des Lebens, das in Selbstbezüglichkeit um willen seiner selbst lebt und nicht mehr auf eine übersinnliche Welt hin. Das Wollen dieses Willens ist daher ein Sich-Wollen des Lebens. Dieser Wille will, daß das Leben die eigentliche Realität sei, was und wie es ist.

Hier ist nun alles daran gelegen, diese Worte "sein" und "ist" genau zu denken, und zwar in dem strengen Sinne, in welchem das mit diesen Worten Benannte von Anfang an, also vom Anbeginn des europäisch-abendländischen Denkens, gedacht worden ist. Danach besagt das im "ist" gemeinte Sein, streng und so erst wahrhaft gedacht: seinem Gegenteil, dem Nichtsein, und darum auch allem Anderswerden - weil in dem Anderswerden ja immer ein Nicht und Noch-Nicht und Nicht-Mehr steckt - entnommen sein, also Immersein, in der Weise des Sich-Gleichbleibens.

Das Leben, die eigentliche Realität, währt aber in der Einheit von Entstehen und Vergehen, also gerade als das absolute Werden. Daher will sein Wille, der ja will, daß das Leben sei, was und wie es ist, daß das Leben immer wieder sei, und zwar als das Sich-Gleichbleibende. Wir sind hier wieder bei der Lehre von der ewigen Wiederkehr des Gleichen angekommen. Diese Lehre geht offenbar Zarathustra an, wenn er es ist, der den Lebenswillen wissentlich zu übernehmen und zu vollziehen hat. Das Gewollte des von Zarathustra zu übernehmenden Willens des Lebens ist daher das Leben als das in sich gleichbleibender Weise immer wieder Seiende.

Und nun die Frage: Wenn das Sein das zuerst und allem zuvor zu Denkende ist, und so war es seit Platon und Aristoteles bereits bestimmt worden, das *on* als das *proton noeton*, als das allem zuvor und zuerst und durch alles hindurch zu Denkende, und wenn das Leben das Sein ausmacht, das Leben ist in der Weise der ewigen Wiederkehr des Gleichen, ist dann nicht Zarathustra auch zuerst der Lehrer der ewigen Wiederkehr des Gleichen und erst *zufolge* dieser seiner Lehre dann auch und notwendig der Lehrer des Übermenschen? Wie, wenn die Sache so stünde?

Doch er tritt zuerst als Lehrer vom Übermenschen auf und läßt sich erst in der stillsten, ihn ganz auf sich selbst versammelnden Stunde daran erinnern, wer er allem zuvor zu sein hat. Der Gedanke des Seins alles Seienden, ehemals in der überlieferten Metaphysik und dann bis zu Nietzsche und in gewisser Weise auch Marx, den wir hier ausnehmen müssen, das allem zuvor und immer schon zu Denkende, dieses Sein ist jetzt zum Äußersten und Letzten geworden, das, um überhaupt verbindlich gedacht zu werden, dem Denkenden das Äußerste abverlangt, nämlich nichts Geringeres als die Übernahme der Willens- und Wissensherrschaft über das Leben selbst. Oder, um es mehr terminologisch, aber darum leider auch gröber zu sagen: Das Denken des Seins von allem, was ist, von jeher die Grundaufgabe der Philosophie, verlangt jetzt die Umwandlung der Metaphysik in eine unbedingte Anthropomorphie, nämlich die menschliche Wissens- und Wesensherrschaft über das Leben, und das heißt über das Sein. Eine Anthropomorphie, die ihrerseits einen Wesenswandel des Menschen einschließt, den Wandel, den wir schon im Umriß vorgestellt haben und den Nietzsche den Übergang vom Menschen zum Übermenschen nennt. Soweit könnte der Bezugszusammenhang von Wissen vom Wesen des Lebens, Lehrer des Übermenschen, Befehlendem - demjenigen, der aus dem Wissen des Lebens diesem die Ziele setzt und Bahnen anweist - und dem Lehrer von der ewigen Wiederkehr des Gleichen durch eine vorläufige, gedankliche Konstruktion, wie sie hier vorgelegt wurde, in einem ersten Umriß sichtbar werden.

Nun ist es ja klar: Das, wovor Zarathustra zurückschrickt, ist, den Gedanken der ewigen Wiederkehr durch Aussprechen in die verbindliche Wahrheit zu heben. Der Zarathustra abverlangte Wesenswandel entfaltet sich zu einer Vielfalt von ineinander übergehenden Wandlungen - diese werden im 3. Teil des *Zarathustra* dargestellt -, bis er sich endlich entschließt, den Gedanken der ewigen Wiederkehr als die letzte Wahrheit über das Leben auszusprechen, wodurch dann auch der Zusammenhang mit dem Übermenschen allererst ins Licht rückt, dergestalt, daß Zarathustra selber nicht der Übermensch ist.

Damit das Leben aus dem selbstbewußten Lebenswillen, der das Wissen von sich selbst errungen hat, vollzogen wird, das heißt damit Zarathustra, also der freie Geist, der ins Leben geht, zu demjenigen wird, der dem Leben aus dem Leben, aus sich selbst, die maßgebenden Ziele setzt, muß mit ihm selbst etwas Wesentliches geschehen. Er muß nämlich nicht nur als Erkennender, der über dem Leben schwebt, sondern auch lebensmäßig in sich selbst die moralische Metaphysik überwinden. Das ist es, was ihm schwerfällt. Nietzsche hat eigens noch einmal in einem unveröffentlichten Fragment aus der *Zarathustra*-Zeit darauf aufmerksam gemacht. Dort heißt es:

> "Was wurde Zarathustra am *schwersten*? *Sich von der alten Moral zu lösen*."[10]

Es wird sich zeigen, daß erst die vollständige Ablösung von der moralischen Metaphysik Zarathustra befähigt, sein eigentliches Wort zu sagen, sein eigentliches, bis dahin verschwiegenes Wissen herauszusagen, also ins Bewußtsein zu heben: die ewige Wiederkehr des Gleichen, deren Lehrer zu sein sein eigentliches Lebensschicksal ist.

Das erste Stück des 3. Teils des *Zarathustra* trägt die Überschrift "Der Wanderer". Es zeigt vorweg den Weg, den Zarathustra zu gehen hat, um sich gleichsam selbst zu erwandern, sich selbst als den Lehrer, als den Verkünder der ewigen Wiederkehr des Gleichen. Im Zwiegespräch mit sich selbst sagt er daher:

> "Du aber, oh Zarathustra, wolltest aller Dinge Grund schaun und Hintergrund: so musst du schon über dich selber steigen, - hinan, hinauf, bis du auch deine Sterne noch *unter* dir hast! Ja! Hinab auf mich selber sehn und noch auf meine Sterne: das erst hiesse mir mein *Gipfel*, das blieb mir noch zurück als mein *letzter* Gipfel!-"[11]

---

10 KGW VII/1, 4[246].

11 Also sprach Zarathustra III, Der Wanderer; KGW VI/1, S.190.

Zarathustra muß über sich selbst hinaus, sich selbst übersteigen, er, der immer schon ein Steigender gewesen ist, nämlich in die Höhe stieg, von der her er das Leben in seinem Wesen allererst überblicken konnte. Jetzt muß er noch sich selbst übersteigen. Aber das, wohin dieser Überstieg über sich selbst erfolgt, ist nicht ein anderes als er selbst, sondern gerade sein Eigenes, das er erst erringen muß, sein eigenes Selbst. So heißt es denn auch:

> "Die Zeit ist abgeflossen, wo mir noch Zufälle begegnen durften; und was *könnte* jetzt noch zu mir fallen, was nicht schon mein Eigen wäre!
> Es kehrt nur zurück, es kommt mir endlich heim - mein eigen Selbst ..."[12]

Zarathustra muß durch ein Sich-selbst-Übertreffen hindurch, damit er in sein eigenes Selbst einkehren kann. So geht er, sich selbst übersteigend, nicht zu einem anderen hinüber, sondern kehrt allererst in sein Wesen ein und zurück. Zarathustra durchmißt diesen Übergang über sich zu sich selbst und ist selbst dessen Dimension. Er ist der Wissende, der das Leben in seinem Wesen weiß, und deshalb der Lehrer des Übermenschen. Dieses wesentliche Wissen weist dem Leben auf der Erde die Bahn. Dies Wissen sind daher die Sterne, denn sie sind es, im Blick auf welche der Mensch seine irdischen Bahnen durchmißt, und darum können bildlich für das Wissen die Sterne stehen. Nun aber muß er eine Höhe ersteigen, von der er sogar auf seine Sterne hinabsehen kann. Er kann nicht länger der Wissende und Lehrer bleiben, er muß auch sein Wissen noch unter sich bringen, auch seines Wissens noch Herr werden, sein Wissen vom Leben dem Lebensbefehl unterstellen, er muß also imstande sein, das Wissen vom Leben für eine willentliche Gestaltung des Lebens zu gebrauchen. So heißt es weiter:

> "Und wenn dir nunmehr alle Leitern fehlen, so musst du verstehen, noch auf deinen eigenen Kopf zu steigen: wie wolltest du anders aufwärts steigen?

[12] Ebd.; KGW VI/1, S.189.

> Auf deinen eigenen Kopf und hinweg über dein eigenes Herz!
> Jetzt muss das Mildeste an dir noch zum Härtesten werden."[13]

Kopf und Herz bilden zusammen die das Leben in seinem Wesen wissende Liebe zum Leben. Die Liebe will nichts für sich, sondern ist ganz dem Leben zugewendet, damit dieses in sein Wesen einkehren kann, in seinem Wesen gewahrt bleibt. Aus Liebe zu dem Leben war Zarathustra zu den Menschen hinabgegangen. Aber jetzt wird von ihm verlangt, daß er auch noch über diese seine Liebe zum Leben hinweggeht, hinausgeht, indem er auch sie nur als Stufe für einen noch höheren Aufstieg gebraucht. Er hat die Liebe ebenso wie das Wissen in den Willen zurückzunehmen, so daß er auch sein Herz noch in seine Macht bekommt. Nur so kann er der Wille werden, der sich selbst befiehlt. Und nur als sich selbst befehlender Wille ist er stark genug, den Gedanken der ewigen Wiederkehr als die Wahrheit über das Leben auszusprechen und zu ertragen. Die Wandlung, die Zarathustra abverlangt wird, damit er der werden kann, der er ist, der Lehrer der ewigen Wiederkehr als der Wahrheit des Lebens, geht also vom Äußersten ins Äußerste: von der Liebe zum Leben, die nichts für sich will, wie alle Liebe, zum Willen, der sich selbst befiehlt. So sagt er denn auch zu sich selbst:

> "Vor meinem höchsten Berge stehe ich und vor meiner längsten Wanderung: darum muss ich erst tiefer hinab als ich jemals stieg:
> - tiefer hinab in den Schmerz als ich jemals stieg, bis hinein in seine schwärzeste Fluth!"[14]

Dorthin muß derjenige hinab, der sich nicht nur von diesem oder jenem trennt, mit dem er in Liebe geeint war, sondern der sich selbst als der Liebende, der er ist, von sich selbst losreißen muß, der sein Herz, den Sitz der Liebe, auf das sich sein Wesen gesammelt hatte, noch überwinden muß, denn dann erleidet er den Schmerz der Zerrissenheit seiner selbst. Zarathustra gelangt über die Bergspitze der Insel an das Gestade des Meeres und sagt:

---

13 Ebd.; KGW VI/1, S.190.
14 Ebd.; KGW VI/1, S.191.

"Es schläft jetzt Alles noch, [...] auch das Meer schläft. Schlaftrunken und fremd blickt sein Auge nach mir. Aber es athmet warm, das fühle ich. Und ich fühle auch, dass es träumt. Es windet sich träumend auf harten Kissen. Horch! Horch! Wie es stöhnt von bösen Erinnerungen! Oder bösen Erwartungen?"[15]

In diesem dunklen Ungeheuer, dem Meer, das in rastloser Bewegung hin und her rollt, blickt ihn das noch dunkle Auge des Lebens an, das noch nicht zum Wissen über sich selbst gelangt ist, darum noch schläft und im Schlaf träumt. Träumen ist das sich selbst nicht wissende Zurückdenken an das Vergangene wie auch das seiner selbst nicht bewußte Vorausdenken in das Kommende, das sich bereits in sein Kommen versammelt und seine Ankunft vorbereitet hat. Aber noch ist das Leben ein fremd blikkendes, hin und her rollendes, träumendes Ungeheuer, dem der Wissende, Zarathustra, als ein anderer noch gegenübersteht, denn noch hat er das Wesen des Lebens nicht in sein Wissen übernommen, so daß dieses aus der klarsten Helle des Bewußtseins ein sich selbst wissender und wollender Wille wäre. Zarathustra aber möchte noch diesem von Träumen gequälten Ungeheuer Trost sagen aus Liebe zum Leben, welche das In-eins-Gefühl mit allem ist, was lebt. Er ist sich selbst gram darüber, daß er nicht stark genug ist, dieses dunkle Lebensungeheuer von seinen quälenden Träumen zu befreien. Doch ist es gerade diese mit dem Leben ohnmächtig mitleidende Liebe, die seine Gefahr ausmacht. Sie stellt sich Zarathustra als das Hindernis entgegen auf seinem Weg zum befehlenden Herrsein über das Leben, Herr aus dem wesentlichen Wissen des Lebens.

In dem nächsten Abschnitt erzählt Zarathustra während der Überfahrt über das Meer den Schiffsleuten einen Traum, den er selbst geträumt hat. Den Traum nennt er "*Vom Gesicht und Räthsel*". Dieser nimmt das vorweg, was Zarathustra als das Schwerste bevorsteht. Vielleicht ist dieser Traum, den Zarathustra erzählt, dasselbe, was als die bösen Erwartungen das seiner selbst noch nicht bewußte Leben quält. Die Schiffer sind diejenigen Menschen, die das feste Land verlassen und sich dem Unge-

15 Ebd.

wissen des flüssigen Elements anheimgegeben haben, alle diejenigen, die nach dem Einsturz der moralisch-theologischen Metaphysik in die Unruhe des Suchens und Versuchens getrieben sind, die es experimentierenderweise bald so, bald anders mit dem Leben versuchen. Ihnen erzählt Zarathustra seinen Traum, Gesicht und Rätsel zugleich.

Ein Rätsel birgt immer seine Lösung in sich selbst. Es ist immer die Verrätselung seiner eigenen Lösung. Zarathustra hatte das Leben von seinen bösen Träumen erlösen wollen. Und es geschieht ihm, daß er dem Leben den Traum abnimmt, indem er ihn selbst träumt. Es heißt da:

> "Düster gieng ich jüngst durch leichenfarbne Dämmerung, - düster und hart, mit gepressten Lippen. Nicht nur Eine Sonne war mir untergegangen."[16]

Nicht nur die alles Seiende in die Helle der Anwesenheit hervorbringende Sonne Platons, die Idee des Guten, sondern alles die Welt ehemals erleuchtende und belebende Übersinnliche ist untergegangen. Vom Übersinnlichen nicht mehr belebt, nicht mehr beschienen, tritt die Welt in den Anblick der leichenfarbenen Dämmerung und des Todes.

In dieser Todeslandschaft schreitet Zarathustra im Traum dahin, gestützt allein noch auf die Spannkraft seines Willens. Aber auf ihm sitzt ein Zwerg, den er den Geist der Schwere nennt. Dieser legt den niederziehenden Gedanken auf den Willen: Alles kommt, um zu vergehen. Alles steigt, um zu fallen; es wird aufgestellt, um zu zerfallen. Alles geht nur in sein Vergehen hervor; es kommt bei allem nichts heraus. Die Entwürfe des angespanntesten Willens fallen am Ende auf den Entwerfenden zurück. Und je höher jemand sich entwirft, um so tiefer muß er stürzen. Die Willensentwürfe, auch die höchsten, und gerade sie, unterliegen dem Gesetz der Schwere, nicht anders als der geworfene Stein. Aber der Mut heißt Zarathustra, den Zwerg, den ihm aufsitzenden Geist der Schwere, abzuwerfen und sich ihm zu stellen, sich ihm zu konfrontieren. Er holt den abgründigsten Gedanken aus der Tiefe hervor und spricht ihn aus. Im Traum also wagt der

---

[16] Ebd. III, Vom Gesicht und Räthsel; KGW VI/1, S.194.

Wille, seinem selbstbewußten Wachsein voraus, bereits das Äußerste. Wenn Zarathustra diesen schwersten Gedanken besteht, dann ist er unüberwindlich, und der Geist der Schwere vermöchte nichts mehr gegen ihn.

3. Die Lehre von der ewigen Wiederkunft des Gleichen

Dieser schwerste Gedanke ist die Lehre von der ewigen Wiederkehr des Gleichen. Diese Lehre wird hier im *Zarathustra* im Bilde des Torwegs dargestellt, in welchem die beiden Gassen zusammenstoßen. Der Torweg verbildlicht den jeweiligen Augenblick, die jeweilige Gegenwart, und die Gassen Vergangenheit und Zukunft. Vergangenheit und Zukunft stoßen zusammen im Augenblick, dergestalt, daß dieser Zusammenstoß der beiden den Augenblick, die Gegenwart, gerade ausmacht. Die Lehre von der ewigen Wiederkunft wird hier von Nietzsche so dargelegt, wie er sie später wiederholt begrifflich zu begründen versucht hat. Wir werden auf diese Begründungen noch ausführlicher eingehen müssen. Hier nur soviel: Nach dem Hinfall der übersinnlichen Welt gibt allein die Zeit den Ausblick auf die Realität. Das ist die eine Voraussetzung der ewigen Wiederkunft des Gleichen. Die andere Voraussetzung dieser Lehre wird im *Zarathustra* folgendermaßen formuliert:

> "Sprach ihm heimlich wohl meine Weisheit zu, meine lachende wache Tags-Weisheit, welche über alle »unendliche Welten« spottet? Denn sie spricht: »wo Kraft ist, wird auch die *Zahl* Meisterin: die hat mehr Kraft.«"[17]

Wenn dort, wo Kraft ist, Zahl ist, so bedeutet das, daß die Werdekräfte, die Elemente des Werdens, durch eine Zahl bestimmt sind, also nicht unendlich viele. Sie mögen für uns unübersehbar sein, aber ihre Anzahl ist begrenzt. Daraus ergibt sich: Die Zeit bietet den Anblick der ins Unendliche zurückweichenden Vergangenheit und der ebenfalls ins Unendliche fortgehenden Zukunft. Beide kommen zusammen im Jetzt des Augenblicks. Wenn aber

[17] Ebd. III, Von den drei Bösen; KGW VI/1, S.231.

hinter dem jeweiligen Augenblick eine unendliche Vergangenheit liegt, muß dann nicht alles, was überhaupt geschehen kann, also alle nur möglichen Konstellationen der Werdeelemente, bereits schon einmal durch den Augenblick, also durch die Gegenwart, hindurchgegangen, gegenwärtig gewesen sein, auch dieser Augenblick selbst mit allem, was in ihm gegenwärtig ist? Und muß ferner nicht, immer im Hinblick auf die Kontinuität der Zeit und der durch sie miteinander verknoteten Geschehnisse, dieser Augenblick alle möglichen Geschehnisse nach sich ziehen, die überhaupt geschehen können, also auch sich selbst, also wiederkommen und immer wiederkommen? Gesetzt, die Anzahl der Werdekräfte, der Elemente, ist begrenzt, dann müssen alle möglichen Kombinationen, alle Lebenszustände, schon einmal dagewesen sein, und zwar immer wieder, und müssen immer wiederkehren. Wir werden auf diese Begründung der Ewigen-Wiederkunfts-Lehre, wie sie Nietzsche hier im *Zarathustra* im Bild vom Torweg und den beiden Gassen, die sich in ihm zum ersten Mal treffen, dargestellt hat, im Zusammenhang mit dem Problem des europäischen Nihilismus wieder zurückkommen müssen.

Zarathustra spricht beim ersten Sich-Aussprechen seinen abgründigen, tiefsten Gedanken in der Form des Erfragens, des Erwägens, des Erprobens langsam aus, wie er selber sagt, aus Furcht vor seinen eigenen Gedanken und Hintergedanken. Aber in dem Augenblick, da er, obzwar in zögerndem Fragen und immer leiser sprechend, diese Gedanken ausgesprochen hat, wandelt sich mit einem Schlag das Traumbild, nämlich in folgender Weise:

> "Also redete ich, und immer leiser: denn ich fürchtete mich vor meinen eignen Gedanken und Hintergedanken. Da, plötzlich, hörte ich einen Hund nahe *heulen*.
> Hörte ich jemals einen Hund so heulen? Mein Gedanke lief zurück. Ja! Als ich Kind war, in fernster Kindheit:
> - da hörte ich einen Hund so heulen. Und sah ihn auch, gesträubt, den Kopf nach Oben, zitternd, in stillster Mitternacht, wo auch Hunde an Gespenster glauben:
> - also dass es mich erbarmte. Eben nämlich nämlich gieng der volle Mond, todtschweigsam, über das Haus, eben stand er still, eine runde Gluth, - still auf flachem Dache, gleich als auf fremdem Eigenthume: -
> darob entsetzte sich damals der Hund: denn Hunde glauben an

Diebe und Gespenster. Und als ich wieder so heulen hörte, da erbarmte es mich abermals.
Wohin war jetzt Zwerg? und Thorweg? Und Spinne? Und alles Flüstern? Träumte ich denn? Wachte ich auf? Zwischen wilden Klippen stand ich mit Einem Male, allein, öde, im ödesten Mondscheine.
Aber da lag ein Mensch! Und da! Der Hund, springend, gesträubt, winselnd, - jetzt sah er mich kommen - da heulte er wieder, da *schrie* er: - hörte ich je einen Hund so Hülfe schrein?
Und, wahrlich, was ich sah, desgleichen sah ich nie. Einen jungen Hirten sah ich, sich windend, würgend, zuckend, verzerrten Antlitzes, dem eine schwarze, schwere Schlange aus dem Munde hieng.
Sah ich je so viel Ekel und bleiches Grauen auf Einem Antlitze? Er hatte wohl geschlafen? Da kroch ihm die Schlange in den Schlund - da biss sie sich fest.
Meine Hand riss die Schlange und riss: - umsonst! sie riss die Schlange nicht aus dem Schlunde. Da schrie es aus mir: »Beiss zu! Beiss zu!
Den Kopf ab! Beiss zu!« - so schrie es aus mir, mein Grauen, mein Hass, mein Ekel, mein Erbarmen, all mein Gutes und Schlimmes schrie mit Einem Schrei aus mir. -
Ihr Kühnen um mich! Ihr Sucher, Versucher, und wer von euch mit listigen Segeln sich in unerforschte Meere einschiffte! Ihr Räthsel-Frohen!
So rathet mir doch das Räthsel, das ich damals schaute, so deutet mir doch das Gesicht des Einsamsten!
Denn ein Gesicht war's und ein Vorhersehn: - *was* sah ich damals im Gleichnisse? Und *wer* ist, der einst noch kommen muss?
Wer ist der Hirt, dem also die Schlange in den Schlund kroch? *Wer* ist der Mensch, dem also alles Schwerste, Schwärzeste in den Schlund kriechen wird?
- Der Hirt aber biss, wie mein Schrei ihm rieth; er biss mit gutem Bisse! Weit weg spie er den Kopf der Schlange -: und sprang empor. -
Nicht mehr Hirt, nicht mehr Mensch, - ein Verwandelter..."[18]

Wer ist der Hirt? Und wer ist die Schlange? Was ist das, was würgend und erstickend in den Menschen eindringt und Ekel und Grauen vor dem Leben erregt? All das geschieht in dem Augenblick, da der Gedanke der ewigen Wiederkunft ausgesprochen und das Leben in der Wahrheit seines Seins erblickt wird. Was ist

[18] Ebd. III, Vom Gesicht und Räthsel; KGW VI/1, S.196 ff.

es, das dann würgend, mit tödlichem Gift erstickend, in den Menschen eindringt?

Einige Überlegungen können uns das Gesicht und Rätsel dann näherbringen, wenn wir uns daran erinnern und festhalten, daß alles, was Zarathustra sagt, aus der Dimension des Übergangs von der bislang herrschenden metaphysischen Auslegung der Welt zu einem das Wesen des Lebens zu ihm selbst befreienden Denken spricht. Gemäß dem Blickpunkt dieser Weltauslegung ist das Leben, das sich für Nietzsche ja als die letzte und erste Realität herausstellt, gerade bestand- und sinnlos, ein unaufhörlicher Wandel, und das heißt ein unaufhörliches Herumgerissenwerden aus Sein in Nichtsein, aus Sosein in Wieder-anders-Sein, ein sinnloses Leiden. Durch die Verkündigung der ewigen Wiederkunft, wenn sie sich als die Seinsbestimmtheit des Lebens herausstellt, enthüllt sich dieses sinnlose Nichts des Lebens sogar noch als ein unentrinnbarer Kreisgang des Immerwiederkehrenden ohne Aussicht auf ein Ziel. Die letzte Schwundstufe der vorhergehenden Metaphysik wäre in dieser Hinsicht die Philosophie Schopenhauers, welche ja die Möglichkeit eines vom Leiden erlösenden Nicht-mehr-Seins, des seligen Nichts, lehrt. Aber auch das entfällt, wenn das Leben in sich selber in diesen immer wieder zu sich zurückkehrenden Kreisgang gefügt ist. Wird das Leben nun aus dem Blickpunkt der bisherigen Weltauslegung, Seinsauslegung, gesehen, dann wird der Mensch in dem Augenblick, in dem der Gedanke der ewigen Wiederkunft ausgesprochen wird, von Grauen und Ekel vor dem Leben überwältigt. Hier hilft kein Helfenwollen von außen, sondern nur das eine: daß die metaphysische Auslegung zerbrochen und beiseite gelegt wird. Wenn das geschieht, dann verwandelt sich alles, wie das Traumbild zeigt; denn dann entnimmt der Mensch die Hinblicke, Urteilsmaße über die Realität und die Ziele aus dieser selbst, also aus dem Leben.

So wird denn auf eine erste Weise klar, wie die Verkündigung der ewigen Wiederkunft des Gleichen als Seinsweise des Lebens, als Grundbestimmtheit des Seienden als solchen, und die Lehre vom Übermenschen zueinander stehen. Die Seinsweise, der modus essendi des Lebens, die Essenz aller Dinge also - die ewige Wiederkunft des Gleichen -, ist überhaupt nur dann zu ertragen, wenn das Leben auch wert und würdig ist, immer aufs neue gewollt zu werden. Das aber verlangt eine Setzung von Maßen und Zielen, die allein aus dem Leben selbst geschöpft werden, dergestalt, daß die Verfassung des Lebens so beschaffen ist, es so gestaltet wird, daß es wert und würdig ist, immer wieder gelebt zu werden, so daß der unbedingte Wille zum Leben überhaupt erst möglich wird. Das vermag nur ein Menschentum, welches eben die metaphysisch-moralische Weltauslegung destruiert hat und zu einer anderen Gestalt des Menschseins übergegangen ist. Das vermag nur der Übermensch. Der Übermensch ist nicht nur dasjenige Menschentum, welches die Maßstäbe und Ziele und leitenden Hinblicke und Gesetze, die Gestaltung des Lebens, aus dem Leben selber schöpft, sondern er hat ein solches Leben zu entwerfen, das den Gedanken der ewigen Wiederkehr erträglich macht. Der Übermensch ist daher zugleich der Rechtfertiger des Lebens.

Seit Zarathustra in einer Traumvision den Übermenschen zum ersten Mal ersehen hat, lebt er daher in der Sehnsucht nach ihm. Daß unsere Interpretation das Richtige getroffen hat, dafür ein Beweis: In den Nachgelassenen Fragmenten aus der *Zarathustra*-Zeit lesen wir eine Notiz Nietzsches:

> "*Nach der Aussicht auf den Übermenschen* auf schauerliche Weise die Lehre der Wiederkunft: jetzt erträglich!"[19]

Nur im Blick auf den Übermenschen ist die Verkündigung der ewigen Wiederkunft des Gleichen als Wahrheit überhaupt zu ertragen. Darum lebt Zarathustra, nachdem er im Traum sowohl die Verkündigung der ewigen Wiederkehr wie auch den Übermenschen vorweggenommen hat,in der Sehnsucht nach ihm.

Das Wesen der Sehnsucht gilt es zu erinnern. Im Unterschied zum Verlangen, das immer nur aus dem Bereich des gegenwärtig Wirklichen und für ihn nach etwas auslangt, ist die Sehnsucht ein sich über das Gegenwärtige und Wirkliche hinausschwingendes Ausgreifen in die Ferne. Die Sehnsucht ist auf die Ferne gestimmt. Sie ist ein Leiden, jedoch nicht deshalb, weil das Gegenwärtige lediglich als Mangel empfunden wird, sondern weil sie den Menschen in die Nähe zum Fernen als einem solchen versetzt. Er hat also die Nähe zur Ferne als solcher auszuhalten, und

---

[19] KGW VII/1, 15[10].

dieses Aushalten ist das Leiden der Sehnsucht. Menschen können an der Sehnsucht zugrundegehen, ein solches Leiden kann sie sein. Am Verlangen ist aber noch niemand zugrundegegangen. Dem von der Sehnsucht Ersehnten, also ihrem Wonach, eignet eine eigentümliche Unbestimmtheit, die aber kein Mangel ist, sondern aus der Unmöglichkeit entspringt, das Ersehnte aus dem Umkreis des Gegenwärtigen überhaupt bestimmen zu können. Die Nähe zum Fernen als Fernem bringt dieses Ferne in den Vorrang inmitten des Gegenwärtigen, inmitten des Nahen.

Die Sehnsucht, die Zarathustra seit dem Traum ergriffen hat, geht aber auf den Übermenschen, also auf ein Menschenwesen, das überhaupt noch nicht da ist, das erst zu schaffen ist. Es ist die schaffende Sehnsucht des Lebens nach dem Übermenschen, die durch den Traum geweckt wurde, in welchem Zarathustra den Übermenschen träumend zum ersten Mal ersah. Aber noch ist das vom Leben zu Schaffende, der Übermensch, erst als Rätsel traumhaft erschaut, denn noch hat Zarathustra nicht gewagt, seinen abgründigsten Gedanken in das wache Bewußtsein des Tages heraufzuholen. Erst wenn das geschieht, wenn die ewige Wiederkehr zur Wahrheit im selbstbewußten Wissen wird, dann wandelt sich die Sehnsucht in den freischaffenden Lebenswillen, so daß der Übermensch entstehen könnte.

Seit dem Traumgesicht und dem Erwachen der schaffenden Sehnsucht des Lebens in Zarathustra ist dieser wieder allein, wie es heißt, "mit reinem Himmel und freiem Meere"[20]. Aus seinen Gedanken, so sagt er, ist alle Trübsal gewichen. Die freie Weite um ihn hat sein Denken licht und klar gemacht. Er wird sich seiner Bestimmung endgültig gewiß. Zarathustra nennt diese Stimmung die "Seligkeit wider Willen". Im ungetrübten Licht der ihn überkommenden Klarheit erblickt er seine Bestimmung: Er ist der Schaffende. Er war zu den Menschen hinuntergegangen, um Gefährten zu finden, die dem Anspruch des höchsten Wissens, nämlich der Lehre vom Übermenschen, zu entsprechen vermöchten. Nun aber sieht er: Er kann sie gar nicht finden, sie müssen vielmehr vom Lebenswillen allererst geschaffen werden. Damit es

---

20 Also sprach Zarathustra III, Von der Seligkeit wider Willen; KGW VI/1, S.199.

dahin kommt, muß Zarathustra die zuvor gefundenen Gefährten wieder verlassen, um nämlich sich selbst allererst zu erkennen, um stark genug zu sein, den Gedanken der ewigen Wiederkehr herauszusprechen als verbindliche Wahrheit über das Leben. Sich vollenden bedeutet für Zarathustra, das eigene Selbst in die Fülle seines Wesens bringen, den Lebenswillen in das Sich-selbst-Befehlen hinaufsteigern. In der Stunde dieser Klarheit über sich selbst erkennt er, daß seine Liebe zu den Freunden von dem Willen bestimmt ist, Mitschaffende für sein Werk zu gewinnen, welches die neue Gesetzgebung für das aus sich selbst lebende Leben ist. In seiner Liebe zu den Freunden aber verbarg sich noch ein Begehren nach Liebe. Er wollte selbst geliebt sein. Aber alles Begehren verliert sich an das Begehrte. So wurde ihm die Liebe, da er sie begehrte, da es nicht die wahrhaft freie Liebe war, zum Verhängnis und Verfängnis. Aus diesem Verfangensein in die begehrte Liebe riß ihn gegen seinen Willen der verschwiegene Gedanke los, der mit der lautlosen Stille der stillsten Stunde zu ihm gesprochen hatte. Zarathustra erkennt jetzt den Grund all seiner Trübsal und Schwermut, die ihn immer wieder überkam. Die Schwere des Gedankens, den er in sich trägt, zieht ihn immer wieder mit ihrem Schwergewicht herab, solange nicht die moralische Metaphysik endgültig destruiert ist. Deshalb muß er in ein noch höheres Sich-selbst-Übertreffen hinauf, damit er stark genug wird, seinen Gedanken nicht länger als ein verschwiegenes Wissen in sich zu tragen, sondern ihn als Wahrheit herauszusprechen und sich so von der Last der Schwere zu befreien.

Diese Seligkeit wider Willen, durch welche er seiner Bestimmung gewiß wird, ist jedoch auch eine vorübergleitende Phase, in der er nicht bleiben kann, denn die Aufgabe - die letzte Selbstüberwindung zu einem seiner selbst ganz und gar mächtig gewordenen Willen und das Heraufrufen des abgründigsten Gedankens in die Helle des selbstbewußten Wissens - steht ihm ja noch bevor. Denn erst dann, wenn Zarathustra diesen Gedanken ins Selbstbewußtsein heraufgerufen hat, sind Wissen und Wesen des Lebens ganz und gar vereinigt, ist das Leben zum sich wissenden Willen geworden, aus welchem dann eine neue Gesetzgebung des Lebens hervorgehen kann: die Gestalt des Lebens selbst.

In dem Abschnitt, der die Überschrift trägt "*Vor Sonnen-Aufgang*", öffnet sich Zarathustra der Bereich, in welchem die unbedingte Selbstbejahung des Lebens, in der Form der Bejahung der ewigen Wiederkehr des Gleichen, allein vollzogen werden kann. Wir fragen: Was ist das, das Zarathustra im Himmel vor Sonnenaufgang entgegenblickt? Der Himmel vor Sonnenaufgang wird mit den Worten "du Reiner! Tiefer! Du Licht-Abgrund!"[21] angerufen. Er ist das Lichte, in das hinein die Dinge in ihr Erscheinen aufgehen, sobald die Sonne selbst erscheint, jedoch so, daß dieser Himmel von jedwedem unberührt bleibt und über jeglichem steht. Deshalb ist er rein. Das zu ihm aufschauende Sehen kommt bei ihm an keine Grenze, sondern er zieht es in seine Grenzenlosigkeit hinein. So ist er tief und, weil das Sehen bei ihm auf keinen Grund kommt, ein Licht-Abgrund. Die aufgehende Sonne scheidet die Dinge in ihre Bereiche und ihr gesondertes Erscheinen. Der lichte Himmel vor Sonnenaufgang als solcher läßt alles und jedes in ein noch unterschiedsloses Erscheinen aufgehen. Das unterscheidende Was und Wie der Dinge bleibt hier in das reine Erscheinen als solches, in die reine Lichtung, noch eingehüllt. Dieses Eine, als welches alles und jedes vor allen Unterschiedenen zum Vorschein kommt, in welchem jegliches mit jeglichem übereinkommt, ist das Sein, nämlich dieses, daß alles und jedes ist. Das Sein umfängt gleichmäßig als das Eine und Selbe alles und jedes und läßt alles und jedes in dem Einen erscheinen, daß es ist, also in dem, zu sein. Denn als ein Seiendes in Hinsicht auf Sein ist keines von einem anderen unterschieden und hat keines vor einem anderen etwas voraus. Der lichte Himmel vor Sonnenaufgang, das reine Daß des Seines von allem, steht als das keines bevorzugende und keines verwerfende, darum von jeglichem Nein ungetrübte, reine Ja über allen Dingen.

Wenn überhaupt, dann kann nur in diesem Bereich die unbedingte, nach jeder Hinsicht zu vollbringende Selbstbejahung des Lebens geschehen, welche dann die Bejahung der ewigen Wiederkehr des Gleichen ist. Diese ist die unbedingte Selbstbejahung des Lebens als der einzigen Realität, die es überhaupt gibt. Wenn sie überhaupt geschehen können soll, dann nur in diesem Be-

---

21 Ebd. III, Vor Sonnen-Aufgang; KGW VI/1, S.203.

reich, in welchem keines vor dem anderen bevorzugt und auch keines verborgen ist, sondern in welchem das eine gleichmäßige Ja über allem Seienden steht. Nachdem über Zarathustra die Klarheit seiner Bestimmung gekommen ist, tut sich ihm nun der Bereich auf, in dem der gleichmäßig das Leben bejahende Wille zum Vorschein kommen kann. Dies unbedingte Ja ist nur dort möglich, wo allen Unterschieden zuvor jedes mit jedem gleich ist, also nur innerhalb des Bereichs des puren Daß des Seins, welchem ein reines, unbeschränktes Ja entspricht, das in keinem Nein einen möglichen Gegensatz hat, in welchen das Ja übergehen könnte. Es heißt an der genannten Stelle:

> "Wahrlich, ein Segnen ist es und kein Lästern, wenn ich lehre: »über allen Dingen steht der Himmel Zufall, der Himmel Unschuld, der Himmel Ohngefähr, der Himmel Übermuth«."[22]

Hier wird der Himmel in mehrfacher Weise charakterisiert: Zufall, Unschuld, Ohngefähr und Übermut. Versuchen wir, diese Charakterisierungen dieses Lichtbereiches, in dem allein die unbedingte Selbstbejahung vonstatten gehen kann, ein wenig zu erläutern. Zufall nennen wir das, was ist und geschieht, ohne auf einen ausgrenzbaren Grund zurückgeführt werden zu können. Die Dinge sind. Aber dieses Daß ihres Seins läßt sich auf keinen Grund zurückbringen. Was wäre ein solcher Grund? Etwas, um dessentwillen die Dinge sind. Aber die Dinge, rein als Seiende in ihrem Sein genommen, sind nicht um willen von etwas, da es der Grund ihres Seins wäre. Daß sie sind und sind, wie sie sind, daran ist niemand schuld. Weil die Dinge nicht um willen von etwas sind, können sie in ihrem Sein auch nicht hinter dem zurückbleiben, wozu sie sind. Sie sind nicht schuldig in dem Sinne, daß sie einem Gesollten nicht entsprechen. So steht über jedem Ding der Himmel Unschuld. Ferner: Die Dinge sind. Aber es ist bei ihrem Sein nicht auf etwas abgesehen. Ihr Sein steht unter keiner von ihnen wegsehenden und auf ein Wozu hinsehenden Absicht. So sind sie von ohngefähr. Dieses Wort "ohngefähr" heißt in der Tat ursprünglich: frei von Absicht. Was unter einer Absicht steht, was also um willen von etwas ist, das durch es erreicht

---

[22] Ebd.; KGW VI/1, S.205.

werden soll, ist unfrei. Was nur ist, um zu sein und um so zu sein, wie es ist, das ist wahrhaft frei. Deshalb sagt Zarathustra in diesem Abschnitt:

> "»Von Ohngefähr« - das ist der älteste Adel der Welt, den gab ich allen Dingen zurück, ich erlöste sie von der Knechtschaft unter dem Zwecke."[23]

Ferner: Was unter einem Auftrag steht, nämlich unter einer als metaphysisches Ideal vorgestellten Idee, das bedarf des Mutes, denn es ist ihm zugemutet, einen es übersteigenden Auftrag zu vollbringen. Das Zweck- und Absichtsfreie ist über allem Mut. In dem Sinne ist ein jegliches als Seiendes in seinem Sein übermütig. So ist das Ganze der Dinge durch keinen anfänglichen und durchgängig über es herrschenden Vernunftwillen bestimmt. Sofern das Sein der Dinge eines Vernunftgrundes entbehrt, ist es der Abgrund. Der Lebenswille freilich, wenn er zum Vollzug kommt, errichtet eine Rangordnung innerhalb des Seienden, schafft Grade der Bejahung. Aber diese bleiben alle im vorhinein einbehalten in das eine gleichmäßige Ja, das über allem steht, sofern es ist. Die Dinge als Seiende sind diesseits der moralischen Wertschätzungen des Sollte-Sein und Sollte-nicht-Sein, welche die metaphysische Auslegung zum unbedingten Urteil über das Sein befestigt hat.

Da beginnt der Himmel sich rot zu färben, und das Morgenrot fällt auf das Antlitz Zarathustras. Er sagt:

> "Doch du erröthest? Sprach ich Unaussprechbares? Lästerte ich, indem ich dich segnen wollte?"[24]

Segnen heißt, christlich gedacht, das Zeichen des Kreuzes schlagen und so von Gott an- und aufgenommen werden, nämlich von seiner Liebe. Zarathustras Segnen ist natürlich von anderer Art. Hier bedeutet Segnen das uneingeschränkte Ja zu allem, sofern es ist und weil es ist, die vorbehaltlose Aufnahme von allem in den bejahenden Willen, die unbedingte Affirmation.

---

[23] Ebd.
[24] Ebd.; KGW VI/1, S.206.

Der Lichtabgrund des Himmels ist der Bereich der Sonne, deren Licht und Glut alle Dinge in ihr gesondertes Erscheinen hervorgehen läßt. Die Sonne ist das Bild für den in seinem Wesen sich wissenden und aus diesem Wissen zu sich entschlossenen Willen, der eine Rangordnung des Lebens setzt, und zwar nach dem Maß der einem jeglichen eigenen Willensstärke. Indem Zarathustra das überall sich gleichbleibende Sein bejaht, beginnt der Wille in sein Erscheinen hervorzukommen, die Sonne also. Zarathustras segnendes Jasagen stellt dieses allem in gleicher Weise zukommende Sein eigens allem anderen vor und voraus. Das aber widerstreitet dem allem und jedem gleichmäßig zugewendeten Sein.

Wenn alles Aussprechen ein vorstellendes Setzen des Ausgesprochenen ist, dann hat Zarathustra hier Unaussprechbares ausgesprochen. Das seinem Wesen nach Unaussprechbare ist daher ins Schweigen zurückzunehmen. Aber dieses überläßt das Ausgesprochene nicht etwa der Vergessenheit, das Schweigen stellt den Licht-Abgrund nicht länger vor und heraus, sondern legt ihn in sein allem Wollen und Vorstellen vorausgehendes Wesen zurück als die unaussprechbare Sphäre, in welcher überhaupt der sich selbst unbedingt bejahende Lebenswille zum Vorschein kommen kann. Er ist der Abgrund, aus welchem die unbedingte Lebensbejahung allein erstehen kann. So sagt denn auch Zarathustra:

> "Die Welt ist tief -: und tiefer als je der Tag gedacht hat. Nicht Alles darf vor dem Tage Worte haben. Aber der Tag kommt: so scheiden wir nun!"[25]

Der Tag, das wäre die volle Gegenwart alles Seienden aus dem sich in Unbedingtheit wissenden und wollenden Lebenswillen, also eine neue Rangordnung des Seienden aus einem neuen Gesetz des Lebens, das ganz und gar aus dem Wesen des Lebens selbst geschöpft ist. Aber diesem Wollen geht etwas anderes voraus, durch welches das unbedingte Ja zum Leben allererst möglich wird. Das ist das eine, gleiche, grundlose Daß des Seins, welches alle Dinge in derselben Weise sind, insofern sie sind. Nur

---

[25] Ebd.

aufgrund einer solchen Gleichheit des Seins ist eine unbedingte Bejahung von allem, wie unterschieden und verschiedenartig es auch sein mag, möglich. Dieses Sein aber, das kann niemals von dem Willen in den Vorsatz genommen werden, es kann nicht gewollt werden. Es bildet vielmehr den allem vorstellenden Setzen vorausliegenden Bereich, den der Lebenswille zu beziehen und zu besetzen hat, der ihm aber schon vorgegeben ist als der Bereich seines möglichen Vollzugs. Das reine Daß des Seins von allem, so kann man sagen, bleibt der ins Schweigen verwahrte Hintergrund für den ins Offene seines Erscheinens hervortretenden Lebenswillen.

Bevor Zarathustra, nachdem sich der Bereich jetzt geöffnet hat, in dem die unbedingte Bejahung des Lebens vollzogen werden kann, in die Bergeinsamkeit und so zu sich selbst zurückkehrt, damit er der auch in Wirklichkeit wird, der er zu sein hat, versucht er noch in Erfahrung zu bringen, was sich inzwischen eigentlich mit den Menschen begeben hat, denen die Aufgabe zugewiesen ist, die Herrschaft über das Leben aus dem Wissen vom Wesen des Lebens zu übernehmen .

In den Abschnitten "*Von der verkleinernden Tugend*", "*Auf dem Oelberge*", "*Vom Vorübergehen*" und "*Von den Abtrünnigen*" werden Grundzüge des gegenwärtigen Menschseins vor Augen gelegt und das, darauf ist zu achten, immer im Hinblick auf das Notwendige, das den Menschen bevorsteht. Diese Betrachtungen stehen alle unter den Hinsichten von groß und klein. Wir müssen uns klarmachen, was groß und klein im Denken Nietzsches eigentlich bedeuten. Groß nennt Zarathustra immer das, was ein noch Größeres über sich hat, in dessen Gebrauch es steht, während es das Zeichen des Kleinen ist, nichts über sich zu dulden, sondern alles auf das Maß zurückzubiegen, als welches es sich selbst setzt. Die Kleinheit des Kleinen, so wie sie hier gemeint ist, besteht demnach darin, sich in der Mittelmäßigkeit zu verschanzen und diese als Mäßigung und menschliches Maßhalten und überhaupt als Maß für alles auszugeben. Zarathustra sagt, er sehe es bereits den Häusern in den Städten an, daß sie Gleichnisse kleiner Seelen seien. - Damals schon. Was würde er erst heute sagen? - Er sagt:

"Was bedeuten diese Häuser? Wahrlich, keine grosse Seele stellte sie hin, sich zum Gleichnisse!
Nahm wohl ein blödes Kind sie aus seiner Spielschachtel? Dass doch ein anderes Kind sie wieder in seine Schachtel thäte!"[26]

In diesem Anblick stehen aber doch die Riesenkomplexe der Industriekonzerne, Versicherungsgesellschaften und Wohnhochhäuser nicht weniger als die Einfamilienhäuser und Bungalows. Was sind sie denn eigentlich als samt und sonders aufgestellte Schachteln! Kleinere, größere und riesige Schachteln sogar, in denen die Menschen eine Unterkunft finden, aber niemals eine menschliche Wohnstätte. denn das ist etwas anderes, eine Wohnstätte haben und eine bloße Unterkunft. Zarathustra sagt:

"Ich gehe durch diess Volk und halte die Augen offen: sie sind *kleiner* geworden und werden immer kleiner: - *das aber macht ihre Lehre von Glück und Tugend.*
Sie sind nämlich auch in der Tugend bescheiden - denn sie wollen Behagen. Mit Behagen aber verträgt sich nur die bescheidene Tugend."[27]

Was sind die immer weiter ausgreifenden überdimensionierten Wirtschaftsunternehmungen, die den Menschen immer mehr an Kraft und Intelligenz abverlangen, anderes als Vollzugsweisen der unablässig sich steigernden berechnenden Klugheit? Und wie definiert Nietzsche das Behagen, das dann Glücksanspruch genannt wird?

"Bescheiden ein kleines Glück umarmen - das heissen sie »Ergebung«! und dabei schielen sie bescheiden schon nach einem neuen kleinen Glücke aus."[28]

In dieser Lebensverfassung hält sich der heutige Mensch fest und sucht sich im Namen von Sicherheit und Ordnung, gegebenenfalls auch durch brutale Gewaltaktionen gegen die sogenannten Störer der friedlichen Ordnung, darin zu sichern. So begibt er sich in den äußersten Gegensatz zu den Aufgaben, die nach Nietzsche in Zukunft den Menschen nottun.

---

26 Ebd. III, Von der verkleinernden Tugend; KGW VI/1, S.207.
27 Ebd.; KGW VI/1, S.209.
28 Ebd.; KGW VI/1, S.210.

Das Streben der berechnenden Klugheit nach gesichertem Behagen läßt aber Lebensströme versiegen. Es verbreiten sich Öde und Dürre über Weltdinge und Menschen. Dieses verdorrte Leben zieht noch am ehesten die Feuersbrünste auf sich, welche die berechnende Klugheit um der totalen Selbstsicherung willen zu entfachen bereit ist. Nietzsche sagt dazu:

> "Mich ekelt auch dieser grossen Stadt und nicht nur dieses Narren. [...]
> Wehe dieser grossen Stadt! - Und ich wollte, ich sähe schon die Feuersäule, in der sie verbrannt wird!
> Denn solche Feuersäulen müssen dem grossen Mittage vorangehn. Doch diess hat seine Zeit und sein eigenes Schicksal. -"[29]

Es sei daran erinnert, daß Nietzsche für das 20. Jahrhundert Kriege vorausgesagt hat, wie sie die Erde noch niemals sah. Das nicht als Prophet, sondern weil er noch einmal das Seiende und die Welt auf den auslegenden Begriff zu bringen versuchte. Diese Kriege werden von den Menschen der bescheidenen Tugend geführt, die sich in den Todes- und Vernichtungszonen deshalb wie selbstverständlich einzurichten wissen, weil sie weder bei ihrer Arbeit bei sich noch in ihren Schachtelhäusern wahrhaft zu Hause sein können. Solche Kriege werden unter der Leitung derjenigen geführt, welche die Tugend derer heucheln, die sie regieren. In einem solchen Zeitalter müssen nämlich die Regierenden zu Schauspielern werden. Nietzsche hat auch erklärt, wie in der heutigen Politik alle Prinzipien zur Schauspielerei würden. Hier befinden sich auch diejenigen, die in der Spannkraft der Jugend sich ans Leben gewagt haben, eine Zeitlang selbständig zu denken, zu sprechen, zu lernen und zu urteilen vermochten, dann aber, als sie älter wurden, sich dem Behagen zuwandten; Nietzsche drückt das so aus: wieder fromm wurden. Diese verabreden nämlich mit sich selbst ein für allemal, die christlichen Glaubenssätze für wahr zu halten und aus letzten Wahrheiten zu sprechen und zu handeln. Sie leben jedoch das Leben der Wahrhaftigkeit und verstehen sich auf die berechnende Klugkeit und Verleumdungstaktitk von allen am besten. Diese Frommen sind nicht zu verwechseln mit den wahrhaft Gläubigen, die ihre Existenz auf

---

[29] Ebd. III, Vom Vorübergehen; KGW VI/1, S.221.

den Glauben setzen, immer der Möglichkeit des drohenden Unglaubens ausgesetzt. Diese Möglichkeit eines zeitgemäßen wirklichen Christseins in der modernen Welt hat auf eine einzigartige Weise Kierkegaard sichtbar gemacht.

In den Nachgelassenen Fragmenten aus der *Zarathustra*-Zeit heißt es:

> "Aber was redest du nicht von den Gläubigen des rechten Glaubens? Was bedeutet dein Schweigen? - Zarathustra lächelte und sagte nur das Wort »Ehre den Besiegten!«"[30]

Zarathustra kehrt in seine Einsamkeit zurück, in die Heimat des freien, allen Dingen geöffneten Geistes, aber diesmal so, daß er den Lebensbezug mitnimmt und nicht, wie zuerst, über dem Leben als rein Erkennender schwebt. Hier, in der Einsamkeit, sagt er, können alle Dinge unverstellt zu Wort kommen. Dagegen ist unter den heutigen Menschen alles Sprechen umsonst, denn hier wird alles zerredet, in Gerede und Geschreibe aufgelöst, so daß kein Ding mehr in seinem Eigenen zu Wort kommen kann. Alles wird ins Licht der öffentlichen Meinungsmache gezerrt, für die ja niemand verantwortlich ist und niemand eigentlich einzustehen braucht. Nichts vermag mehr zu reifen, weil ihm die Stätte für ein verborgenes, langsames Wachstum verweigert wird, ohne welches ja nichts Rechtes in dieser Welt gedeihen kann. Nichts kommt mehr zu seinem Ende, denn es ist, kaum daß es erscheint, auch schon von anderem Neuen überholt, ist schon unmodern. Auch der Wissende - es sind hier natürlich ganz wenige gemeint - muß, wenn er seine Einsamkeit aufgibt, und er muß sie ja aufgeben, sich auf seine Weise akkommodieren, indem er mit seinem Wissen zurückhält und unablässig nach allen Seiten Rücksicht auf die allgemeine Gedankenlosigkeit nimmt; denn nun glaubt jeder, das Recht zu haben, über jedes zu reden, unbekümmert, ob er die sachlichen Voraussetzungen auch mitbringt. Was am meisten nottut und wozu am wenigsten Bereitschaft vorhanden ist, das ist der vorbehaltlose Wille zu lernen.

Die Einsamkeit gibt Zarathustra erst sich selbst zurück. Deshalb ist heute die Einsamkeit die Heimstätte des denkenden Gei-

---

30 KGW VII/1, 4[33].

stes, eine Einsamkeit, welche die Kommunikation nicht aus-, sondern einschließt. Diese Rückkehr in die Einsamkeit erwirkt in Zarathustra nun die letzte und äußerste Bereitschaft zum Äußersten. Er ruft den abgründigen Gedanken aus der Tiefe des eigenen Wesens herauf. Er weckt ihn aus dem Schlaf. Er gibt diesem Gedanken die Stimme, die Sprache. Er spricht ihn aus. Er will ihn begrüßen als die wahrste Wahrheit über das Leben. Da würgt ihn der Ekel, der ihn niederwirft. Erfüllt sich an ihm das Traumgesicht vom Hirten und der Schlange? Als er nach sieben Tagen der Bewußtlosigkeit wieder zu sich kommt, sagt er zu den Tieren, die seine Begleiter sind in der Einsamkeit, dem Adler und der Schlange:

> "- Oh ihr Schalks-Narren und Drehorgeln! [...] wie gut wisst ihr, was sich in sieben Tagen erfüllen musste: -
> - und wie jenes Unthier mir in den Schlund kroch und mich würgte! Aber ich biss ihm den Kopf ab und spie ihn weg von mir."[31]

Aber wissen die Tiere, die einfachen Lebewesen, wirklich, was geschah? Können sie es wissen? Die Tiere, die Zarathustra umgeben, sprechen den Gedanken einfach aus. Sie sagen:

> "Alles geht, Alles kommt zurück; ewig rollt das Rad des Seins. Alles stirbt, Alles blüht wieder auf, ewig läuft das Jahr des Seins.
> Alles bricht, Alles wird neu gefügt; ewig baut sich das gleiche Haus des Seins. Alles scheidet, Alles grüsst sich wieder; ewig bleibt sich treu der Ring des Seins.
> In jedem Nu beginnt das Sein; um jedes Hier rollt sich die Kugel Dort. Die Mitte ist überall. Krumm ist der Pfad der Ewigkeit. -"[32]

Was die Tiere hier aussprechen, ist das unablässig sich überrollende und wieder in sich zurückrollende natürliche Lebensganze, in welches das Lebendige fraglos eingefügt ist und einbehalten bleibt. Die Tiere leben einfachhin den Kreisgang des sich von sich selbst trennenden und wieder zu sich zurückkehrenden Lebens. Dieser Anblick erquickt den kranken Zarathustra. Aber

---

31 Also sprach Zarathustra III, Der Genesende; KGW VI/1, S.269.
32 Ebd.; KGW VI/1, S.268f.

er weiß auch, wie er sagt, daß zwischen dem Ähnlichsten der Schein am schönsten lügt; denn es klafft eine unüberbrückbare Kluft zwischen dem selbstverständlich-fraglosen Eingefügtsein der Lebewesen in das aus sich rollende Rad des Lebens und der wissentlich-willentlichen Übernahme des Gedankens in die Existenz des Menschen, der Übernahme einer gleichförmigen Wiederkehr von allem und jedem und im ganzen. Das Traumgesicht erfüllt sich also an Zarathustra, jedoch auf eine ihm vorbehaltene eigene Weise. Denn was ihn mit Ekel erfüllt, das ist der Gedanke, daß auch das Kleine, Erbärmliche, auch der kleine Mensch, der sich durch berechnende Klugheit vor jedem Über-sich-Hinaus sichert, dieser Konformist, als der Immer-Gleiche wiederkehrt. Aus Überdruß an einem solchen Menschentum hatte sich Zarathustra ja abermals in die Einsamkeit zurückgezogen. Wenn aber das Ganze aller Dinge im ganzen sowohl wie in jedem Einzelnen sich gleichbleibend immer wiederkehrt, dann kehrt auch das Kleine und Erbärmliche, auch der kleine Mensch als der Gleiche immer wieder. Die Verewigung gerade auch des Kleinen, Erbärmlichen, des Konformismus, diese Vorstellung, auf die er nicht gefaßt war und die ihn jählings überkommt, als er den Gedanken der ewigen Wiederkehr des Gleichen herausspricht, würgt ihn mit Ekel und wirft ihn nieder, so daß er den Gedanken nicht ertragen zu können scheint.

Dieser Abschnitt, der Zarathustras Verkündigung der ewigen Wiederkehr des Gleichen erzählt, trägt die Überschrift "*Der Genesende*". Also ist die Genesung der entscheidende Vorgang, der sich hier abspielt. Was ihn genesen läßt, kann aber nur das sein, was ihn krank gemacht hat, was ihn niedergeworfen hat: der Gedanke der ewigen Wiederkunft selbst, insofern die Aussicht auf das Sein des Ganzen alles Seienden auch ihn selbst erst als den erscheinen läßt, der er seinem Sein nach ist, der Lehrer der ewigen Wiederkunft.

Die Zeit gibt die Aussicht auf das Sein, die Zeit selbst und allein seit dem Erlöschen des übersinnlichen Lichtes der metaphysischen Welt. Nun ist jeder Augenblick ein bestimmtes Jetzt, bestimmt durch seine Stelle innerhalb der ununterbrochenen Jetztfolge. Weil die Jetztmomente in einer unumkehrbaren Reihenfolge stehen, so folgt das gegenwärtig Geschehende mit Notwendigkeit auf ein bestimmtes Vorhergehendes und läßt ebenfalls mit Notwendigkeit nach einer Regel - unabhängig davon, ob wir diese Notwendigkeit erkennen oder nicht - ein bestimmtes Anderes auf sich folgen. Was etwas nach einer Regel auf sich folgen läßt, nennen wir dessen Ursache. Wenn zufolge der Unendlichkeit der Zeit und bei der notwendig anzusetzenden zahlenmäßigen Bestimmtheit der Werdekräfte alles, was zu sein vermag, schon einmal gegenwärtig gewesen ist und wenn ferner die Geschehnisse eines das andere in einer unvertauschbaren, unumkehrbaren Reihenfolge aufeinander folgen lassen, dann kann der letzte Gesamtzustand des Weltprozesses nur den ersten nach sich ziehen, so daß das Ganze sich im ganzen und im einzelnen in derselben Abfolge wiederholt und das immer wieder und in gleicher Weise. Deshalb ist ein jegliches, das ist und geschieht, ebenso von dem Ganzen alles Seienden hervorgebracht, wie es unmittelbar die Ursache für das Folgende, mittelbar jedoch auch Ursache für das Gesamt aller übrigen Geschehnisse ist.

Hier ist nun allerdings eine erläuternde Zwischenbemerkung erforderlich: Der Begriff der Ursache, der hier auftritt, muß aus dem Wissen Nietzsches gedacht werden, welches eben ein philosophisches Wissen der Realität im ganzen ist, nämlich des Lebens. Ursache bedeutet demnach hier nicht: ein wirkendes Ding, das an einem anderen Ding eine Zustandsänderung bewirkt, noch bedeutet Ursachesein die ganz und gar formalisierte mathematische Kausalität der modernen Naturwissenschaften. Das sind andere Kausalitätsbegriffe. Das Ursachesein, wie es hier zu denken ist, die Kausalität also, ist vielmehr aus der eigentlichen Realität zu denken, dem produktiven Leben, welches sich je und je als Ganzes unablässig produziert, indem es sich reproduziert, dergestalt, daß es seine eigenen Ursachen ständig produziert, durch die es produziert wird; denn jedes ist produziert, ist aber zugleich auch Ursache für alles Folgende, unmittelbar natürlich nur für das unmittelbar Folgende, mittelbar aber auch für die ganze Reihe.

Ungeachtet der Versuche Nietzsches, auf die wir noch zu sprechen kommen werden, die philosophische Wiederkunftslehre mit den Resultaten der modernen Naturwissenschaften in Übereinstimmung zu bringen, weist sein Begriff von Ursache eher in die

Philosophie Hegels zurück, ohne etwa damit identisch zu sein. Denn nach Hegel ist es der absolute Begriff als das Wesen des Seienden, der sich selbst als die sich begreifende Einheit seiner selbst und des Gegenstandes produziert, eine Selbstproduktion, die das unvergängliche Leben des Begriffs, des Göttlichen ist. Wir sehen auch ohne weiteres, daß dieser Begriff des produktiven Lebens in einer Affinität zu dem Produktionbegriff von Karl Marx steht, ohne daß wir aber nun hergehen dürfen, beide Philosophen einfach miteinander zu identifizieren.

Nietzsches Begriff der Ursache ist hier nicht wissenschaftlich im Sinne der positiven Wissenschaften gedacht, sondern dem philosophischen Wissen vom produktiven Leben entnommen. Der Gedanke der ewigen Wiederkunft, ausgesprochen, läßt Zarathustra erkennen: Die ewige Wiederkunft selbst, die Seinsart des Lebens, hat ihn als ihren Verkünder hervorgebracht. Er selbst als ihr Verkünder gehört mit zu den Ursachen der ewigen Wiederkunft. Sein einzigartiges, unvergleichliches Schicksal, unter dem er von Anfang an schon stand, ohne sich das eingestehen zu wollen, der Lehrer der ewigen Wiederkehr zu sein, hat seinen Ursprung aus der Art, gemäß der das Seiende seiend ist, dergestalt, daß er selbst als der Verkünder der Wahrheit über das Leben zu den Ursachen der Art des Seienden gehört. Das große in sich zurückschwingende Jahr des Werdens wird auch ihn, das erkennt er, immer wiederkommen lassen samt den einzigartigen Augenblicken, in welchen diese Wahrheit über das Leben verkündet wird und ans Licht tritt.

So tritt das Sein alles dessen, was ist, durch das Wort Zarathustras hindurch in seine Wahrheit hervor. Das Sein von jeglichem beginnt seinen Durchgang durch das Wort dessen, der die Wahrheit über das Ganze dessen, was ist, verkündet, dergestalt, daß er dazu vom Leben selber bestimmt ist. Darum heißt es:

> "Hier springen mir alles Seins Worte und Wort-Schreine auf: alles Sein will hier Wort werden, alles Werden will hier von mir reden lernen."[33]

---

[33] Ebd. III, Die Heimkehr; KGW VI/1, S.228.

Der Gedanke der ewigen Wiederkehr selbst ist es also, der Zarathustra von der tödlichen Krankheit genesen läßt. Indem er nämlich zu seinem Schicksal, der Lehrer der ewigen Wiederkehr zu sein, ja sagt, bejaht er die ewige Wiederkehr selbst, die sein Schicksal hervorgebracht hat. Seine Selbstbejahung ist in sich - geradezu in der Form eines analytischen Urteils - die Bejahung der Wiederkehr von allem und jedem, des Größten ebenso wie des Kleinsten; denn so wie sein großes Schicksal eine der Ursachen für die ewige Wiederkehr ist, ebenso gehört zufolge des unauflöslichen Verknotetseins aller Dinge in den Kreisgang auch das Kleine und Kleinste mit zu den Ursachen der ewigen Wiederkehr und kann deshalb nicht verneint werden.

Der Ekel, der ihn überwältigte, war also moralischer Natur. Zum letzten Mal, im allerletzten Augenblick, machte sich die Herrschaft der überlieferten moralischen Metaphysik bemerkbar. Er hatte sie noch nicht innerlich überwunden, obwohl er sie überwunden zu haben glaubte. Der kleine Mensch, dieser Konformist, alles, was es da an menschlicher Erbärmlichkeit gibt, ist etwas, das, gemessen am schöpferischen, über sich hinausgehenden Leben nicht sein sollte. Die Idee des Sollens über dem Sein, die moralisch-metaphysische Wertungsart, sie war es, die Zarathustra trotz seiner Absage an eine metaphysische Welt des Übersinnlichen den Gedanken der ewigen Wiederkehr des Gleichen zum Würgen und Ekeln im letzten Augenblick werden ließ.

Daß aber Zarathustra sich die Wahrheit über das Leben und sein eigenes Schicksal zuerst von den Tieren sagen läßt, hat seinen guten Grund; denn die Natur entfaltet zwar eine gleichsam unendliche Vielfalt von Unterschieden, aber sie kennt den Unterschied von Sein und Sollen nicht. Die Natur ist in keiner Hinsicht von moralisch-metaphysischer Wesensart. Daß durch die Verkündung des Seins als der ewigen Wiederkehr des Gleichen alle Wertschätzung ins Natürliche zurückverwandelt werde, das ist es, was Zarathustra von seinen Tieren, von der Natur, zuletzt noch zu lernen hat.

Der 3. Teil des *Zarathustra* bildet in gewisser Weise das Kernstück, die Essenz des ganzen Werkes. In ihm rufen Nietzsches Grundgedanken wechselseitig einander hervor und fügen sich zu einer Art Ring, so daß jeder Gedanke mit jedem zusammengefügt ist: 1. Das Wissen vom Wesen des Lebens als der letzten, der tatsächlichen Realität, hinter die wir nicht mehr zurück können; denn jeder Versuch, noch hinter das Leben zurückzugehen, würde das Denken wiederum in eine spekulative Metaphysik verwandeln, 2. das Sich-Herausringen des Lebenswillens in das Herrsein über sich selbst aus dem errungenen Wissen von sich selbst, zum ersten Mal errungen durch den freien Geist, 3. die Lehre von der ewigen Wiederkehr als der Seinsweise des Lebens, 4. die Überwindung der moralischen Metaphysik, und schließlich 5. die Lehre vom Übermenschen. Es sei im Folgenden an dieses in sich kreisende Gedankengefüge der Nietzscheschen Philosophie erinnert.

Das Wissen vom Leben nötigt den Wissenden zur Rückkehr in das Leben, damit dieses aus dem Wissen von sich selbst, also nunmehr wissentlich-willentlich vollzogen wird. In das Wissen aufgenommen, wird das Wesen des Lebens jetzt zum freien Willen, der sich selbst sein Wirken befiehlt. Dieser Wille will, daß das Leben das sei, was ist. Es ist aber das Leben dasjenige, das im unaufhörlichen Über-sich-selbst-Hinausgehen sich allererst zu erreichen vermag, das also währt in der unablässig über sich selbst hinausgehenden Rückkehr seiner zu sich selbst. Der Lebenswille will, daß das Leben die Realität in der Weise der immer währenden Rückkehr seiner zu sich selbst als dem Gleichen sei. Das Sein aber, ist, seit die Philosophie aufgekommen ist, das erste, allem voraus und ständig zu Denkende. Deshalb ist derjenige, der das Leben in die Freiheit des sich selbst gestaltenden Lebenswillens zu befreien hat, Zarathustra, derselbe, der das Sein des Lebens, die Art seiner Existenz, als die ewige Wiederkehr des Gleichen, als die letzte Wahrheit über das Leben zu denken hat. Deshalb ist Zarathustra der Lehrer der ewigen Wiederkehr. Wir sehen, daß hier der eine Gedanke den anderen herausfordert: Der zu seiner Selbstmacht befreite Lebenswille den Gedanken des Seins als der ewigen Wiederkehr des Gleichen, dieser Gedanke wiederum erfordert die Befreiung des Lebenswillens in sein freies Wesen, in die Selbstgestaltung. Der Verkünder der ewigen Wiederkehr vollzieht durch seine Verkündigung in sich selbst die endgültige Überwindung der moralischen Metaphysik, also die Befreiung vom Geist der alles niederziehenden Schwere, welcher dem Menschen aufsitzt und ihm ständig zuflüstert: Es ist alles umsonst. Die Selbstbejahung des Verkünders ist in sich selbst die Bejahung der ewigen Wiederkehr, das uneingeschränkte Ja zu allem, was ist, weil es ist, also die Aufhebung des über die Realität des Lebens hinausgesetzten Seinsollens und nicht Seinsollens, die Aufhebung der metaphysischen Moral.

Die Vereinigung des Wissenden mit der Realität des Lebens durch Verkündigung der ewigen Wiederkehr als Seinsweise des Lebens ist Ursprung desjenigen Menschentums, das nun eine neue Gestalt des Lebens zu errichten hat, und das Nietzsche deshalb den Übermenschen nennt, weil es über das bisherige Menschsein hinausgeht. Dieser Übermensch nimmt die von Zarathustra verkündigte Wiederkehr in sich und seinen Willen auf, und zwar aus folgendem Grund: Nur dann, wenn die Realität nicht auf ein vorgegebenes Ziel zugeht, sondern an sich selbst als solche ziellos in sich kreist, ist der Wille zum eigenen Setzen von Zielen überhaupt erst befähigt, gibt es überhaupt erst den schöpferischen Lebenswillen.

Wer also ist Zarathustra? Er ist nicht selbst der Übermensch, sondern er geht diesem gleichsam als ein Schattenriß voraus. Aber schon gar nicht ist Zarathustra Nietzsche selbst. Die Gestalt Zarathustras gehört vielmehr wesensnotwendig zu dem, was Nietzsche zu denken hat, zur Sache seines Denkens, nämlich der Selbstüberwindung des Lebens als ein Geschehnis, für das die Gestalt Zarathustras einsteht. Weil unter allem Lebendigen der Mensch allein das wollende, denkende und wissende Wesen ist, vollzieht sich die Selbstüberwindung des Lebens in der Gestalt eines menschlichen Schicksals, dessen Darstellung nicht nur im Medium des Begrifflich-Gedanklichen geschehen kann, sondern zugleich eine eigene dichterische Gestaltung verlangt. Diese bleibt überall innerhalb der Dimension der Philosophie. Deshalb ist Nietzsches *Zarathustra* nicht eine zur mißglückten Dichtung gewordene Philosophie, sondern die Philosophie nimmt hier gemäß der von ihr zu denkenden Sache die Gestalt eines mehr dichterischen Werkes an, aber nur deshalb, weil sie Philosophie ist und bleibt.

Vergleiche sind immer gefährlich, weil sie uns sehr leicht den Unterschied des Verglichenen übersehen lassen, so daß wir geneigt sind, durch den Vergleich das Verglichene einfach identisch zu setzen. Behalten wir jedoch geschichtliche Unterschiede im Auge, nämlich den von Anfang und Ende der Metaphysik, dann können wir die Dialoge Platons, die ja auch ein Geschehnis darstellen und nicht nur Gedanken mitteilen, und Nietzsches *Zarathustra* in einen Vergleich stellen, und zwar auf folgende Weise: Platon gestaltete sein Denken in Dialogen mit Sokrates. Warum? Weil Sokrates durch seine Existenz dafür einstand, daß das Seiende nicht in die sinnliche Realität aufgeht, sondern allererst im Übersinnlichen seine Erfüllung findet. So war auch Nietzsche genötigt, seine Sache, die Umwendung der überlieferten Metaphysik ins faktische Leben als die wahre Realität, in einem Menschenschicksal zu gestalten, in welchem diese Umwendung in ihrem Vollzug dargestellt wird. Ein Verständnis von Nietzsches Werk *Also sprach Zarathustra* bleibt an die fundamentale Bedingung gebunden, daß alles, was Zarathustra sagt und verschweigt, alles, was er zeigt und verhüllt, seine Gestalt sowohl wie sein Schicksal, aus der Dimension des philosophischen Denkens vernommen wird, in welcher sich die Umwendung der von Platon errichteten Metaphysik ins Gegenteil vollzieht: Einkehr der Metaphysik ins Leben hier und jetzt, wodurch sie ihre letzte, äußerste Möglichkeit vollbringt.

Es sollte hier nur ein Hinweis darauf gegeben werden, daß dieses Ende der Metaphysik die Gestalt eines Kreisens der Gedanken innerhalb eines in sich geschlossenen Gedankenkreises hat, so daß die Metaphysik endet, indem sie in das gleichmäßige Andauern, in dieses in sich geschlossene Kreisen in sich selbst, übergeht, so daß keine neuen produktiven Wesensmöglichkeiten für sie mehr sichtbar werden. Das ist das Ende der Metaphysik, das Nietzsche zu vollbringen hatte.

4. Denken und Leben

Den Abschluß des 3. Teils von *Also sprach Zarathustra* bilden zwei Lieder, "*Das andere Tanzlied*", das dem Tanzlied aus dem 2.

Teil entspricht, und das Lied "*Die sieben Siegel. (Oder: das Ja- und Amen-Lied.)*". Das Tanzlied beginnt:

> "»In dein Auge schaute ich jüngst, oh Leben: Gold sah ich in deinem Nacht-Auge blinken, - mein Herz stand still vor dieser Wollust:
> - einen goldenen Kahn sah ich blinken auf nächtigen Gewässern, einen sinkenden, trinkenden, wieder winkenden goldenen Schaukel-Kahn!«"[34]

Das Auge des Lebens, also die Realität von allem, ist ein Nachtauge. Von diesem ist der Denker des Lebens, Zarathustra, angeblinkt, denn die Sonne des Übersinnlichen ist erloschen. Aber in diesem Nachtauge des Lebens blinkt Gold, das heißt aufleuchtende Vollendung. Das Leben kennt kein Woher und kein letztes Wohin. Deshalb gibt es auch keine Wege, Bahnen und Stege im Leben mehr wie ehemals. Alles kommt in das Vergehen an und alles geht in ein neues Kommen hervor. So ist das Leben eine Art von hin- und zurückwogendem Gewässer, auf dem, nach dem Erlöschen des Übersinnlichen, Dunkel liegt. Aber wer es wagt, sich dem Blick des Lebens zu stellen, der sieht auf diesem nächtlichen Gewässer einen goldenen Kahn blinken. Das Leben geht zwar auf nichts anderes zu, sondern kehrt immer wieder zu sich selbst als dem Gleichen zurück. So strömt es, ohne sich zu verströmen, in einem in sich zurücklaufenden Kreis. Die Kreisbewegung ist aber eine Bewegung von einziger Art. In Bewegung sein besagt sonst: auf dem Wege sein aus einem Woher in ein Wohin. Das Sich-Bewegende ist sonst dadurch gekennzeichnet, daß es nicht mehr dort ist, woher es kommt, und noch nicht dort, wohin es geht. Das Nicht-mehr-Sein des Woher und das Noch-nicht-Sein des Wohin kennzeichnen das Bewegte in seinem In-Bewegung-Sein. In der Kreisbewegung dagegen fallen Woher und Wohin je und je zusammen, denn jede Bewegungsphase ist sowohl das, wohin das Bewegte geht, als auch das, woher es kommt. In jeder Bewegungsphase schließen sich hier Anfang und Ende zusammen, dergestalt, daß jeder Anfang Ende und jedes Ende Anfang ist. Die Kreisbewegung ist insofern als Bewegung je und je in

[34] Ebd. III, Das andere Tanzlied; KGW VI/1, S.278.

sich vollendet als Zusammenschluß des Endes mit dem Anfang. Sie ist gleichsam in jeder Bewegungsphase zugleich in Ruhe.

Das Leben kennt kein Woher und kein Wohin und darum auch keine Wege und Bahnen mehr im bisherigen Sinne. Aber es kommt unaufhörlich in seiner Vollendung an. Über dem Leben leuchtet nicht mehr das übersinnliche Sein, denn außer dem Leben ist nichts. Aber es trägt die Vollendung in sich selbst, da es ja als Kreisbewegung je und je sein Wohin erreicht. Diese Vollendung, die dem Leben eignet, ist aber nicht von der Art dessen, was bleibt, denn jede Phase geht in die folgende über. Das Mitgehen mit dem Leben, also mit der Realität, ist deshalb, vergleichsweise und mit Nietzsche gesprochen, von der Art des Tanzes. Weshalb?

Tanzen ist eine bestimmte Weise des In-Bewegung-Seins. Aber diese Bewegung geht auf kein Ziel zu, in welchem sie sich beschließt, sondern jede Phase der Tanzbewegung ist zufolge ihres Ineinander-Übergehens in sich selbst erfüllt. Daher eignet dem Tanz dieses Leichte und Schwebende, sofern es die Schwere je und je überwunden hat. Das macht auch seine Anmut aus. Der Tanz ist in seinem Vollzug, dem ständigen Ineinander-Übergehen der Figuren, je und je vollendet.

Wie aber steht nun der Denkende, der also, der das Leben in seinem Wesen denkt, zu diesem übergängigen, tanzhaften Leben? Das Leben ist in seinem Wesen Wille zu sich selbst, im unaufhörlich schaffenden Uber-sich-Hinausgehen sich je und je zu erreichen und nur darin zu haben. Also ist auch das Leben in der Weise des wissenden Denkens, des denkenden Geistes, willenhaft, dergestalt, daß es dem willentlichen Denken und Wissen unterstellt wird. Deshalb besteht nun für den Denkenden, den Wissenden, die Gefahr, daß er, statt sich im Mitgehen mit dem Gang des Lebens zugleich diesem zu überlassen, willentlich mit Gewalt gegen das Leben vorgeht, um es in gewollte Bahnen zu zwingen: Es besteht die Gefahr einer Gewalttätigkeit des Denkens gegen das Leben. Zarathustra sagt:

"»Nach dem Takt meiner Peitsche sollst du mir tanzen und schrein! Ich vergass doch die Peitsche nicht? - Nein!« -
Da antwortete mir das Leben also und hielt sich dabei die zierlichen Ohren zu:
»Oh Zarathustra! Klatsche doch nicht so fürchterlich mit deiner

Peitsche! Du weisst es ja: Lärm mordet Gedanken, - und eben kommen mir so zärtliche Gedanken.
Wir sind Beide zwei recht Thunichtgute und Thunichtböse.
Jenseits von Gut und Böse fanden wir unser Eiland und unsre grüne Wiese - wir Zwei allein! Darum müssen wir schon einander gut sein!
Und lieben wir uns auch nicht von Grund aus -, muss man sich denn gram sein, wenn man sich nicht von Grund aus liebt?
Und dass ich dir gut bin und oft zu gut, Das weisst du: und der Grund ist, dass ich auf deine Weisheit eifersüchtig bin. Ah, diese tolle alte Närrin von Weisheit!
Wenn dir deine Weisheit einmal davonliefe, ach! da liefe dir schnell auch meine Liebe noch davon.« -"[35]

Zarathustra, der denkende Geist, und das Leben lieben sich also nach der Aussage des Lebens nicht von Grund auf. Wohl aber ist das Leben ihm gut, ihm zugetan, aber nicht jede Weise des Zugetan-Seins eines Menschen zu einem anderen ist schon Liebe. Zugleich ist aber nun das Leben auf die Weisheit Zarathustras, auf sein Wissen, eifersüchtig, denn es argwöhnt, Zarathustra könnte sein Wissen vom Leben doch mehr lieben als das Leben selbst. Deshalb, so sagt das Leben, sei es ihm, Zarathustra, oft zu gut, mehr als der Liebhaber des Wissens, der Philosophie nämlich, es verdient. Von Grund auf lieben könnte das Leben ihn nur, wenn er auf seine Weisheit, also auf die Philosophie, verzichtete und ganz und gar in das Leben einginge, nur um es zu leben. Aber das ist Zarathustra unmöglich; denn er ist ja gerade vom Leben hervorgebracht als derjenige, der das Leben in seinem wesentlichen Sein weiß. Sein Verhältnis zum Leben bleibt ein wissentlich bewußtes und darum willentliches.

Aber andererseits ist Zarathustra gerade dem Leben um seines Wissens willen lieb; denn paradoxerweise erklärt das Leben, ließe er sein Wissen fahren, dann liefe dem Leben auch seine Liebe zu Zarathustra davon. Dann würde es also auch aufhören, ihm zugetan zu sein, ihn zu lieben. Weshalb liebt ihn das Leben um seiner Weisheit willen, die ihn dem Leben doch gerade zugleich auch verdächtig macht, verdächtig, daß er gar nicht eigentlich ein Liebhaber des Lebens ist, was das Leben doch verlangt als einzige Realität, sondern doch mehr ein Liebhaber der Weisheit - Liebha-

---

35 Ebd.; KGW VI/1, S.280.

ber der Weisheit als Übersetzung von *philosophos*, Philosoph? Was hat es mit dieser Liebe des Lebens zum Liebhaber der Weisheit eigentlich auf sich, einer Liebe, die den Verdacht nicht los wird und deshalb nicht von Grund auf lieben kann?

Wissen ist ein Gegenwärtig-Haben eines Sachverhaltes in der Weise des Vorstellens seiner Gründe. Nun ist aber der Grundzug des Lebens das Werden, das andere und immer andere. Das Leben ist daher zuletzt, vom gegenständlichen Wissen her gesehen, unvorstellbar. Zum Wissen gehört aber das Für-wahr-Halten des als gewußt Vorgestellten. Vom Wissen her als gegenständlichem Vorstellen her gedacht, ist daher der Grundcharakter des Lebens falsch; denn es zeigt sich, indem es sich zeigt und indem man es festzuhalten versucht, auch schon wieder anders. Es zeigt sich immer wieder anders, als es jeweils erscheint.

Die Weisheit ist das Wissen um diese wesensmäßige "Falschheit" des Lebens. Diese Weisheit bringt einen Anblick des Lebens hervor, indem es als das Rätselvolle erscheint und es immer neue und andere Rätsel aufgibt, weil es immer wieder anders sich präsentiert, als man es gerade vorgestellt hatte, also gewußt hatte oder zu wissen glaubte. Rätselhaft unergründlich erscheint das Leben erst vom Wissen her. Was wäre das Leben, wenn es nicht vom Wissen her als das Rätselhafte erschiene? Etwas, das einfach so ist, wie es ist. Deshalb liebt das Leben doch die Weisheit, die Philosophie, die es so unergründlich tief erscheinen läßt. Zugleich aber ist es auf die Weisheit eifersüchtig; denn es muß argwöhnen, daß der Liebhaber der Weisheit eben dieser selbst, das heißt dem Rätselraten, mehr zugetan ist als ihm selbst, daß er das Leben nicht um seiner selbst willen liebt, sondern um der fortgesetzten Rätsel, die es aufgibt und die es zu erraten, zu deuten, auszulegen gilt. Das Leben befürchtet, daß Zarathustra mehr um den rätselhaften Anblick zu tun ist, in welchem es die Weisheit erscheinen läßt, als um das Leben selbst.

So ist das Verhältnis des Lebens zum Liebhaber des Wissens des Lebens zwiespältig. Das Leben liebt ihn, bejaht ihn um dessentwillen, was ihm zugleich Grund eines Argwohns und einer Eifersucht ist. Das Verhältnis des Lebens zum Wissenden hat vergleichsweise Ähnlichkeit mit der Liebe einer Frau zu einem Mann, die immer argwöhnisch und voller Verdacht bleibt, daß er sie doch nicht wahrhaft liebt. Zu einer solchen Liebe hat also das Verhältnis des Lebens zur Philosophie eine Affinität. Das ist auch der Grund, weshalb Zarathustra unbemerkt und wie selbstverständlich in die weibliche Form des Personalpronomens übergeht in der Anrede des Lebens. Es heißt da plötzlich: "Und ich sagte ihr Etwas in's Ohr"[36].

Das Leben erscheint in dieser Zwiesprache mit Zarathustra als etwas Weibliches, als eine Frau. Aber das Leben hat noch einen anderen, noch gewichtigeren Grund, der Liebe des Zarathustra zu ihm zu mißtrauen. Dieser Liebe, behauptet es, mangele die Treue. Das ist natürlich ein ganz schwerer Einwand, Zarathustra sei untreu. Es heißt:

> "Darauf blickte das Leben nachdenklich hinter sich und um sich und sagte leise: »Oh Zarathustra, du bist mir nicht treu genug!
> Du liebst mich lange nicht so sehr wie du redest; ich weiss, du denkst daran, dass du mich bald verlassen willst.
> Es giebt eine alte schwere Brumm-Glocke: die brummt Nachts bis zu deiner Höhle hinauf: -
> - hörst du diese Glocke Mitternachts die Stunde schlagen, so denkst du zwischen Eins und Zwölf daran -
> - du denkst daran, oh Zarathustra, ich weiss es, dass du mich bald verlassen willst!« -"[37]

Um Mitternacht geht der Tag zu Ende. Beim dumpfen Klang der Mitternachtsglocke denkt Zarathustra daran, daß er das Leben verlassen wird, daß der Tag seines Lebens zur Neige geht, nachdem er sein Werk, die Verkündigung der ewigen Wiederkunft, vollbracht hat. Die dumpfe Glocke läßt ihn den Gedanken des Todes denken, der ja zum Leben als Einheit von Entstehen und Vergehen gehört, der bisher noch nicht zur Sprache gekommen ist, jetzt aber zur Sprache kommen muß. Das Leben selber bringt ihn zur Sprache, weil es den Tod in sich birgt als Werden. Er wird nicht nur einmal sterben, sondern im Leben denkt er bereits an den Tod, steht er schon im Abschied vom Leben. Das aber, so behauptet dieses, ist Treulosigkeit: von dem, dem man zu lieben vorgibt, in Gedanken schon weggewendet sein. Wir wollen

[36] Ebd.; KGW VI/1, S.281.
[37] Ebd.; KGW VI/1, S.280f.

doch zugeben, daß dies der Beginn aller Treulosigkeit überhaupt ist. Weshalb aber denkt Zarathustra an den Tod? Weshalb wendet er sich im Leben schon in Gedanken von diesem ab? Weil er der Wissende ist.

Das Wissen ist seinem neuzeitlichen Wesen nach Gewißheit. Wenn aber das Leben das zu Wissende ist, das Leben, das anders und immer anders ist, was ist dann an ihm gewisser als der Abschied von ihm, der Tod? Vom gewußten Leben her ist der Tod die einzige Vorstellung, die ihres Gegenstandes absolut gewiß ist. Deshalb nimmt der Gedanke des Abschieds vom Leben die erste Stelle desjenigen Denkens ein, welches das Leben als die Realität zu denken hat. Den Tod als das Gewisseste des Lebens vor Augen, steht der das Leben Wissende schon im Abschied von ihm, während er lebt. Es heißt weiter:

> "»Ja, antwortete ich zögernd, aber du weisst es auch -« Und ich sagte ihr Etwas in's Ohr, mitten hinein zwischen ihre verwirrten gelben thörichten Haar-Zotteln.
> Du *weisst* Das, oh Zarathustra? Das weiss Niemand. - -"[38]

Was sagt Zarathustra da dem Leben ins Ohr? Was anders, als daß das Allergewisseste seines Wissens die Gewißheit seiner Wiederkehr zum Leben ist, daß er es verlassen wird, um wieder zu ihm zurückzukehren, und daß er dies weiß. Er weiß es aus dem philosophischen Wissen des Lebens, dem Wissen des Seins des Lebens als der ewigen Wiederkehr des Gleichen. Sein Wissen ist nicht treulose Abkehr von dem, was er zu lieben vorgibt, sondern das den Abschied auch noch überholende Vorausdenken in seine Wiederkehr, die noch gewisser ist als die Gewißheit des Todes. Es heißt:

> "Und wir sahen uns an und blickten auf die grüne Wiese, über welche eben der kühle Abend lief, und weinten mit einander. - Damals aber war mir das Leben lieber, als je alle meine Weisheit. -"[39]

In diesem Augenblick liebt das Leben Zarathustra um seines Wissens willen ohne Eifersucht; denn dieses Wissen verbürgt die

[38] Ebd.; KGW VI/1, S.281.
[39] Ebd.

Rückkehr zum Leben, so daß der Vorwurf der Treulosigkeit aufgehoben ist. Er verläßt das Leben, um wiederzukehren. Es erkennt darin den Willen, immer wieder zum Leben zurückzukehren, die unbedingte Treue des Denkers des Lebens zu ihm. Zarathustra liebt in diesem Augenblick das Leben mehr als seine eigene Weisheit. Er liebt die Einfalt des Lebens, das sein Geheimnis in der Weise in sich trägt, daß es dieses einfach lebt.

Das nun folgende und das Ganze abschließende "Mitternachtslied" besingt den Tod als den tiefsten Augenblick des Lebens, tief, sofern durch ihn allererst der tiefste Grund, der eigentliche Wesensgrund des Lebens, zum Vorschein kommt. Die Mitternacht ist die Mitte zwischen dem zur Neige gehenden und dem neu aufgehenden Tag, der Übergang als die Einheit von Untergang und Aufgang, Entstehen und Vergehen. In dem Augenblick, da er vergangen ist, wendet sich der Tag zu einem neuen Aufgang. Die Mitternacht ist der ausgezeichnete Augenblick der Wiederkehr des Tages zu sich selbst als dem Gleichen. So heißt es:

"Die Welt ist tief, [...]
Und tiefer als der Tag gedacht."[40]

Welt nennt hier das Seiende überhaupt und im ganzen. Dieses denkt den Tag als den im Bewußtsein vorstellbaren gegenständlichen Bestand. Aber die Welt ist tiefer als das, was das Tagesbewußtsein von ihr weiß: In ihrem tiefsten Wesensgrunde ist sie Werden, Einheit von Entstehen und Vergehen, und nicht nur Bestand. Das Tagesdenken, das gegenständliche selbstbewußte Vorstellen, reicht nicht in den Wesensgrund des Seienden, in dessen Sein.

"Tief ist ihr Weh -"[41], heißt es. Dieser Satz will nicht feststellen, daß die Welt von lauter Leiden und Weh erfüllt sei. Alles Beobachten und Feststellen bleibt ja in der Sphäre der Vergegenständlichung durch das Bewußtsein und erreicht nicht das in der Tiefe wohnende Leiden. Solche Rede vom leidvollen Leben, wenn sie sich auf bloße Feststellungen beruft, ist oft genug eine unern-

---

[40] Ebd.; KGW VI/1, S.282.
[41] Ebd.

ste Redensart, deren man leicht überdrüssig wird. Alle Feststellung hält sich ja an das durch Vergegenständlichung Bestellte und so Beständigte, welches dem Bewußtsein nun allein als das Positive, also als das Seiende gilt.

Dieses vergegenständlichende Bewußtsein ist in sich die ständige Negation des Leidens. Diese macht es zu etwas Nichtigem, das nicht sein sollte und daher zu beseitigen ist, auch beseitigt werden kann, wenn nur die Vergegenständlichung überall sich durchsetzt und der Wille zu ihr stark genug bleibt. Deshalb glaubt man auch heute, dem Leiden mit abhelfenden Aktionen und organisatorischen Maßnahmen beikommen zu können. Diese Abhilfen und ihre Organisationen beruhen aber auf der vorgängigen Negation des Leidens, durch die dieses vorweg schon für etwas Nichtiges erklärt ist. Aber seltsamerweise machen wir die Erfahrung, daß diese organisatorischen Maßnahmen und Aktionen doch bisher wenig geholfen haben und wenig nur zu helfen scheinen: Die Not in der Welt besteht immer noch. Das Leiden und die unmenschlichen Greuel haben nicht abgenommen. Beide, die östliche und die westliche Welt, hängen in der Sphäre des vergegenständlichenden Bewußtseins fest, das die Tiefe des Lebens, wenn wir Nietzsche folgen, nicht erreicht, sich sogar gegen diese abschließt; denn beide sind sich darin einig, daß das Leiden etwas Nichtiges, also Unseiendes sei. Und doch nimmt das Leiden kein Ende.

Leiden ist Übergang aus dem Einen in sein gegenteiliges Andere. Wenn aber das Sein der Welt das Werden ist, dann wohnt das Leiden wesensmäßig in der Tiefe der Welt selbst. Es ist tiefer, als das vergegenständlichende Bewußtsein meinen kann, das es nur als etwas Nichtiges, etwas zu Vermeidendes ansieht. Aber das Werden ist nicht nur Vergehen, sondern auch unaufhörliches Kommen. Das Vergehende vergeht ins Kommende und Wiederkommende, es vergeht, um immer wieder zu sich zurückzukommen und in solcher Zurückkunft seiner zu sich selbst allererst zu sein.

Das Leben ist daher das unaufhörlich sich je und je aus sich selbst Erschaffende und Schöpfende. Als das sich selber Schaffende und im Sich-selber-Schaffen allein sich Erhaltende ist es immer Überreichtum an Leben. Deshalb ist das Werden eine Lust des Lebens; denn allein im Werden, im unaufhörlichen Über-sich-Hinausschaffen, vermag das Leben seines Überreichtums froh zu werden. Es will das Werden, um seines eigenen Überreichtums, der sich nie im Gegenwärtigen beschließt, froh zu werden. Es will das Werden aus Lust an sich selbst. Diese Lust ist noch tiefer als das Weh und das Leiden, das zu allem Leben gehört. Sie ist die Lust des Lebens zum Werden aus seiner eigenen Überfülle, nichts anderes als die schaffende Lust. Das Weh, das herumreißende Vergehen, ist tief. Es liegt mitten in seinem Sein, welches das Leben, das Werden, ist. Aber noch tiefer, nämlich in seiner tiefsten Tiefe, ist das Leben die Lust des Werdens, des unaufhörlichen Sich-selber-Schaffens aus der eigenen Überfülle. Der Wille zum Schaffen seiner selbst ist dem Leben aber nur eigen, wenn es auch zur Übernahme des Leidens bereit ist, soweit es zum Leben gehört. Denn das Schaffen ist in sich immer auch ein Zerstören des Bestehenden und insofern ein Leiden-Machen. Die Lust als Werdelust, die Lust des Lebens zu sich selbst, negiert das Leiden nicht, wie es das vergegenständlichende Bewußtsein tut, sondern schließt es als eine Bedingung ihrer selbst ein und erkennt es an, soweit es notwendig ist, damit das Leben das Schaffende, Sich-Erneuernde, das Geschichtsträchtige, das Zukünftige auch bleiben kann.

Das Leiden hat es auf Beendigung seiner selbst abgesehen. Lust aber ist Erfüllung in sich selbst. Sie will daher das immerwährende Andauern des Werdens, sie will, daß Werden sei, sie will das Werden selbst als Sein, das heißt aber Ewigkeit des Werdens als unaufhörliche Rückkehr des Lebens zu sich selbst als dem Reichen. So kommt heraus, daß dem Leben selbst aus seinem eigenen Wesen eine Werdelust eigen ist, die der letzte Antrieb dafür ist, daß es überhaupt so etwas gibt, was wir Leben nennen, daß nicht alles stillsteht. Es ist dies die schaffende Lust, der Überreichtum des Lebens an Möglichkeiten, so daß es an sich selbst überfließt und sich niemals endgültig in einer gegenwärtigen Gestalt, in etwas gegenwärtig Bestehendem befriedigen und begnügen kann.

Das Lied, das das 3. Buch zum Abschluß bringt und das den Titel "*Die sieben Siegel (Oder: das Ja- und Amen-Lied.)*" trägt, bringt die Antwort auf den mitternächtlich tiefsten Lebensaugenblick. Zarathustra sagt ein siebenfaches Ja zum Leben in seiner ewigen Wiederkehr. Jede Strophe wiederholt:

"Oh wie sollte ich nicht nach der Ewigkeit brünstig sein und nach dem hochzeitlichen Ring der Ringe, - dem Ring der Wiederkunft!"

Jede Strophe besiegelt das Ja zum Leben mit dem Siegel:

"*Denn ich liebe dich, oh Ewigkeit*!"[42]

Übereilt hat man unter dem Wort "Brunst" die geschlechtliche Erregung verstanden. Das ist eine jüngere Bedeutung des Wortes. Es nennt ursprünglich und umfänglicher alles von sich her Wachsende, Ansteigende, hier: das sich steigernde Verlangen nach dem Ring der Wiederkunft, der den Wissenden mit dem Leben unlösbar zusammenschließt, dergestalt, daß das Leben ihn immer wieder zum Leben zurückkehren läßt als den Verkünder der Wahrheit des Lebens.

Nietzsche erschaut diesen Zusammenschluß des Wissenden mit dem Leben selbst im Bilde der hochzeitlichen Vereinigung. Das deshalb, weil diese Liebe der Ewigkeit nicht ein anderes, ein jenseitiges Leben liebt, sondern dieses Leben hier und jetzt, das unaufhörlich sich Wandelnde, sich selbst Vernichtende und sich immer aufs neue Erzeugende. Er liebt es, um seiner ewigen Wiederkunft willen, als welche allein das Leben das Sein zu erfüllen vermag.

In diesem Lied vollendet sich die Selbstüberwindung Zarathustras. Er liebt in dem Leben gerade seine Ewigkeit, seine ewige Wiederkehr. Er liebt das Leben hier und jetzt in seiner Tatsächlichkeit, weil es ewig wiederkehrt. Das wird durch den Satz "*Denn ich liebe dich, oh Ewigkeit*!" siebenmal besiegelt. Mit diesem Sieben-Siegel-Lied endet der *Zarathustra*.

Zwar hat Nietzsche später noch ein 4. Buch hinzugefügt, doch stellt dieses keine weitere Phase des sich selbst überwindenden und zu sich selbst befreienden Lebens dar, denn dieser Vorgang ist mit dem Sieben-Siegel-Lied abgeschlossen. Das 4. Buch versammelt vielmehr diejenigen, die nach Größe des Lebens streben,

---

[42] Ebd. III, Die sieben Siegel; KGW VI/1, S.283-287.

aber darunter leiden, daß die Größe im gegenwärtigen Zeitalter nicht zugelassen ist. Diese erkennen in Zarathustra den Rechtfertiger des Leidens, weil er der Rechtfertiger des Lebens ist. Dieses 4. Buch stellt die Gestalt Zarathustras bereits in den Bezug zur gegenwärtig-geschichtlichen Lage und leitet daher in das auf den *Zarathustra* folgende Denken Nietzsches über, welches die europäische Geschichte als einen Wesenszerfall der übersinnlichen Welt denkt, der im Nihilismus endet, welcher die Signatur der Haupterscheinungen des gegenwärtigen Zeitalters bildet. Zarathustra hat also das lebensmäßige Geheiß, unter dem er steht, vollbracht. Was kann sein Wille als ein lebensmäßiger Wille dann noch anders wollen, als daß sein Vollbringen sei, das heißt aber, immer wieder sei? Um derselbe noch einmal sein zu können, muß er als derselbe zurückkehren und deshalb aus dem Leben scheiden. Sein im Sinne von Leben ist daher als Rückkehr zum Leben. Diese aber fordert voraus den Weggang, also den Tod. Nachdem Zarathustra ganz der geworden ist, als welcher er durch das Leben bestimmt war, also seine Bestimmung erfüllt hat, will er die Rückkehr zu sich selbst und zu seinem Vollbringen und deshalb den Tod, den Weggang aus dem Leben.

Mit dem Sieben-Siegel-Lied nimmt also Zarathustra den Tod, der wesensmäßig zum Leben gehört, in seinen Willen auf, um der Rückkehr seiner zu sich selbst willen. Diese Aufnahme des Todes in den Lebenswillen ist die Weise, wie der Tod lebensmäßig ist, nämlich nicht als das beobachtbare Ableben, sondern, aus dem Wesen des Lebens selbst gedacht, als Wille zum Tode um der Rückkehr zum Leben willen. Das 3. Buch des *Zarathustra* endet mit dem so gedachten Tode Zarathustras in der mitternächtlichen Stunde, in welcher er das, was er ist, mit einem siebenfachen Ja als seiend, das heißt als immer wieder seiend, besiegelt. Das 4. Buch stellt den Übergang zu dem nun beginnenden Denken dar, welches aus der als vollzogen vorgestellten Selbstüberwindung des Lebens das Sein des Seienden im ganzen nach seinen Hauptbezirken und ebenfalls die abendländisch-europäische Geschichte, die Geschichte der Metaphysik, entwirft.

Das Wesen der Zarathustra-Gestalt und deren Notwendigkeit für Nietzsches Denken zu erkennen, das war unsere nächste Aufgabe gewesen. Seitdem sich die theologische Metaphysik als eine

Erscheinung des Lebewesens Mensch, als etwas bloß Menschliches enthüllt hat, ist das Wissen von diesem Charakter der Metaphysik das eigentliche Wissen. Es erkennt: In der Metaphysik legt das Lebewesen Mensch seine Erhaltungs- und Wachstumsbedingungen fest, so jedoch, daß in ihr diese Bedingungen des Lebewesens Mensch für die Seinsbedingungen des Seins überhaupt vorgestellt werden und so fälschlicherweise Unbedingtheit beanspruchen. Das Wissen, in dem die Lebensbezüglichkeit der Metaphysik aufgeht, ist das des freien Geistes, der über dem Leben und seinen selbstbezüglichen Schätzungen schwebt. Auf dieses Wissen muß fortan das Leben gegründet werden, und deshalb muß es sich selbst überwinden, um in die Freiheit seines Wesens einzukehren.

Nachdem das Leben sich von der moralischen Metaphysik durch die Tat Zarathustras befreit und sich auf das Wissen seiner von sich selbst gegründet hat, erscheint es als der sich wissende Wille zu höheren Möglichkeiten seiner selbst, als Wille zur Steigerung seiner selbst. Und für diese Wesensart des Lebens prägt Nietzsche im Anschluß an den *Zarathustra* die bekannte Formel "Wille zur Macht". Diese Formel ist also nur innerhalb der Dimension von Nietzsches Denken verstehbar. Wenn wir sie vordergründig nehmen, dann sind wir geneigt, sie als Bezeichnung des politischen Phänomens zu nehmen, in dem banalen Sinne, daß es in der Politik darauf ankäme, daß diejenigen, die an der Macht sind, an der Macht bleiben wollen, und diejenigen, die nicht an der Macht sind, an die Macht wollen. Um das zu erkennen, bedarf es keines Nietzsche. Wir müssen vielmehr, um diese Formel - um mehr handelt es sich nicht - "Wille zur Macht" nicht mißzuverstehen, sie als einen universalontologischen Titel nehmen, wir müssen sie also zunächst einmal so formal wie möglich nehmen, dergestalt, daß sie sich dann innerhalb, nämlich im Durchgang durch die einzelnen Lebensbezirke, jeweils verschieden inhaltlich erfüllt.

Nietzsche hat in der Tat für den Ausdruck "Wille zum Leben" den anderen eingesetzt, der seiner Ansicht nach das Wesen des Lebens genauer trifft, in einer ganz formalen Kennzeichnung: "Wille zur Macht". Dies bedeutet also: sich selbst höhere Möglichkeiten seiner selbst vorauswerfen, Leben in der Weise der Lebenssteigerung durch sich aneignende Einbeziehung von Welt in die eigene Lebenssphäre, ein Sich-verfügbar-Machen von Welt für den Aufstieg in höhere Möglichkeiten seiner selbst. Für diese beiden Züge, Einbeziehung und Sich-verfügbar-Machen von Welt, in der Moderne vor allem durch Wissenschaft und Technik, industrielle Produktion, als Basis für eine Lebenssteigerung im Sinne der Intensivierung des Lebens, wählt Nietzsche die einheitliche Formel "Wille zur Macht".

Es gibt aus dem Jahre 1882 ein Zeugnis dafür, daß Nietzsche seit dieser Zeit entschieden die Essenz des Lebens als Willen zur Macht denkt:

> "Wille zum Leben? Ich fand an seiner Stelle immer nur Wille zur Macht."[43]

Das Denken des Lebens als des Willens zur Macht nach seinen Hauptbezirken fordert jedoch schon voraus die Selbstüberwindung des Lebens und seine Wesensbefreiung aus der Metaphysik. Der *Zarathustra* setzt also die sich selbst zu seinem Wesen befreiende Selbstüberwindung des Lebens ins Werk. Erst jetzt, nachdem sie als vollzogen dargestellt ist, kann der Denker Nietzsche den Willen zur Macht als das denken, was das Wesen alles Seienden ausmacht. Dieses Denken bedarf eben einer Gestalt, in der die Selbstüberwindung, die Selbstbefreiung des Lebens als vollzogen gegenwärtig ist, damit es das Seiende aus dieser vollzogenen Selbstüberwindung des Lebens als Willen zur Macht zu denken vermag. So sehen wir noch einmal, inwiefern die Gestalt Zarathustras wesenhaft und notwendig zum Denken Nietzsches gehört, weshalb ihm diese Gestalt auf seiner Denkbahn begegnet, weshalb er ihn konzipieren mußte.

Nach dem *Zarathustra* beginnt Nietzsche daher mit der Ausarbeitung und Gestaltung des philosophischen Hauptwerkes, welches u.a. den Titel *Der Wille zur Macht* tragen sollte, das unvollendet geblieben ist. Auch dafür ein Selbstzeugnis aus dem Jahre 1884:

---

[43] KGW VII/1, 5[1], Zif.1.

"*Entschluß*. Ich will reden, und nicht mehr Zarathustra."[44]

Nachdem die Selbstüberwindung des Lebens, seine Selbstbefreiung in seinem eigenen Wesen stattgefunden hat und als vollzogen erscheint im Werk Zarathustras, ist es dem Denker Nietzsche jetzt möglich, das Wesen des Seienden aus diesem selbstbefreiten Leben als Willen zur Macht zu denken. Aus dieser bereits als vollzogen dargestellten Selbstüberwindung des Lebens in das wissentliche Wollen des Willens zur Macht denkt Nietzsche erneut das Wesen und die Wesensgeschichte der europäischen Metaphysik. Er begreift nunmehr diese Geschichte, welche der Wesensgrund der abendländischen Geschichte selbst ist, unter dem Leitwort "Nihilismus". Dieses Wort "Nihilismus" nennt bei Nietzsche den Grundvorgang der abendländischen Geschichte selbst.

---

[44] KGW VII/2, 25[277].

III. TEIL
DER EUROPÄISCHE NIHILISMUS

1. Wesen und Wesensherkunft

Das erste von vier Büchern des sogenannten *Willens zur Macht* trägt, nach einer der vielen Gliederungen, die Nietzsche vorgelegt hat, nach dem Entwurf vom März 1887 den Titel "*Der europäische Nihilismus*"[1]. Wir halten uns im Folgenden zunächst an dieses Buch, also an die Aufzeichnungen, die in ihm von den Herausgebern gesammelt sind. Diese haben ihm einige Stücke vorangestellt, die sie mit der Bemerkung "*Zum Plan*" versahen. Und diese Kennzeichnung besteht zu Recht. Wir lesen hier:

> "Der Nihilismus steht vor der Tür: woher kommt uns dieser unheimlichste aller Gäste? - 1. Ausgangspunkt: es ist ein *Irrtum*, auf »soziale Notstände« oder »physiologische Entartungen« oder gar auf Korruption hinzuweisen als *Ursache* des Nihilismus. Es ist die honnetteste, mitfühlendste Zeit. Not, seelische, leibliche, intellektuelle Not ist an sich durchaus nicht vermögend, Nihilismus d.h. die radikale Ablehnung von Wert, Sinn, Wünschbarkeit hervorzubringen. Diese Nöte erlauben immer noch ganz verschiedene Ausdeutungen. Sondern: in einer *ganz bestimmten Ausdeutung*, in der christlich-moralischen, steckt der Nihilismus."[2]

Zunächst zur Worterklärung von "Nihilismus": Nietzsche bestimmt ihn ganz präzise als radikale Ablehnung von Wert, Sinn, Wünschbarkeit. Diese Begriffe wollen genau genommen, streng gedacht werden. Es sind philosophische Begriffe, nämlich gemäß dem Gebrauch, den Nietzsche hier von ihnen macht. Daß sie noch eine andere, auch nicht-philosophische Bedeutung haben, soll da-

---

1 KGW VIII/1, 7[64].
2 WzM Zif.1; KGW VIII/1, 2[127].

bei gar nicht bestritten werden. Aber hier wollen sie im Sinne der Nietzscheschen Philosophie verstanden werden. Nur wenn wir sie so verstehen, verstehen wir, was Nietzsche uns in ihnen zu bedeuten gibt. Sie stehen nämlich auch in einem Fundierungszusammenhang Wert, Sinn, Wünschbarkeit - eines ist im anderen fundiert.

Es muß zunächst erläutert werden, was im philosophischen Denken Nietzsches eigentlich "Wert" bedeutet. Wert ist nichts anderes als das ins Lebensphilosophische umgedeutete und umgedachte Gute Platons, die höchste Idee, die darum von Platon "das Gute" genannt wird, weil sie für das Sein des Seienden gutsteht, weil sie es ist, die dem Seienden sein Sein überhaupt verbürgt. Lebensphilosophisch gedacht, wird die Idee des Guten zum Wert, das heißt zu der vom Lebenswillen selbst gesetzten Erhaltungs- und Steigerungsbedingung des Lebens, denn darin besteht ja jetzt das Sein des Seienden: in Lebenserhaltung und -steigerung. Was dafür gutsteht, das Gute, wird jetzt zum Wert, nämlich zu den vom Lebenswillen selbst gesetzten Erhaltungs- und Wachstumsbedingungen. Werte sind darum die vom Lebenswillen selbst gesetzten leitenden Gesichtspunkte, die dem Denken, dem Urteilen und dem vom Denken geleiteten Handeln Richtung und Bahn weisen. Diese haben also nicht mehr einen metaphysischen Ursprung über dem Leben, wie nach Platon, und heißen darum nicht mehr Ideen, sondern Werte.

Das Gute ist - griechisch-platonisch gedacht - das zum Sein Befähigende, das Seiendes zu einem solchen Ermöglichende, tauglich Machende. Nun ist aber das Seiende, streng gedacht, das bleibend Anwesende. Was aber an dem jeweilig Einzelnen das bleibend Anwesende ist, das ist das, was es ist, das Wassein. Dieses Wassein macht daher nach Platon an dem jeweilig Einzelnen sein Gutsein aus. Ist aber nun das eigentlich Seiende, die Realität, das Leben, dann werden die Ideen, die das Wassein repräsentieren, zu den vom Leben selbst gesetzten Bedingungen seiner Erhaltung und Steigerung, sie werden also zu Werten, zu solchem, das im Abschätzen für das Gedeihen des Lebens ausgemacht und festgelegt wird. So wird das Wassein der Dinge zum Wert. Das kann man nur verstehen, wenn man auf die Platonische Philosophie zurückgeht und sieht, wie sie lebensphilosophisch umgedacht wird.

Im Lichte dieser Werte wird alles Begegnende und Geschehende in der Welt verstehbar als gedeihlich oder verderblich, als nützlich oder schädlich, als förderlich oder hinderlich, als gut oder schlecht. Diese Werte öffnen einen Umkreis von Verstehbarkeit und halten diesen offen. Das im Verstehen Verstandene nennt Nietzsche aber den "Sinn". So sehen wir den Fundierungszusammenhang von Wert und Sinn. Durch die Werte wird das festgelegt, aus dem ein jegliches Wozu und ein jegliches Dazu überhaupt erst seiner Möglichkeit nach entspringt. Und erst im Bereich der Verstehbarkeit von Seiendem auf ein Dazu gibt es ein Vorziehen und ein Verwerfen, gibt es ein Wählen, gibt es Wünschbarkeit. Jetzt haben wir den ganzen Fundierungszusammenhang offen vor Augen: Wert, Sinn, Wünschbarkeit. Wir sehen, wie streng Nietzsche denkt.

Nihilismus ist ein Prinzip wie alle Ismen, wenn sie nicht bloße Schlagtitel sind. Nun bedeutet Nihilismus Ablehnung von Wert, Sinn, Wünschbarkeit, und zwar radikal, von Grund auf. Nihilismus heißt also nicht, daß überhaupt nichts ist, sondern daß es mit allem nichts ist. Es ist demnach ein unheimlicher Zustand, in dem alles Seiende steht. Es ist zwar nicht nicht - ganz im Gegenteil: es ist da -, aber es hat mit keinem etwas auf sich; es gibt kein Wozu, das dem Leben die Bahn weisen könnte; es gibt nichts, wozu etwas ist; alles ist, aber ohne Wozu.

Leben aber ist Wandel, ist Bewegung. Ohne ein Wozu ist Leben Bewegung ohne Weg, weil ohne Ziel. Ziel ist immer das, was im vorhinein ins Auge gefaßt wird und das die Richtung weist. Es gibt keine Ziele an sich, sondern zum Ziel gehört es, als das Richtungsweisende ins Auge gefaßt zu sein.

Die Ziele bleiben aus: "Der Nihilismus steht vor der Tür", sagt Nietzsche. Er ist im Begriff, in die Behausung des europäischen Menschen einzutreten. Diese ist aber das Ganze des Seienden, ist die Welt. Der Mensch ist dasjenige Wesen, das zu seinem Aufenthaltsort die Welt hat, das Ganze der Dinge. In diesen Bereich tritt ein Fremder ein, der "unheimlichste aller Gäste", offenbar noch unheimlicher als der "steinerne Gast" im *Don Juan*, an den Nietzsche hier zweifellos bildhaft erinnert.

Warum ist er der unheimlichste aller Gäste? Er ist nicht nur insofern unheimlich, als er außerhalb der gewohnten Bezüge steht, in denen unser Verstehen sich hält, sondern mit seinem Eintritt breitet sich die Weg- und Ziellosigkeit überhaupt in der europäischen Welt aus. Wenn sonst etwas Unheimliches in den Umkreis des Heimischen, des Vertrauten eintritt, dann können wir uns an das Heimische, Vertraute und Bekannte halten. Wir können uns mit ihm schützend umgeben, es zwischen uns und das Unheimliche stellen und uns so vor dem Unheimlichen schützen. Mit der Ankunft des Nihilismus, mit seinem Eintritt in die europäische Welt, tritt aber alles und jedes in die Unheimlichkeit ein.

Angesichts des Nihilismus weiß der moderne Mensch nicht ein noch aus. So erklärt denn auch Nietzsche in Ziffer 1 des *Antichrist*, einer der letzten von ihm veröffentlichten Schriften:

> "»Ich weiss nicht aus, noch ein; ich bin Alles, was nicht aus noch ein weiss« - seufzt der moderne Mensch..."[3]

Alles Seiende steht da. Inmitten seiner befindet sich auch der Mensch, aber ohne ein Verstehen ermöglichendes Wozu. In dieses Unverstehbare kann er nicht eindringen, denn es gibt natürlich keine Gesichtspunkte für ein Verstehen mehr her. Aber es gibt auch keinen Ausweg aus dem Unverstehbaren, denn wohin sollte der Mensch sich wenden, wenn alles und jedes ohne Wozu dasteht? Was bleibt angesichts dieses unheimlichsten aller Gäste übrig, als sich in die Besinnungslosigkeit zu stürzen? Und so heißt es denn bei Nietzsche:

> "Unsere ganze europäische Kultur bewegt sich seit langem schon mit einer Tortur der Spannung, die von Jahrzehnt zu Jahrzehnt wächst, wie auf eine Katastrophe los: unruhig, gewaltsam, überstürzt: wie ein Strom, der *ans Ende* will, der sich nicht mehr besinnt, der Furcht davor hat, sich zu besinnen."[4]

Die Besinnung würde ja darin bestehen, diesem unheimlichsten aller Gäste doch unter die Augen zu treten und ihn nach We-

---

[3] Der Antichrist I, Zif.1; KGW VI/3, S.167.
[4] WzM, Vorrede; KGW VIII/2, 11[411].

sen und Wesensherkunft einmal zu befragen; denn eine solche Frage darf man einem Gast stellen, wer er ist und woher er kommt, und so auch dem Nihilismus:

> "Der hier das Wort nimmt, hat umgekehrt nichts bisher getan, als *sich zu besinnen*: als ein Philosoph und Einsiedler aus Instinkt, der seinen Vorteil im Abseits, im Außerhalb, in der Geduld, in der Verzögerung, in der Zurückgebliebenheit fand; als ein Wage-und-Versucher-Geist, der sich schon in jedes Labyrinth der Zukunft einmal verirrt hat; als ein Wahrsagevogel-Geist, der *zurückblickt*, wenn er erzählt, was kommen wird; als der erste vollkommene Nihilist Europas, der aber den Nihilismus selbst schon in sich zu Ende gelebt hat, - der ihn hinter sich, unter sich, außer sich hat ..."[5]

Eine Selbstcharakterisierung von Nietzsches Denken innerhalb dieser Phase nach dem *Zarathustra*. Der Besinnliche hält sich demnach außerhalb, abseits vom Andrang dieses Wirklichen, das aus Furcht vor der Besinnung besinnungslos weiterdrängt. Er ist weg vom gegenwärtig Wirklichen bei dem, was hinter ihm zurückliegt, das heißt er blickt in die Herkunft dessen, was gegenwärtig ist. Er verliert das Gegenwärtige nicht etwa aus den Augen, um sich in das Vergangene zu verlieren, ganz im Gegenteil: Er denkt und sagt aus dem Rückblick auf die Herkunft das voraus, was auf den europäischen Menschen zukommt, dergestalt, daß das auf ihn Zukommende seine Gegenwart mitbestimmt, so, daß die Gegenwart gar nicht verstehbar ist ohne das Vorausblikken in das, was kommt, und das, was kommt, wiederum nicht ohne den Rückblick auf die Herkunft der europäischen Geschichte. Er sieht aus dem Woher des Gegenwärtigen in das Wohin. So ist er über das Gegenwärtige schon hinweggegangen, hat es hinter, unter, außer sich. Aber über das Gegenwärtige hinweg gelangt auch nur ein Denken, das durch es hindurchgeht. Das Denken Nietzsches ist nach seiner eigenen Erklärung ein durch den Nihilismus hindurchgehendes, ihn enthüllendes Hinweggehen über ihn, um ihn zu überwinden. Das ist der Grundcharakter des Denkens dieser letzten Phase.

---

[5] Ebd.

Nachdem auf eine erste Weise das Wesen des Nihilismus umgrenzt wurde, erwächst daraus die Frage nach seiner Wesensherkunft, denn das Wesen von etwas ist jeweils durch seine Herkunft bestimmt. Woher kommt dieser alles Seiende in die Unheimlichkeit stellende Gast?

Die Antwort, die Nietzsche gibt, wehrt zunächst ab: alles nämlich, was sich an Antworten wie selbstverständlich anzubieten scheint, Antworten, die vordergründig bleiben. Sie lassen sich in die eine zusammenfassen: Not des Lebens. Not ist bedrängende Enge, die das Weiterkommen hemmt, ja vielleicht überhaupt verhindert. Aber alle Nöte dieser Art lassen noch verschiedene Auslegungen zu; auch dann noch, wenn wir an ihrer Behebung verzweifeln sollten, stehen sie doch als Gedeutete in den Umkreis unseres Verstehens hinein. Der Nihilismus, der die Verstehbarkeit überhaupt beseitigt, kann daher nicht aus irgendeiner Lebensnot kommen, sondern, das ist die Antwort, die Nietzsche nun gibt, aus der Weltauslegung, unter deren Herrschaft das europäische Menschentum stand und steht, der christlich-moralischen Weltauslegung. Nietzsche behauptet: In ihr steckt der Nihilismus; er ist von Anfang an darin hinterlegt. Es kommt also nur das ans Licht, was in der christlich-moralischen Weltauslegung schon steckt. Wenn es aber so stehen sollte, dann wäre der Nihilismus nicht etwas, das erst im modernen Zeitalter entstanden ist, sondern die Weltauslegung, unter der die europäische Geschichte steht, wäre in ihrem verborgenen Grunde bereits nihilistisch. Wer daher den Blick lediglich auf bestimmte neuzeitliche und moderne Erscheinungen beschränkt, etwa auf die Herrschaft der Wissenschaften und der Technik, auf die ökonomischen Glückseligkeitslehren oder gar auf den Kommunismus oder was auch immer, der bleibt nach Nietzsche an der Oberfläche hängen. Noch ärger steht es mit denen, die sich zu solchen Alternativen wie: Christentum oder Nihilismus, oder gar: Gott oder Kommunismus versteigen und christliche Weltanschauungspolitik propagieren und praktizieren, denn diese arbeiten noch am gründlichsten an der Verbreitung des Nihilismus, freilich ohne ihr eigenes Wissen.

2. Die Haupterscheinungen des Nihilismus

Der Nihilismus, wie ihn Nietzsche ins Offene des Denkens zu stellen versucht, ist die geschichtliche Grundbewegung der europäischen Geschichte selbst. Und nun kommt für unser Mitdenken mit Nietzsche alles darauf an, daß wir zunächst einmal verstehen, was denn eigentlich "christlich-moralische Weltanschauung" im Horizont der Nietzscheschen Philosophie besagt. Denn jede Auseinandersetzung setzt voraus, daß das, womit wir uns auseinandersetzen, auch verstanden ist, sonst wird die ganze Auseinandersetzung zur Spiegelfechterei.

Unter "christlich" versteht Nietzsche hier und auch sonst die Aufnahme der Platonischen Philosophie und deren Umbildung für die begriffliche Ausgestaltung der christlichen Glaubenswahrheiten durch die Theologie. Platon hatte, wie bekannt, die Unterscheidung zwischen dem *aistheton*, dem sinnlich Wahrnehmbaren, und dem *noeton*, dem nur vom unsinnlichen Denken zu Erfassenden, den Ideen nämlich, aufgestellt. Danach ist das *aistheton*, das Seiende, wie es sich hier und jetzt im Umkreis des Menschen unaufhörlich und von selbst her zeigt, das Hinfällige, das Wechselnde des anderen und immer anderen. Das übersinnlich Denkbare ist dagegen das Beständige, das immer selbe in aller Verschiedenheit, in allem Wechsel. Es ist nach Platon das in Wahrheit Seiende. Das Seiende, wie es sich im Umkreis des Menschen zeigt, das durch die Sinne Vernehmbare, ist nicht das, was in Wahrheit ist. Das Wahre gehört vielmehr einem höheren, dem sinnlichen Vernehmen entzogenen Bereich an. Das Wahre ist nicht von der Art des Menschen, es ist, weil es immer seiend ist, von übermenschlicher, göttlicher Wesensart.

Dem Menschen aber eignet, obwohl er doch ein sinnliches Leibwesen ist, ein Vermögen der Zugehörigkeit zum Immerseienden, zum Göttlichen; denn in seiner Seele waltet der *nous*, die unsinnliche Vernunft, das Denkvermögen. Diese Zugehörigkeit des Menschen zum Immerseienden wird vollzogen durch ein unablässiges Unterscheiden des Beständigen vom Bestandlosen, des Übersinnlichen vom Sinnlichen, des wahren Seins vom nur scheinbar Seienden. Durch diese Unterscheidung gleicht der Mensch, soweit er es vermag, sich dem Immerseienden an.

Auf diese Weise gewinnt er inmitten des Bestandlosen einen Stand. Die Standmöglichkeiten des Menschen innerhalb des unaufhörlichen Wechsels und Wandels sind seine *aretai*, seine Tauglichkeiten zum Sein, die Beständigkeit. Worin der Mensch seinen Stand bezieht, um als Mensch zu existieren, heißt griechisch *ethos*, lateinisch übersetzt mit mores. Die Einweisung in das menschliche *ethos* heißt daher Moral, vom lateinischen Wort mores als Übersetzung des griechischen Begriffs. Diese lehrt, ständig zwischen dem zu unterscheiden, wie das Seiende hier und jetzt sich zeigt, und dem, was in Wahrheit seiend ist. Aus diesem ist zu entnehmen, was und wie Seiendes zu sein hat. Darum sind die Ideen, das wahrhaft Seiende, zugleich Vorbild, Ideal. Das sinnlich Gewahrbare dagegen ist bloßer Durchgang für den Zugang zu den Ideen.

Die christliche Theologie nimmt diese Lehre Platons für die begriffliche Ausgestaltung ihres Glaubens auf. Und dadurch wird die Philosophie Platons zugleich verwandelt: Der Unterschied zwischen dem *aistheton*, dem sinnlich Gewahrbaren, und dem *noeton*, der übersinnlichen Idee, wird jetzt zum Unterschied zweier Welten: der diesseitigen Welt des Irdischen, Hinfälligen, des Leidens, der Schuld und des Todes, und der jenseitigen Welt des Himmlischen, Ewigen, Seligen, der Welt Gottes. Das Leben hier und jetzt, dem Tode verfallen, ist demnach nicht das wahre Leben. Es ist daher etwas, was, gemessen an dem wahren Leben, nicht sein sollte. Das Leben hier und jetzt, die Welt des Irdischen, steht deshalb unter einem metaphysischen Nein und Nicht, unter einer metaphysischen Verneinung. Diese Welt und das Leben in ihr ist bloßer Durchgang zum wahren Leben in der jenseitigen Welt Gottes. Aber die wahre Welt ist jetzt nicht mehr wie bei Platon das *noeton*, das in der Vernunft, wenn auch nur annäherungsweise, zu erkennen ist, sondern diese metaphysische Welt ist jetzt primär eine im Glauben geglaubte, als Ziel des Lebens nach dem Tode erhoffte Welt, von Gott dem versprochen, der an sie glaubt. Hoffen kann nach christlicher Auffassung nur der Gläubige.

Diese Theologie zeichnet nun zugleich dem Menschen vor, wie er sich in dieser irdischen Welt zu nehmen und zu benehmen hat. Er ist zwar *in* dieser Welt, aber seiner Bestimmung nach nicht *von* dieser Welt:

1. Diese Welt ist bloßer Durchgang für den Eingang in die ewige Welt. Deshalb hat der Mensch sich an nichts zu hängen, was von dieser Welt ist, einschließlich seiner selbst mit all seinen Fähigkeiten und Vermögen.

2. Alle diesseitigen Unterschiede sind im Blick auf die wahre Welt unwesentlich: Vor Gott sind alle Menschen gleich.

3. Der Mensch darf nicht danach trachten, um willen seiner selbst und aus sich selbst zu leben. Das wäre nämlich eine Anmaßung dessen, was ihm nicht zusteht, die arrogantia.

4. Er soll sich nicht auf sein Können in dieser Welt irgend etwas zugute tun und auf andere hinabsehen, er hat die Überheblichkeit über andere zu vermeiden, die superbia.

Vor allem aber hat er sich unaufhörlich in diesen Tugenden zu üben, denn unaufhörlich muß er sich selbst in die Prüfung nehmen, ob er nicht versteckterweise selbstsüchtig seinen Ruhm und seine Ehre hier in dieser Welt sucht und darüber seine ewige Bestimmung vergißt. Deshalb ist eine der christlichen Grundtugenden die Wahrhaftigkeit sich selbst gegenüber. Diese bewahrt nämlich den Menschen davor, in seinem selbstsüchtigen Trachten vor sich selbst verborgen und so versteckterweise von sich selbst eingenommen zu sein, statt im Blick auf die Ewigkeit und von dieser her zu leben.

In dem von den Herausgebern überschriebenen Stück "Zum Plan" sagt Nietzsche:

> "Der Untergang des Christentums - an seiner *Moral* (die unablösbar ist -) welche sich gegen den christlichen Gott wendet (der Sinn der Wahrhaftigkeit, durch das Christentum hoch entwickelt, bekommt *Ekel* vor der Falschheit und Verlogenheit aller christlichen Welt- und Geschichtsdeutung. Rückschlag von »Gott ist die Wahrheit« in den fanatischen Glauben »Alles ist falsch«."[6]

---

6 WzM Zif.1; KGW VIII/1, 2[127].

Die Auflösung dieser christlich-platonischen Weltauslegung erfolgt also nach Nietzsche von innen her. Die durch das Christentum hochentwickelte Wahrhaftigkeit wendet sich am Ende gegen den christlichen Gott und damit zugleich gegen die Ansetzung der metaphysischen Welt über diesem Leben. Der unbedingte Wille zur Wahrheit, also die unbedingte Wahrhaftigkeit, muß am Ende entdecken, daß die ganze christlich-platonische Weltauslegung auf einem undurchschauten Interesse des Menschen für sich selbst beruht. Wie ist das im Sinne Nietzsches zu verstehen? Im 1. Buch des *Willens zur Macht* erörtert Nietzsche den Vorteil der "christlichen Moral-Hypothese"[7]. Dabei ist "Hypothese" hier nicht im wissenschaftlichen Sinne zu nehmen, als eine Vorannahme, die sich durch Experimente erst zu bewähren hat, sondern Hypothese ist hier im Sinne der griechischen *hypothesis* zu nehmen. Dies heißt nämlich wörtlich Grundlegung. Es wird etwas einem anderen als Grundlage unterstellt, worauf dieses ruht und beruht und so besteht. Das Wort Hypothese weist unmittelbar auf die Philosophie Platons zurück, auf die sogenannte *hypothesis* des *eidos*, wie er sie im *Phaidon* entwickelt hat, auf die Setzung der Idee als des zugrunde liegenden Grundes für das Seiende. Diese ist ihrerseits unbegründbar, denn durch eine solche Grundlegung wird ja erst der Grund gelegt, auf dem alle Begründungen beruhen, der überhaupt so etwas wie Begründungen ermöglicht. Der Ausdruck "christliche Moral-Hypothese" möchte also sagen: Das Leben - des Menschen vor allem - wird auf die christlich-platonische Auslegung der Welt gestellt, die ihrerseits, da es sich hier um eine Grundsetzung handelt, unbegründbar ist.

Nietzsche erörtert den Vorteil dieser *hypothesis*, das heißt, er schätzt diese Grundsetzung, wie sie durch die platonisch-christliche Weltauslegung erfolgt ist, im Hinblick darauf ab, daß und wie sie das menschliche Leben trägt und ermöglicht. Denn, so sagt Nietzsche, die christliche Moral-Hypothese zeigt einen vierfachen Vorteil für das menschliche Leben:

---

[7] Ebd. Zif.4; KGW VIII/1, 5[71].

"1. Sie verlieh dem Menschen einen absoluten *Wert*, im Gegensatz zu seiner Kleinheit und Zufälligkeit im Strom des Werdens und Vergehens."[8]

Der Mensch kommt inmitten des Ganzen des Seienden als ein Seiendes unter unzähligen anderen vor. Er ist also im Grunde genommen überflüssig und nicht notwendig. Er kommt aus dem Strom des Werdens und Vergehens, um wieder in ihn zurückzugehen. Weshalb kommt er eigentlich?

Die platonisch-christliche Weltauslegung gibt nun dem Menschen einen absoluten Wert. Das, worauf es für ihn ankommt, und das ist ja der Wert, liegt nicht in dieser Welt des Werdens und Vergehens, in der er freilich lebt. Der Mensch hat vielmehr nach der christlich-moralischen Weltauslegung eine ewige Bestimmung: die Einkehr in die göttliche, die metaphysische Welt, für welche das Leben in dieser Welt nur ein Durchgang ist. Der Mensch kommt zwar, um zu gehen, wie alles andere auch, aber nicht, um ins Nichtsein zurückzugehen, sondern, um in die wahre Welt einzugehen. Sein Weggehen ist kein Vergehen, sondern ein Übergehen in ein anderes, in das ewige Leben.

"2. Sie diente den Advokaten Gottes, insofern sie der Welt trotz Leid und Übel den Charakter der *Vollkommenheit ließ*, - eingerechnet jene »Freiheit« - das Übel erschien voller *Sinn*."[9]

Seit Platon wird das Sein des Seienden als Gott, als Ursache ausgelegt, die alles Sein vorgängig in sich birgt. Als das Seiende, das alles Sein in sich birgt, ist Gott das Vollkommene, das ens perfectissimum, wie es im Mittelalter heißt. Wie kann aber das Vollkommene Ursache einer Welt sein, deren Grundzug das Leiden ist? Und wir wissen, was Leiden bedeutet, dieser unaufhörliche Übergang von Sein in Nichtsein, dieses ständige Herumgerissenwerden mit allem, was sich dabei einstellt. Die Antwort seitens der christlichen Moral-Hypothese lautet: Das Vergehen, Leiden, ist gerade die Weise, wie der Mensch dieser Welt entgeht, um in die wahre Welt einzugehen. Das Leben ist Leiden, aber deshalb, weil es ein dieser Welt entgehendes Eingehen in die

---

[8] Ebd.
[9] Ebd.

göttliche Welt ist. Hier auf der Erde vergehend, wird der Mensch frei durch das Leiden für seine überirdische, ewige Bestimmung. Die christliche Moral-Hypothese ist also eine Rechtfertigung Gottes angesichts des Leidens, eines Grundzugs des Lebens. Das Leiden wird nicht verneint und erst recht nicht beseitigt, aber es erscheint voller Sinn, es führt ja gerade den Menschen heraus aus dieser Welt in das wahre Leben.

> "3. Sie setzte ein *Wissen* um absolute Werte beim Menschen an und gab ihm somit gerade für das Wichtigste *adäquate Erkenntnis*."[10]

Wissen heißt, einen Sachverhalt in dem, was er ist, in der Sicht haben. Nach Platon hat der Mensch das Gute, die Ideen, immer schon in der Sicht, denn die Ideen, die das Wahre sehen lassen, sind das in der Vernunft Vernommene, das in der Erkenntnis eigentlich zu Erkennende und Erkannte. So eignet dem Lebewesen Mensch ein Vermögen der Zugehörigkeit zum wahren Sein: die Vernunft, der *nous*. Nach christlicher Lehre ist der Mensch ein Ebenbild Gottes. Insofern ist er imstande, den an ihn aus der Ewigkeit ergehenden Anspruch, seine Bestimmung, zu vernehmen. Er vernimmt seine überirdische Bestimmung durch den Glauben. So ist nach christlicher Auffassung, wie das Johannes-Evangelium es bestätigt, der Glaube eine eigene Art des Sehens.

> "4. Sie verhütete, daß der Mensch sich als Menschen verachtete, daß er gegen das Leben Partei nahm, daß er am Erkennen verzweifelte: sie war ein *Erhaltungsmittel*."[11]

Die christliche Moral-Hypothese bewahrt also danach den Menschen vor der Selbstverachtung. Denn wie erscheint sich der Mensch selbst im Umkreis des Lebens hier und jetzt? Als ein Seiendes unter unzähligen anderen, als überflüssig also; ferner als auftauchend, um wieder zu verschwinden, als sinnlos. So ist sein Leben bedroht von der Wendung gegen sich selbst; sein Lebensgang erscheint ferner nach Woher und Wohin undurchsichtig, so daß er am Erkennen verzweifeln müßte. Die christliche Moral-

---

[10] Ebd.
[11] Ebd.

Hypothese bewahrt den Menschen vor dieser Verzweiflung am Leben; sie ist dasjenige, wodurch sich der Mensch im Leben zu halten vermag, indem sie ihm ein Wissen um sein Woher und vor allen Dingen um sein Wohin gibt.

Nietzsche faßt diese vierfache Erörterung in einem Satz zusammen:

> "In summa: Moral [d.h. die christlich-platonische Weltauslegung] war das große *Gegenmittel* gegen den praktischen und theoretischen *Nihilismus*."[12]

"Praktischer Nihilismus" besagt: Wenn es mit dem menschlichen Leben nichts auf sich hat, dann kommt bei allem Tun und Handeln nichts heraus, dann ist das, was eigentlich in allem Handeln vollbracht wird, etwas Nichtiges, ein Nichts. "Theoretischer Nihilismus" heißt: Wenn das Woher und vor allem das Wohin des menschlichen Lebens unerkennbar sind, ist alles Erkennen im Grunde nichtig. Der Mensch ist aber das theoretische und praktische Wesen. Er wäre also nach beiden Wesensmomenten, also im ganzen Umfang seines Wesens, nichtig.

Die christlich-platonische Weltauslegung bewahrt den Menschen vor diesem Anblick seiner zweifachen Nichtigkeit; denn nach ihr ist sein Leben hier ein Übergang in das wahre Leben, und dieser seiner überirdischen Bestimmung ist er geöffnet, sei es durch den Aufblick zu den Ideen, sei es durch Übernahme des Anspruchs Gottes und Christus' im Glauben, wie das der Protestantismus lehrt, sei es, wie es die Theologie der katholischen Kirche lehrt, durch Vernunft und deren Überhöhung im Glauben.

Nietzsche stellt mit diesen Betrachtungen über den Vorteil der christlichen Moral-Hypothese das in bündigster Gestalt zusammen, was das Christentum, das heißt die christlichen Kirchen, zur Begründung ihres Herrschaftsanspruchs auf die Gestaltung des Lebens immer anführen. Es erhebt sich die Frage: Gibt es denn eine radikalere Begründung dieses Anspruchs als die von Nietzsche genannte: Das Christentum bewahrt das Leben vor dem praktischen und theoretischen Nihilismus? Also ist Nietzsche doch mit den christlichen Kirchen einer Auffassung, die ja

---

12 Ebd.

eben das unentwegt behaupten? Aber Nietzsche behauptet noch etwas anderes: daß vor dem Willen zur Wahrheit sich eben diese Betrachtungen als unhaltbar erweisen, vor dem Willen zur Wahrheit, den die christlich-platonische Moral selbst großgezogen hat. Das ist die eigentliche These Nietzsches, und das Bisherige war nur Vorbereitung.

Zunächst gilt es zu fragen: Inwiefern hat denn die Moral, also die christlich-platonische Weltauslegung, den Willen zur Wahrheit so großgezogen, daß er sich gegen ebendiese Begründung der christlichen Moral-Hypothese richtete?

Seit Platon - auf ihn müssen wir jetzt zurückgehen - gilt das Seiende hier und jetzt, das Kommende und Gehende, als das Bedingte, also nicht als das, was wahrhaft ist. Das Wahre ist vielmehr das Übersinnliche, das bleibend Anwesende, das Unbedingte. Die christliche Theologie verschärft diese Auffassung durch den Grundsatz "Gott ist die Wahrheit", und das heißt immer zugleich: die übersinnliche Welt.

Das seit Platon in Vollzug gesetzte Streben nach dem Wahren, in das der Mensch versetzt ist, strebt also nach dem Unbedingten. Dieser Unbedingtheitscharakter des Erstrebten schlägt aber auf das Streben zurück, wie alles Streben ja bestimmt wird durch das, wonach man strebt. Ist das Erstrebte etwas Unbedingtes, dann wird das Erstreben selbst unbedingt. Also: Der Wille zur Wahrheit, zum Wahren, wird unbedingt. Und diesem unbedingt gewordenen Willen zum Wahren stellen sich eben diese von Nietzsche bündig zusammengestellten Betrachtungen und Rechtfertigungen der christlichen Weltauslegung, mit denen diese ihren Herrschaftsanspruch begründet, als unhaltbar heraus.

Inwiefern? Das unbedingte Streben nach Wahrheit muß auch noch diesen Betrachtungen auf ihre Gründe hin folgen, muß auch die Gründe dieser Begründung durchsichtig machen. Geschieht das, dann zeigt sich: Der Grund für die Annahme einer ewigen Welt über diesem Leben und für die geforderte Hinwendung zu ihr liegt im Interesse des Lebens für sich selbst und seine Erhaltung. Der Wille zur Wahrheit, unbedingt geworden, entdeckt, daß der Ansatz einer jenseitigen, metaphysischen Welt als der wahren Welt auf einem Interesse des Lebens für sich selbst beruht. Diesem liegt daran, die jenseitige Welt für die wahre zu halten, um leben zu können; denn so lauteten ja die Argumente: Die jenseitige Welt wird für die wahre gehalten aus einem Interesse des Lebens für sich selbst. Das vorgeblich eigentlich Wahre entdeckt sich als etwas, das lediglich aus einem selbstischen Interesse des Lebens für sich selbst und seine Erhaltung für wahr gehalten, geglaubt wird.

Etwas als das Wahre setzen und es als verbindlich ausgeben aus einem selbstbezüglichen Interesse ist aber eigentliche Falschheit. Nietzsche sagt daher in Konsequenz dieses Gedankens:

> "Aber unter den Kräften, die die Moral großzog, war die *Wahrhaftigkeit*: *diese* wendet sich endlich gegen die Moral, entdeckt ihre *Teleologie*, ihre *interessierte* Betrachtung."[13]

Die christliche Moral-Hypothese hat es, indem sie eine jenseitige, metaphysische Welt als die wahre behauptet und dieses jenseitige Leben als das wahre, dabei gar nicht auf Wahrheit abgesehen, auf die sie sich beruft, sondern auf etwas ganz anderes, auf die Selbsterhaltung des Lebens. Sie selbst begründet ja ihren Anspruch auf Herrschaft über die Gestaltung des Lebens mit ihrer Unentbehrlichkeit für das Leben.

Solange nun das Leben in seinem selbstbezüglichen Interesse sich selbst undurchsichtig blieb, konnte sie das Tragende und Bestimmende für das Leben sein. Wenn aber der durch sie selbst aufgekommene Wille zur Wahrheit erkennen muß, daß die wahre Welt nicht deshalb für wahr gehalten wird, weil sie die wahre ist, sondern daß sie aus einem selbstsüchtigen Interesse des Lebens für sich selbst nur für wahr gehalten wird, daß es sich also um ein lebensmäßig motiviertes Für-wahr-Halten handelt, dann wird allerdings die christlich-platonische Weltauslegung unhaltbar.

Das Christentum geht nach Nietzsche an dem durch es selbst zur Herrschaft gekommenen Willen zur Wahrheit zugrunde, also von seiner eigenen Moral, also von innen her. Dazu eine kleine Zusatzbemerkung: Wenn man vor dem Hintergrund dieser Thesen Nietzsches den Kampf der christlichen Kirchen etwa gegen Kommunismus, atheistische Philosophie, ja wohl gar gegen be-

---

[13] Ebd. Zif.5; KGW VIII/1, 5[71].

stimmte moderne literarische Richtungen betrachtet, dann möchte man doch meinen, daß sich die christliche Theologie der eigentlichen Gefahr, in der das Christentum heute steht, nicht einmal gestellt hat. Doch ist das Sache der Theologie, nicht des philosophischen Denkens. Denn ob Nietzsches Voraussage des inneren Untergangs des Christentums, der sich mit dem Fortbestehen der christlichen Kirchen und ihrer Organisationen sehr wohl vertragen kann, Recht behält, ob diese Nietzschesche Voraussage für die Theologie zum Anstoß wird, sich auf ihre Glaubenswahrheiten erneut und von Grund auf zu besinnen oder ob das unterbleibt, vermögen wir nicht zu entscheiden und ist auch gar nicht unsere Sache. In dem Abschnitt "*Zum Plan*" heißt es:

> "Skepsis an der Moral ist das Entscheidende. Der Untergang der *moralischen* Weltauslegung, die keine *Sanktion* mehr hat, nachdem sie versucht hat, sich in eine Jenseitigkeit zu flüchten: endet im Nihilismus. »Alles hat keinen Sinn«."[14]

Die Moral hat ihr Wesen in Urteilen von unbedingter Verbindlichkeit. Solche Urteile haben indes innerhalb des Umkreises des Seienden hier und jetzt, des unaufhörlich sich Wandelnden und Bedingenden, kein seinsmäßiges Fundament. Moral als Inbegriff von Urteilen von unbedingter Verbindlichkeit bedarf, um seinsmäßig möglich zu sein, einer anderen, einer jenseitigen Welt des in allem Wechsel Bleibenden, in aller Verschiedenheit Identischen.

In Kants Philosophie tritt in aller Deutlichkeit heraus, daß allein die Unterscheidung der Welt in eine sinnliche und in eine übersinnliche oder, wie Kant sagt, intelligible Welt eine moralische Weltauslegung zu retten vermag. Nietzsche deutet daher Kants Philosophie als den großangelegten Versuch, die Moral in ein Jenseits zu retten. Und das geschieht auf folgende Weise: Kant beschränkt die Erkenntnis auf die durch die Sinne zugänglichen Gegenstände, deren Inbegriff Natur heißt. Erkenntnisgegenstand kann demnach immer nur ein Sinnesgegenstand sein. Diese Gegenstände werden angeschaut in den Verhältnissen des Neben- und Nacheinander, in den Formen von Raum und Zeit, in

---

14 Ebd. Zif.1; KGW VIII/1, 2[127].

denen sie uns begegnen. Raum und Zeit aber werden nicht den Gegenständen erst nachträglich entnommen, sondern das erkennende Subjekt bringt sie von sich her immer schon mit als die Grundweisen, in denen uns Seiendes begegnet. Also vermögen wir das Seiende nicht zu erkennen, wie es von ihm selbst her, an sich selbst ist, sondern nur, wie es sich uns gemäß den Formen unserer Anschauung zeigt, als Erscheinung. Das ermöglicht nun die Unterscheidung des Seienden in einen sinnlichen und in einen übersinnlichen Gegenstand. Letzterer bleibt der sinnlich bedingten Vernunft des Menschen unzugänglich, mit Ausnahme des unbedingt gebietenden Sittengesetzes, unter das wir uns im Handeln, als praktische Wesen, immer schon gestellt finden. Solches Handeln unter einem unbedingt gebietenden Gesetz, also das spezifisch moralische Handeln, müßte aber ohne die Unterscheidung der Gegenstände in sinnliche und übersinnliche als Illusion preisgegeben werden. Diese Unterscheidung räumt dem moralischen Handeln überhaupt erst eine Stätte seiner Möglichkeit ein.

Sofern der Mensch, obwohl inmitten des Kommenden und Gehenden, also des bedingten Lebens, doch zufolge seiner Vernunft der unbedingten Forderung des Sittengesetzes geöffnet ist, gehört er zugleich der Welt des Übersinnlichen an. Und seine Aufgabe besteht vornehmlich darin, sich selbst als Sinnenwesen seiner übersinnlichen Bestimmung unaufhörlich zu unterwerfen. Das eigentliche Tun in allem Tun betrifft das Selbstsein des Menschen selbst. Es ist das Tun der Selbstunterwerfung unter seine übersinnliche Bestimmung. Im Tun solcher Selbstunterwerfung ist der Mensch daher innerhalb der Sinnenwelt zugleich von dieser frei, im Sinne der Selbstbestimmung im Handeln.

Nietzsche sagt: "Skepsis an der Moral ist das Entscheidende"[15]. Skepsis heißt, einer Sache mit dem Blick prüfend daraufhin nachgehen, wie es mit ihr bestellt ist. Die Skepsis an der Moral geht ihr daraufhin nach, wie es mit ihrem seinsmäßigen Fundament eigentlich bestellt ist, sie prüft die Moral auf ihr Sein hin. Hat sie überhaupt im Sein ein Fundament?

Kant macht mit der Erkenntnis ernst, daß sie seinsmäßig in der Tat unmöglich ist, wenn das Seiende in den Gegenstand mög-

---

[15] Ebd.

licher Erkenntnis aufgeht. Im Unkreis des Seienden, sofern es Gegenstand möglicher Erkenntnis ist, hat die Moral keinen Ort ihrer Existenz. Kant rettet die Moral in ein Jenseits der Gegenstände möglicher Erkenntnis oder möglicher Erfahrung, wie er auch sagt, eben durch die Unterscheidung von Ding in der Erscheinung und Ding an sich selbst, von Sinnesgegenstand und übersinnlichem, intelligiblem Gegenstand.

Aber dieses, das Übersinnliche, ist unerkennbar; nur das moralische Gesetz, unter welches wir uns im Handeln gestellt finden, verbürgt uns die Zugehörigkeit zur für uns erkennbaren Welt des Übersinnlichen, des Intelligiblen. So rettet Kant die Moral um den Preis, daß er sie zum Wesensgesetz einer unerkennbaren, übersinnlichen Welt macht, von der wir nur das Gesetz kennen und sonst nichts. Ja, wir können uns selbst als mögliches Glied einer übersinnlichen Welt nicht in dem erkennen, was wir sind, da diese uns hinsichtlich ihrer Erkennbarkeit verschlossen ist - mit Ausnahme des Gesetzes, nämlich des moralischen Gesetzes.

In der *Götzendämmerung*, einer Spätschrift, im Abschnitt mit der Überschrift "*Wie die »wahre Welt« endlich zur Fabel wurde. Geschichte eines Irrthums*", charakterisiert Nietzsche diesen Kantischen Rettungsversuch der Moral so:

> "Die wahre Welt, unerreichbar, unbeweisbar, unversprechbar, aber schon als gedacht ein Trost, eine Verpflichtung, ein Imperativ.
> (Die alte Sonne im Grunde, aber durch Nebel und Skepsis hindurch; die Idee sublim geworden, bleich, nordisch, königsbergisch.)"[16]

Es ist noch immer die alte Sonne des Übersinnlichen, die Sonne Platons, als Gleichnis für die höchste Idee des Guten, die einst die Welt erleuchtete und belebte und die der Erkenntnis annähernd erreichbar war, in der Philosophie Platons. In der christlichen Theologie ist dann die Erkenntnis bereits jenseitig, daher hier und jetzt unerreichbar, aber dem Gläubigen nach dem Tode versprochen als Einkehr in sie. Jetzt scheint sie nur noch

---

[16] Götzen-Dämmerung, Wie die »wahre Welt« endlich zur Fabel wurde; KGW VI/3, S.82.

bleich durch Skepsis - die *Kritik der reinen Vernunft* - und Nebel hindurch. Ihre seinsmäßige Möglichkeit steht sogar in Frage. Sie durchleuchtet das Seiende als Gegenstand möglicher Erkenntnis nicht mehr und auch nicht mehr die Erkenntnis. Sie hat sich zu einem bloßen moralisch verpflichtenden Gedanken verflüchtigt. Innerhalb dieser Geschichte des Verlöschens der übersinnlichen Welt stellt die auf Kant folgende Metaphysik des Deutschen Idealismus nach Nietzsche den Versuch dar, den moralischen Gott zu überwinden, das bedeutet, die übersinnliche, metaphysische Welt der Ideen dadurch noch zu retten, daß die Welt des Werdens in sie aufgenommen wird, in sie hineingenommen wird. So gibt Nietzsche innerhalb der nihilistischen Geschichte des Abendlandes eine eigene Deutung der Philosophie Hegels, und das heißt für ihn des Pantheismus.

Pantheismus bedeutet: Gott ist das Wesen des Seienden im ganzen, oder: Das Ganze als das Ganze ist Gott selbst. Hegel und Schelling denken daher in verwandelnder Übernahme dieses pantheistischen Grundgedankens Spinozas Gott nicht mehr in der Entgegensetzung zur Welt, sondern als das Absolute, das nichts außer sich hat, zu dem es als einem Anderen in Beziehung stände, was daher keinem Anderen entgegengesetzt werden kann, auch der Werdewelt nicht, sondern alles in sich beschließt. Eine entscheidende Modifikation des überlieferten Gottesbegriffes, die sich da im Deutschen Idealismus ereignet, was, soweit ich sehe, noch viel zu wenig bedacht worden ist.

Gott ist das Wesen des Seienden im ganzen, das, was das Ganze ist. Das Andere zum Seienden ist das Nichts oder die Negation, denn Sein ist Position und Nichts dementsprechend Negation. Aber als das Absolute ist Gott die Einheit von Position und Negation, da ihm als dem Absoluten nichts entgegengestellt werden kann, auch nicht das Negative der Negation. Das heißt, Gott steht nicht als reine Position der Negation gegenüber, sondern er hat das Negative als das Andere seiner selbst in sich. Die Absolutheit des Absoluten besteht darin, daß dieses alle Verhältnisse zu Anderem in Selbstverhältnisse seiner zu sich selbst umwandelt. Das Absolute ist nicht das Eine, das Positive, im Gegensatz zum Anderen, dem Negativen, sondern es ist die Einheit seiner und des Anderen. So birgt es den Gegensatz in sich, also das Werden als Element seiner eigenen Lebendigkeit.

Auf eine andere, wenngleich verwandte Weise versucht Schelling, den unhaltbar gewordenen bloß moralischen Gott zu überwinden. Schelling deutet das Sein als Kopula. Das ist aber nicht im bloß logisch-formalen Sinne gemeint, sondern Kopula im ontologischen Vollsinne als das alles zu einem einigen Ganzen einigende Band, durch welche Einigung zu einem einigen Ganzen ein jegliches allererst seiend ist. Dieses alles Einigende ist das Wesen der Liebe. Die Liebe läßt das Trennende wirksam werden, um als das alles Einigende allererst erscheinen und wirksam und so wirklich sein zu können. Trennung, Zwiespalt müssen sein, damit der Wille der Einheit in Überwindung der Trennung auch wirklich und wirksam werden, Liebe als Liebe überhaupt sich offenbaren kann. Die Liebe muß, will sie als solche erscheinen und wirksam werden, die Trennung, den Zwiespalt, den Schmerz wollen. Ja, sie muß sogar den Gegenwillen, den Aufruhr gegen das einigende Band des Seins, das Böse nämlich, zwar nicht wollen, aber zulassen, um in der Verwindung des Bösen ihre Macht als Liebe voll zu beweisen.

Hegel denkt das Sein nicht als das Bleibende gegenüber dem Werden, sondern eben als den Geist, der im Anderen, durch das Werden hindurch, zu sich selbst kommt, also durch eine Selbstentfremdung, durch das Anderssein, das Anderswerden hindurch muß. Schelling denkt das Sein als Willen der Liebe, der die Trennung will, um als Liebe wirklich sein zu können. Für beide, für Schelling wie Hegel, ist das Ganze des Seienden, das Wahre, erst das Wahre als das gewordene Ganze, also durch ein Werden seiner zu sich selbst hindurch, so daß das Werden wesensnotwendig zur Wahrheit gehört, zum wahren Sein. Das Werden wird also jedesmal in das Übersinnliche hineingenommen.

Für Nietzsche bleiben diese Versuche, den übersinnlichen Charakter des Seins, die metaphysische Welt, durch pantheistische Überwindung des bloß moralischen Gottes zu retten, gleichwohl bloße Versuche. Denn die Bestimmung des Seins als des Übersinnlichen, die ja Schelling und Hegel beibehalten, ist prinzipiell für Nietzsche unhaltbar, auch dann, wenn dieses Übersinnliche seinen Gegensatz als gewollte Bedingung seiner eigenen Wirklichkeit mit umgreift. Für Nietzsche sind Kants Versuche, die Moral in eine unerkennbare Welt der Dinge an sich selbst zu retten, von der wir nur das Gesetz kennen und weiter nichts, sowie Schellings und Hegels pantheistische Metaphysik Verzögerungen, Retardationen innerhalb des europäischen Geschichtsgangs, der gemäß seinem metaphysischen Gepräge im Nihilismus endet.

> "Überwindung der volkstümlichen Ideale: der Weise. Der Heilige. Der Dichter. Antagonismus von »wahr« und »schön« und »gut« - -"[17]

Diese Abbreviaturen bedürfen natürlich einer Erläuterung, damit wir das, was in ihnen gesagt ist, unserem Denken auch zu eigen machen können für eine künftige Auseinandersetzung mit Nietzsche. Der Weise ist der, der das Wahre weiß. Der Heilige ist der, der in dieser Welt das Gute lebt. Der Dichter, der das Schöne, die wahre Ordnung und Einheit der Welt, im Sinnlichen erscheinen läßt. Diese drei stellen also die christlich-platonische Weltauslegung anschaulich, gleichsam personal dar. Aber diese dreifache Einheit des Wahren, Guten und Schönen fällt auseinander, ja, sie treten in einen Widerstreit zueinander. Ehemals galt das Wahre, das in Wahrheit Seiende, als das Gute, daher als das Vorbildhafte für alles menschliche Tun, als das für das Gedeihen des Menschen zu Erstrebende, und das Schöne war ehemals das in der Sinnenwelt erscheinende Wahre. Diese Einheit zerbricht im 19. Jahrhundert. Das Wahre ist jetzt das bloß Wirkliche, das, was dem analytischen Vorgehen der auf Gesetzeserkenntnis gerichteten Wissenschaft als Objekt entgegensteht, und mehr nicht. Das Schöne wird als das Ästhetische gefaßt, das heißt lediglich als eine Weise, wie sich uns der Gegenstand zeigt, sein anschaulicher Anblick im Wie seines Sich-Zeigens für uns. Schön ist demnach gar nicht der Gegenstand selbst, sondern nur die Weise seines sinnlichen Sich-Zeigens für uns. Das Wirkliche selbst ist also nicht schön. Das Schöne als Schönes ist nicht wirklich. Wirklichkeit und Schönes fallen auseinander. Wenn ferner das Wahre zum bloß Wirklichen im Sinne des der wissenschaftlichen Erkenntnis Zugänglichen wird, dann hört das Vorbildhafte, das

---

[17] WzM Zif.1; KGW VIII/1, 2[127].

Gute auf, wirklich zu sein. Das Gute tritt jetzt dem bloß Wirklichen als das Gesollte, also selbst nicht Wirkliche gegenüber. Das Gute selbst kann nicht sein, es schwebt als Gesolltes über dem Sein, es ist nicht wirklich, sondern bestenfalls ein zu Verwirklichendes.

Es treten also einander gegenüber das bloß Wirkliche (Wahre), das bloß Ästhetische (Schöne) und das bloß Gesollte (Gute). Gegenüber dem wachsenden Andrang des Wirklichen im Sinne des wissenschaftlich Erforschbaren und technisch Machbaren werden das Schöne und das Gute im Laufe des 19. Jahrhunderts mehr und mehr zu etwas Unwirklichem. Um beide aber nicht als Nichtseiendes endgültig preisgeben zu müssen, werden sie dann in der zweiten Hälfte des 19. Jahrhunderts in den zweifelhaften Rang von Werten erhoben, die zwar nicht sind, dafür aber, wie man sagt, gelten. Und da im Gelten als Gelten-für der Bezug auf ein wertendes Subjekt liegt, den man nun von diesen Werten noch abstreifen möchte, beginnt man schließlich sogar, vom An-sich-Sein der Werte zu sprechen. Alles, was mit dem Anspruch des Maßgeblichen auftritt, rückt dann in den zweifelhaften Rang von an sich seienden Werten auf, die zwar nicht sind, dafür aber gelten. Nun, es ist klar: Dieses Wertdenken, das heute ganz und gar gang und gäbe ist, braucht den Nihilismus schon deshalb nicht mehr zu fürchten, weil es ihn durch und durch in sich selber trägt. Solches Denken hat dem Nihilismus nichts entgegenzusetzen als die Ahnungslosigkeit, daß es bereits nihilistisch ist.

> "Gegen die »Sinnlosigkeit« einerseits, gegen die moralischen Werturteile andererseits: inwiefern alle Wissenschaft und Philosophie bisher unter moralischen Urteilen stand? und ob man nicht die Feindschaft der Wissenschaft mit in den Kauf bekommt? [...] Kritik des Spinozismus. Die christlichen Werturteile überall in den sozialistischen und positivistischen Systemen rückständig. Es fehlt eine *Kritik der christlichen Moral.*"[18]

Beginnen wir mit dem Diktum "Die christlichen Werturteile überall in den sozialistischen und positivistischen Systemen rückständig". Was meint das im Sinne Nietzsches? Die sozialistischen

---

[18] Ebd.

Systeme, gemeint sind natürlich die kommunistischen, verhalten sich ungläubig zur christlich-platonischen Weltauslegung. Sie bestreiten die jenseitige Welt als Herkunft und Ziel des Menschen, aber sie behalten das Grundgefüge dieser Auslegung bei. An die Stelle der Seligkeit als Vereinigung des Menschen mit Gott im Jenseits tritt das Glück aller, nämlich als nach jeder Hinsicht gesicherte Bedürfnisbefriedigung des Menschen, wobei zu diesen Bedürfnissen selbstverständlich auch die geistigen gehören, und zwar durch eine erst in der Zukunft zu errichtende Gesellschaftsordnung. So tritt an die Stelle der Jenseitserwartung die Zukunftserwartung, an die Stelle der Abkehr von dieser Welt die revolutionäre Umkehr der bestehenden Lebensverhältnisse. Das Leben hier und jetzt ist nicht so, wie es sein sollte. Das wahre Leben ist zwar nicht das Jenseits, aber es liegt doch über das Leben hier und jetzt hinaus, nämlich in die Zukunft hinein. Das heißt, auch die sozialistischen Systeme existieren im Hinblick auf eine das Leben hier und jetzt übersteigende Erwartung, denn das Leben hier und jetzt lebt danach in einer Verkehrung. Es muß daher aus dieser Verkehrung ins Rechte gebracht werden. Durch eine Umwälzung, Revolution aller Lebensverhältnisse wird ein bleibender Endzustand herbeigeführt. So bewegt sich das geschichtliche Leben auf einen bleibenden, den rechten Endzustand zu.

Aber, jetzt kommt der Einwand Nietzsches, wenn das Wesen des Lebens das Werden ist, dann kann ein solcher bleibender Endzustand ebensowenig erreicht werden wie das christliche Jenseits. Dieser Zustand eines menschlichen Glücklichseins, für dessen Verwirklichung nun dem gegenwärtigen Menschen doch auch furchtbare Opfer auferlegt werden, kann nach Nietzsche überhaupt nicht sein. Er hat im Leben, dessen Wesen ja Wandel ist, kein seinsmäßiges Fundament. So, wie das Christentum etwas als Maßstab über dem Leben aufrichtete, das nicht ist, eine Welt des Bleibenden, eine ewige Welt jenseits dieser Welt, also ein Nichtseiendes zum Maß über das, was ist, erhob, so nimmt der Sozialismus - der Kommunismus ist gemeint - die Menschen in eine Bündnisgemeinschaft zusammen, die für ein niemals seiend Werdendes zu kämpfen hat. Das Leben hier und jetzt auf ein niemals sein Werdendes als Ziel zusammennehmen ist Nihilismus. So leuchtet ein, wieso in Nietzsches Perspektive auch der Kommunismus eine Form des Nihilismus ist. Dieser Kritik muß sich der Kommunismus aussetzen und sehen, wie er damit zurechtkommt.

Umgekehrt rühmen sich die positivistischen Systeme ihrer Metaphysikfeindlichkeit, indem sie sich in ihren wahren Sätzen auf das beschränken, was die wissenschaftliche Forschung als tatsächlich sichergestellt hat. Sie wollen das Leben auf die Tatsächlichkeit der Tatsachen stellen. Aber Nietzsche fragt wiederum: Weshalb gilt ihnen denn das als tatsächlich Ausgewiesene als das Wahre, als das, was wahrhaft ist und darum zum Maß zu nehmen ist? Doch nur deshalb, weil es das Bleibende ist, das Wahre also als das bleibend Beständige von vornherein in den Ansatz genommen ist. Das Beständige als etwas Verbindliches für das Leben zu nehmen spricht allerdings eine eindeutige Sprache: Der Positivismus jeder Schattierung steht bei seinem Rückzug auf das Bleibende der Tatsächlichkeit der Tatsachen als das Verbindliche für das Leben unter der Herrschaft der christlich-platonischen Moral. Diese entfaltet im Positivismus ihre Herrschaft um so hartnäckiger, als er sich selbst als frei von sogenannten metaphysischen Vorurteilen versteht. Das Denken Nietzsches im *Willen zur Macht* steht gegen ein Zweifaches: gegen die sich anbahnende Sinnlosigkeit und gegen die moralischen Werturteile, die das für seiend gehaltene Unseiende als Maß für das Leben ansetzen.

> "Die nihilistischen Konsequenzen der jetzigen Naturwissenschaft (nebst ihren Versuchen, ins Jenseitige zu entschlüpfen). Aus ihrem Betriebe *folgt* endlich eine Selbstzersetzung, eine Wendung gegen *sich*, eine Anti-Wissenschaftlichkeit. Seit Kopernikus rollt der Mensch aus dem Zentrum ins x."[19]

Der nihilistische Zug der modernen Naturwissenschaft kann von verschiedenen Seiten aufgedeckt werden. Wir bewegen uns hier in den Grenzen des Umkreises, innerhalb dessen Nietzsche denkt, wie wir das ja überhaupt vorläufig tun. Die moderne Naturwissenschaft läßt einen Naturvorgang als solchen nur so weit zu, als er gegenständlich vorgestellt, berechenbar gemacht werden kann. Alles Geschehen wird vorgreifend verstanden als Erfolg

---

[19] Ebd.

eines Vorangehenden nach einer Regel, dergestalt, daß, wenn das eine gesetzt ist, das andere auf es mit Notwendigkeit folgt.

Dieses Erklärungsprinzip, dem die modernen Naturwissenschaften fraglos als dem einzig von ihnen anerkannten folgen, ist durch Kant philosophisch begründet worden. Kant hat diejenige Ontologie geschrieben, auf der die modernen Naturwissenschaften stehen. Die heute öfter wiederholte Rede, daß die Naturwissenschaften mit ihren jüngsten Ergebnissen in bestimmten Bereichen Kant widerlegt hätten, ist von denen in Umlauf gebracht worden, die sich zwar niemals an ein Studium der *Kritik der reinen Vernunft*, insonderheit des Systems der Grundsätze, gemacht haben, aber trotzdem über Kants Philosophie reden. Nun ist in der Tat in der letzten Zeit etwas in den Naturwissenschaften geschehen, namentlich in der Physik, nämlich genau das, was Nietzsche vorausgesagt hat:

> "*Nihilistischer Zug* [...] in den *Naturwissenschaften* (»Sinnlosigkeit« -); Kausalismus, Mechanismus. Die »Gesetzmäßigkeit« ein Zwischenakt, ein Überbleibsel."[20]

Kausalismus als Grundzug der modernen Naturwissenschaften besagt, daß das Grundgesetz, in das die Natur eingesetzt ist, um Gegenstand möglichen Wissens zu werden, das Prinzip ist, daß jedes Geschehen als berechenbarer Erfolg aus seinen vorausgesetzten Bedingungen zu erklären ist. Das Vor-sich-Gehen der Naturvorgänge geht auf nichts zu. Es steht als purer Gegenstand des Berechnungsverfahrens dem menschlichen Vorstellen entgegen. Dieser Kausalismus der neuzeitlichen Wissenschaft steht nicht etwa der christlich-moralischen Weltauslegung entgegen, sondern ist geradezu deren Folge, denn durch Verlegung der Ziele in ein jenseitiges Leben erscheint nun dieses Leben, das Geschehen dieser Welt, für sich genommen als sinn- und ziellos. Nun ist aber das Interessante an Nietzsches These die Behauptung, Gesetzmäßigkeit sei ihrerseits ein Zwischenzustand, der überholt werde. Mit dieser Aussage hat Nietzsche das vorausgesagt, was dann im 20. Jahrhundert geschehen ist. Nicht, als ob er es im einzelnen hätte bestimmen können, aber den Grundzug dessen, was ge-

---

20 Ebd. Zif.69; KGW VIII/1, 2[131].

schehen werde mit den Naturwissenschaften, hat er vorausgedacht. Dieser andere Zustand, in welchen das Stadium der Gesetzmäßigkeit übergeht, hat längst begonnen mit der Aufstellung der Relativitätstheorie einerseits, mit ihren relativistischen, ortsbezogenen Zeitbegriffen bei großen Entfernungen und großen Geschwindigkeiten, und andererseits durch die Beschränkung im atomaren Bereich auf eine lediglich statistisch feststellbare Häufigkeit von Folgen mittels eigens dazu ausgebildeter Verfahren der Wahrscheinlichkeitsrechnung. Die Grundwissenschaft, in der alle anderen Naturwissenschaften begründet sind, einschließlich der modernen Medizin, die Physik nämlich, sah sich im atomaren Bereich gezwungen, die dynamische Kausalität aufzugeben und zur statistischen Berechnungsweise überzugehen. Die Physiker versichern uns, und sicherlich mit Recht, hier gebe es kein Zurückweichen mehr.

Was bedeutet diese Ablösung des Stadiums der Gesetzmäßigkeit? Nietzsche will nicht sagen, daß die moderne Naturwissenschaft die Idee der Gesetzmäßigkeit überhaupt preisgibt, denn die statistisch ermittelten Gesetze bleiben Gesetze, sie verändern, sie wandeln nämlich lediglich ihren Gesetzescharakter. Aber sie geben etwas auf, sie geben ihren Charakter der unbedingten Verbindlichkeit für jeden Einzelfall auf. Und das ist entscheidend: Die Naturgesetzte beginnen ihren moralischen Charakter aufzugeben, der bis dahin in ihnen steckte: absolute Gültigkeit für jeden Einzelfall. Natürlich kann man fragen, was denn in aller Welt das Naturgesetz mit der Moral zu tun habe. Kant, der für alle Naturwissenschaft die Schlüsselstellung innehat, gleichsam uns den Schlüssel an die Hand gibt, mit dem wir das entschlüsseln, öffnen können, was in Wirklichkeit in diesen modernen Naturwissenschaften geschieht, kann uns auch hier einen Aufschluß geben. Nach Kant kann zwar das unbedingt gebietende moralische Gesetz an keinem Naturgegenstand veranschaulicht werden, denn innerhalb der Natur findet sich nichts Unbedingtes. Jede gesetzmäßige Folge ist hier hypothetisch in der Form des "wenn dies - dann jenes". Aber was Gesetzmäßigkeit als solche besagt, nämlich ausnahmslose Gültigkeit für jeden Einzelfall, das läßt sich im Blick auf die Naturgesetzlichkeit verständlich machen. Insofern stellt die Natur für Kant einen Typus für die moralische

Urteilskraft dar, so daß wir imstande sind, einen Grundsatz unseres Handelns auf seine moralische Tauglichkeit hin zu überprüfen, indem wir fragen, ob wir nach diesem Grundsatz, nach welchem wir handeln, nun eine Natur einrichten könnten. Wenn das möglich ist, dann ist der moralische Charakter unseres Grundsatzes erwiesen, nämlich seine Übereinstimmung mit der Idee der allgemeinen Gesetzlichkeit. So hat es Kant ausgeführt in der *Kritik der praktischen Vernunft*, in dem Abschnitt, der überschrieben ist "Von der Typik der reinen praktischen Urteilskraft". Und so ist der Satz allererst zu verstehen, mit dem Kant den Beschluß der *Kritik der praktischen Vernunft* gibt und der so oft zitiert, aber selten bedacht wird:

> "Zwei Dinge erfüllen das Gemüth mit immer neuer und zunehmender Bewunderung und Ehrfurcht, je öfter und anhaltender sich das Nachdenken damit beschäftigt: *der bestirnte Himmel über mir und das moralische Gesetz in mir.*"[21]

In der Idee der strengen Gesetzmäßigkeit kommen nämlich beide, Sinnliches und Übersinnliches, in der ausnahmslosen Gültigkeit für jeden möglichen Einzelfall überein. Der bestirnte Himmel über mir ist für das anschauende Verweilen bei ihm gleichsam das sinnliche Scheinen desjenigen Gesetzes in der Sinnenwelt , das der Mensch als Vernunftwesen in sich trägt und das ihn zugleich zum Glied einer übersinnlichen Ordnung macht. Wo aber diese Gesetzmäßigkeit abgelöst wird durch die bloß statistische Feststellung der Häufigkeit von Folgen, wird ein solches ehrfürchtig betrachtendes Verweilen bei der Natur unmöglich. Der letzte übersinnliche metaphysische Nachschein in der Natur erlischt. Natur wird zu einem puren Gegenstand des Berechnungsverfahrens. Die moderne Naturwissenschaft hat diesen Weg angetreten, und es gibt kein Zurück mehr. Freilich, mit diesem Vorgang gehen die Versuche einher, doch noch ins Jenseitige zu entschlüpfen. Alle diese Versuche sind aber nichts anderes als schwache und schwächste Abkömmlinge Kants, obwohl sie das Gegenteil immer von sich behaupten. Kant hatte gezeigt, daß wir

---

[21] I. Kant, Kritik der praktischen Vernunft, Akademie-Ausgabe, Bd.V, Berlin 1913, S.161.

das Seiende nicht an sich selbst, sondern immer nur in Beziehung auf uns, nämlich gemäß den Bedingungen unserer Anschauung, erkennen können. Das Seiende ist uns nur zugänglich im Wie seines Sich-Zeigens für uns, darum als Erscheinung. Kant hatte diese Beschränkung der theoretischen Erkenntnis auf Erscheinung philosophisch begründet durch die transzendentale Auslegung von Raum und Zeit als Formen unserer Anschauung. Die gegenwärtigen Versuche dieser Art sind unvergleichlich gröber und gedankenloser.

Pasqual Jordan, ehemals der Hauptwortführer solcher Versuche, hat bei einem Vortrag, bei dem ich zugegen war, folgende Überlegungen seinen Zuhörern vorzusetzen gewagt, ohne daß diese protestierten: Die Naturwissenschaft, so führte er aus, löse ihren Gegenstand fortschreitend in Beziehungen auf. Damit entziehe sich ihr das Absolute mehr und mehr, und das Absolute entziehe sich dadurch mehr und mehr der Erkenntnis. Die einzige Weltanschauung, die sich widerspruchsfrei mit dieser relativistischen Wissenschaft vereinigen lasse, sei das Christentum, das ja ohnehin das Absolute in ein Jenseits der erkennbaren Natur verlegt habe. Die Philosophie dagegen habe endgültig abgewirtschaftet. Es gebe nur noch zwei Möglichkeiten: entweder reiner Nihilismus, das heißt ausschließliches Denken in bloßen Relationen, oder christliche Weltanschauung, Glaube ans Absolute. Die letzte Möglichkeit, die Pasqual Jordan offenbar für sich in Anspruch nimmt, bedeutet demnach: Als Wissenschaftler sind wir reine Nihilisten, denken in bloß rechnerischen Verhältnissen, im übrigen aber sind wir mit uns selbst übereingekommen, die Glaubenssätze der Kirche ein für allemal für wahr zu halten. Pasqual Jordan gibt solche Überlegungen für seine eigenen Gedanken aus. Nietzsche hat dazu vorweg schon gesagt:

> "Die nihilistischen Konsequenzen der jetzigen Naturwissenschaft (nebst ihren Versuchen ins Jenseitige zu entschlüpfen)."[22]

Man sollte meinen, daß jemand, der das Ende des philosophischen Zeitalters verkündet, die Philosophie wenigstens kennt,

---

[22] WzM Zif.1; KGW VIII/1, 2[127].

zum Beispiel diejenige Nietzsches. Sein Diktum "Seit Kopernikus rollt der Mensch aus dem Zentrum ins x"[23] faßt in einem Satz die Geschichte der neuzeitlichen Naturwissenschaft zusammen. Der Mensch versichert sich der Welt mittels der Wissenschaften durch Gleichungen und Gleichungssysteme. Mehr und mehr wird die Welt zu einem einzigen Gegenstand des Berechnungsverfahrens zusammengestellt. Innerhalb dieses Zusammenstandes wird die Stellung, der Ort des Menschen als des Menschen in der Welt zunehmend unbekannter. Er kommt in diesen Gleichungssystemen überhaupt nicht mehr vor; er wird zu einem Unbekannten, zu einer Unbekannten, er wird mehr und mehr zu einem x.

> "Die nihilistischen Konsequenzen der Historie und der »*praktischen* Historiker« d.h. der Romantiker. Die Stellung der Kunst: absolute *Un*originalität ihrer Stellung in der modernen Welt. Ihre Verdüsterung. Goethes angebliches Olympiertum."[24]

Historie, griechisch *historia*, heißt: Erkunden dessen, wie es gewesen und wie es gekommen ist, und zwar durch Befragen von Zeugen und Zeugnissen. Die moderne Historie geht bekanntlich quellenkritisch vor, sie zieht die Quellen, aus denen sie ihr Geschichtsbild entnimmt, zur Verantwortung in Hinblick auf ihre Echtheit. Der Maßstab, an dem die moderne Historie diese bemißt, liegt in dem, was die Gegenwart überhaupt für möglich hält. Die quellenkritische Historie kommt deshalb an keiner Stelle über den Möglichkeitsbereich gegenwärtigen Denkens hinaus. Sie verlängert die Gegenwart nach vorwärts und rückwärts, ebnet die Geschichte ein auf das, was das gegenwärtige Bewußtsein überhaupt für möglich hält. Die Historie hat es mit Geschehnissen zu tun. Das Wahre aber ist das Bleibende, und Wissen ist Fassen des Wahren, also des Bleibenden. Deshalb fragt es sich, inwiefern die Historie überhaupt Wissenschaft sein kann. Sie ist wissenschaftsfähig, insofern und nur insofern sie die Begebenheiten als vergangene betrachtet, denn das Vergangene liegt unveränderlich in der Vergangenheit fest und ist insofern etwas Bleibendes und damit möglicher Gegenstand einer Wissenschaft. Nun

---

[23] Ebd.
[24] Ebd.

ist aber der gegenwärtige Standort der Historiker samt seinen Maßstäben ebenfalls etwas Vergängliches, nämlich Vorübergehendes. Daher muß der Historiker das Bild, das er sich durch seine Forschungen von der Geschichte verschafft, ebenfalls als etwas Vorübergehendes verstehen. Indem also die Historie sich selbst historisch versteht, kreist sie sich durch sich selbst ein. Diese Selbsteinkreisung der Historie nennen wir Historismus.

Dieser bedeutet die Zersetzung des metaphysischen Wahrheitsbegriffs innerhalb des Gebiets der historischen Wissenschaften sowie den Übergang zur statistischen Ermittlung von Häufigkeitsfolgen, die diesen metaphysischen Wahrheitsbegriff innerhalb der Naturwissenschaft zu zersetzen beginnt. Der nihilistische Zug der Historie tritt zweifach in Erscheinung, einmal im Verzicht auf ein Wohin des geschichtlichen Ablaufs und dann als historische Zersetzung des Wahrheitsbegriffs. Die "praktischen Historiker", von denen Nietzsche hier spricht, sind diejenigen, die die Hinwendung zur Vergangenheit praktizieren, das heißt, sie verlegen das Ideal in die Vergangenheit, ins klassische Griechentum, ins Mittelalter, ins 18. Jahrhundert und wohin auch immer. Sie verweilen im Anblick großer Zeitalter und großer Gestalten, Alexanders des Großen, Caesars usw., aber mit dem Wissen um deren Vergangenheit. Sie vollbringen die Abkehr von der Gegenwart und die Zukehr zur großen Vergangenheit, ja sie ertragen die Gegenwart nur noch durch solche Zuwendung zur Vergangenheit, die sie zwar als unwiederbringlich wissen, bei deren Anblick und Darstellung sie sich jedoch gesteigert fühlen. Diese "praktischen Historiker" haben vor sich als Zukunft nur noch das Nichts, und das macht den nihilistischen Zug aus.

Nietzsche verbindet diese Charakterisierung der modernen Historie mit einer Kennzeichnung der Stellung der Kunst, die er als absolut unoriginal innerhalb der modernen Welt bezeichnet, hinzufügend, daß sie sich fortgesetzt verdüstere. Die moderne Kunst schöpft nicht mehr aus der Quelle alles Wirklichen, nämlich aus der Wirklichkeit des Wirklichen selbst. Deshalb vermag sie auch das Wirkliche nicht mehr umzuschaffen. Sie war ehemals, unter der Herrschaft der Metaphysik, Darstellung der Idee im Sinnlichen, welche das Wesen der Schönheit ausmacht. Nachdem aber die übersinnliche metaphysische Welt der Ideen und Ideale aufgehört hat, das Tragende und Fügende des Lebens zu sein, wird alle Darstellung von Ideen als des Maßgeblichen zu Verlogenheit und Schauspielerei. Hegel hatte das Wesen der Kunst als das sinnliche Scheinen der Idee bestimmt. Man könnte die heutige Kunst als das sinnliche Scheinen der Ideologie kennzeichnen. Sofern aber die Kunst wahrhaftig ist, wendet sie sich gegen solche Ideen- und Ideologiendarstellung und beginnt sich zu verdüstern. Die Welt der Ideen und Ideale enthüllt sich der Kunst, sofern sie noch wahrhaft und echt ist, als etwas Bestandloses, als Nichtseiendes, als nur für seiend Gehaltenes. Sofern sie also wahrhaftig ist, läßt sie jetzt das Wirkliche auf dem Hintergrund des Nichts erscheinen, als welches sich das Übersinnliche enthüllt hat. Indem sie das Wirkliche im Nichts darstellt, bleibt jedoch die christlich-platonische Auslegung immer noch führend, denn dieses Nichts, dieses Unseiende, ist nichts anderes als das ehemals für das wahrhaft Seiende Gehaltene, das sich nun als nicht seiend enthüllt.

Nun folgt noch eine Charakterisierung von Goethes - des Umfänglichsten und Größten - "angeblichem Olympiertum". Das Olympierhafte besteht in dem göttlichen Blick Zeus', der von oben her das Ganze des Wirklichen überblickt und dessen Wirklichkeit zur hellsten Bekundung wird. Das ist der Blick des Zeus. Daher der Blitz, der er selber ist. Aber dieses Olympiertum Goethes besteht nur in den Auffassungen der anderen. In Wirklichkeit ist es um Goethe ganz anders bestellt. Nietzsche charakterisiert ihn folgendermaßen:

> "Die Denkweise Hegels ist von der *Goetheschen* nicht sehr entfernt: man höre Goethe über *Spinoza*. Wille zur Vergöttlichung des Alls und des Lebens, um in seinem Anschauen und Ergründen *Ruhe* und *Glück* zu finden; Hegel sieht Vernunft überall, - vor der Vernunft darf man sich *ergeben* und *bescheiden*. Bei Goethe eine Art von fast *freudigem* und *vertrauendem Fatalismus*, der nicht revoltiert, der nicht ermattet, der aus sich eine Totalität zu bilden sucht, im Glauben, daß erst in der Totalität Alles sich erlöst, als gut und gerechtfertigt erscheint."[25]

[25] Ebd. Zif.95; KGW VIII/2, 9[178].

Die Bedeutung der pantheistischen Metaphysik für den Deutschen Idealismus und für die Dichtung Goethes ist allgemein bekannt. Beide, die spekulative Metaphysik des Deutschen Idealismus wie auch Goethe, greifen auf Spinozas Pantheismus zurück, freilich in einer diesen verwandelnden Weise. Danach ist das Göttliche das All selbst, dieses aber nicht als bloß mengenmäßige Zusammennahme alles Einzelnen, sondern als das von sich her Eine, das sich in seine Teile entfaltet, um sich in diesen selbst präsent zu sein. Da außer dem Ganzen nichts ist, durch das es zerstört werden könnte, so ist das Ganze das Heile, das Unversehrbare. Das Seiende ist seiend als das Ganze in seinem heilen Ganzheitscharakter. Ganz, das steht hier in der Gegenbedeutung zu "entzweit, zerbrochen". Das Seiende ist das Seiende als Totalität, wie es in der Sprache Schellings und Hegels heißt. Hegel denkt diese Totalität, dieses Ganze dessen, was ist, das Seiende in seinem Sein, als Vernunft; denn die Vernunft ist die sich selbst wissende Einheit ihrer selbst und des Gegenstandes. Alles Seiende ist als seiend erkannt, wenn die Vernunft sich in ihm erkennt. Erkennen heißt jetzt Zusammenschluß der Vernunft mit ihrem Gegenstand, dergestalt, daß nun die Vernunft, weil sie sich mit ihrem Gegenstand zur Einheit ihrer mit sich selbst zusammengeschlossen hat, von jeder einseitigen Beziehung auf anderes frei und so bei sich selbst und auf diese Weise erst eigentlich sie selbst ist. Als Vernunftsystem ist alles Seiende ins Sein gerettet, so Hegel.

Goethes Denkweise steht der Hegelschen zweifellos nahe, das hat Nietzsche richtig gesehen. Das All, das als Ganzes unversehrbare Ganze, außer dem nichts ist, ist das Wahre im Sinne des wahrhaft Seienden. Und in diesem Ganzen erscheint ein Jegliches als gut und gerechtfertigt, als zu Recht bestehend, wenn es sich als Moment dieses Ganzen erweist. Deshalb kommt es für den Menschen darauf an, aus sich eine Totalität zu bilden, welche das Ganze auf ihre Weise darstellt, eine Totalität, in der dann alles, was Leiden, Schuld und Irrtum war und niemals von Goethe bestritten wird, dennoch am Ende als gerechtfertigt erscheint. Goethes Stellung zur Wirklichkeit ist nicht das Zeushafte des Olympiertums - das ist eine ganz falsche Vorstellung im späteren bürgerlichen 19. Jahrhundert -, sondern sie ist durch das Vertrauen darauf bestimmt, daß ein Jegliches, was und wie es auch sei, sinnvoll und gerechtfertigt ist, wenn es sich zu einer Totalität bildet und insofern ein Moment des Ganzen ist. Das ist übrigens die Bildungsidee Goethes, daß ein jeder sich auf seine Weise zu einer Totalität zu bilden habe, dann ist er ins Sein gerettet, was auch immer geschehen mag. Das Göttliche ist hier nicht das Übersinnliche gegenüber dem Sinnlichen, ist nicht das moralisch Gute gegenüber dem triebhaft Natürlichen, sondern das Ganze, das sich in seiner Ganzheit tätig erhält durch unablässige Tätigkeit. Goethe bezeichnet für Nietzsche die Stelle innerhalb der Verfallsgeschichte der christlich-moralischen Weltauslegung, die, da der bloß moralische Gott, also das höchste Seiende, sofern es nur durch bejahende Prädikate bestimmt wird und alle Verneinungen ausgeschlossen sind, überwunden wird durch eine pantheistische Hineinnahme von allem Leid und aller Schuld ins Göttliche, welches das Ganze ist.

"Die Kunst und die Vorbereitung des Nihilismus. Romantik (Wagners Nibelungen-Schluß)."[26]

Nietzsche erkennt hier, in dem Schlußstück der Wagnerschen Tetralogie *Der Ring des Nibelungen*, in der *Götterdämmerung*, die Vorbereitung des Nihilismus. Inwiefern hat Nietzsche etwas Richtiges erkannt? Die Götter repräsentieren in diesem vierteiligen Musikdrama das seiner selbst bewußte Weltbewußtsein und den seiner selbst bewußten Willen. Dieser seiner selbst bewußte Weltwille enthüllt sich mehr und mehr als ein selbstbezüglicher Wille zur Dauerhaftigkeit, welcher nämlich das auf- und abwogende Leben auf Dauer zu stellen und so stillzustellen trachtet, dadurch aber Unheil, Schuld und Leid heraufbeschwört. Von diesem sich selbst wollenden, selbstischen Willen wird alles ergriffen, sogar die Liebe und das den Tod nicht fürchtende freie Heldentum. Die Verstrickung auch der Liebe und der Freiheit in die Selbstbezüglichkeit und das Verhängnis der Selbstbezüglichkeit machen gerade den Inhalt des letzten Dramas der Tetralogie, der sogenannten *Götterdämmerung*, aus.

---

26 Ebd. Zif. 1; KGW VIII/1, 2[127].

Nietzsche weist also Wagners Musikdrama ein bedeutendes Stadium innerhalb der nihilistisch erfahrenen europäischen Geschichte zu. Und es wird deutlich, weshalb: Das metaphysische Nein zum Leben hier und jetzt, mit Platons Erdenken der übersinnlichen Idee als des wahrhaften Seins beginnend, hat bei Wagner nicht mehr die Gestalt der Ansetzung einer übersinnlichen Welt und auch nicht die Gestalt des verpflichtenden Gedankens einer unerkennbaren Welt der Dinge an sich, wie bei Kant; Wagner rettet das Leben hier und jetzt auch nicht in ein pantheistisch vergöttlichtes Ganzes, in welchem Leiden, Schuld und Irrtum dennoch als gerechtfertigt erscheinen, wie Goethe und, auf andere Weise, Hegel; Wagner setzt vielmehr die Verneinung des selbstsüchtigen, seiner selbst bewußten Lebens als die äußerste Bejahung und geht darin noch über Schopenhauer hinaus, der Bejahung und Verneinung des Lebenswillens noch einander entgegensetzte. Die Lebensverneinung geschieht hier nicht mehr in Hinblick auf ein anderes, höheres Leben, sie ist aber auch nicht bloßes Nein eines zu Verneinenden wie bei Schopenhauer, sondern in sich selbst, als Verneinung, die höchste Bejahung, nämlich das ekstatische Ja zum Untergang, zum Untergang des wollend wirksamen in den nicht mehr wollenden, keine Wirksamkeit mehr erstrebenden Willen, welcher die Lust des Lebens an sich selbst ist, die sich nicht einmal selbst mehr erstrebt.

Die Nähe zu Nietzsche ist hier unvergleichlich, aber eine solche Nähe, die zugleich die äußerste Entfernung ist. Hier kann man dann auch begreifen, wieso die anfängliche Freundschaft zwischen Nietzsche und Wagner nicht bestehenbleiben konnte. Der Grund tritt in dieser Charakterisierung des Schlusses der *Nibelungen* viel deutlicher hervor als in den polemisch getönten Schriften Nietzsches gegen Wagner, die es gelegentlich einfach an Niveau fehlen lassen und die, im Grunde genommen, nichts anderes sind als nicht ganz geglückte Versuche Nietzsches, sich von der Wagnerschen Musik zu befreien.

3. Die volle Herkunftsbestimmung des Nihilismus

Die Wesenssetzung des Nihilismus erfährt ihre Bewährung durch den Aufweis der nihilistischen Züge der vorherrschenden Erscheinungen des modernen Zeitalters. In Ziffer 12 des 1. Buches des *Willens zur Macht*, welche eine längere Erörterung umfaßt, wird die volle Herkunftsbestimmung des Nihilismus gegeben. Diese sei hier vorweg genannt:

> "*Der Glaube an die Vernunftkategorien* ist die [eigentliche] Ursache des Nihilismus."[27]

Für ein Verständnis dieses umfangreichen Stücks, dem wir uns nun zuwenden müssen, ist es wichtig, daran zu erinnern, was "Glaube" im Sinne Nietzsches eigentlich besagt: Etwas für das Wahre halten, das für wahr Gehaltene festhalten, sich in der Weise an es halten, daß es für alle Verhaltungen zum Maßgeblichen genommen wird, diesen Komplex faßt Nietzsche in den Begriff "Glauben".

Die unter Ziffer 12 angeführten Stücke haben eine zweifache Bedeutung: Einmal ergeben sie, wie gesagt, die vollständige Herkunftsbestimmung des Nihilismus, aber zweitens haben sie für uns noch ein besonderes Gewicht. In ihnen enthüllt sich nämlich die Metaphysik als die Grundform dessen, was heute Ideologie genannt wird: Grund genug, diesen Stücken unsere besondere Aufmerksamkeit zuzuwenden. Die zergehende Metaphysik tritt nicht als eine besondere Ideologie auf, und zwar deshalb nicht, weil sie die Grundgestalt aller modernen Ideologien selber ist.

Dazu zunächst eine Bemerkung zur Bedeutungsgeschichte des Wortes "Ideologie". Es fällt sogleich eine eigentümliche Zweideutigkeit auch in seinem heutigen Gebrauch ins Auge: Man spricht von den das Bewußtsein beherrschenden Ideologien, welche die Wirklichkeit und die wirklichen Verhältnisse verschleiern, die daher Ursachen eines falschen Bewußtseins des Menschen von sich selbst, von der Welt und von seiner Lage in der Welt sind. Diese Ideologien, so heißt es, gilt es zu durchschauen und aufzu-

[27] WzM Zif.12; KGW VIII/2, 11[99].

heben. Andererseits aber gibt man zu, daß Menschengruppen im Kampf um Anerkennung, Geltung, Einfluß und Herrschaft innerhalb der Gesellschaft jeweils eine eigene Ideologie brauchen, in welcher ihr Wollen als gerechtfertigt erscheint und der sie den Maßstab für die Beurteilung dessen entnehmen, was gegenwärtig ist und geschieht und geschehen sollte. Diese Zweideutigkeit des Begriffs "Ideologie" kommt nicht von ungefähr. Das Wort selbst ist relativ jung. Es ist eine Neubildung des beginnenden 19. Jahrhunderts und erhielt bald die abschätzige Bedeutung einer wirklichkeitsfremden, für die Praxis untauglichen Lehre - "bloße Ideologie", wie wir ja auch heute noch sagen können. Diese Bedeutung wandelte sich jedoch im Laufe des 19. Jahrhunderts: Die Ideologien wurden nun umgekehrt als etwas für die Praxis überaus Bedeutsames angesehen, weil sie das Bewußtsein bestimmen und den einzelnen gesellschaftlichen Gruppen die Grundrichtung ihres Denkens und Wollens anweisen, aber mit der Wahrheit dessen, was ist, haben sie nichts oder doch nur wenig zu tun. Das Denken in Ideologien - ganz gleich, ob man eine Ideologie verneint, bekämpft oder bejaht - glaubt, ohne die Frage nach der Wahrheit auskommen zu können. Die Ideologien sind jedoch zufolge ihrer Indifferenz gegenüber der Wahrheit nicht etwas Nichtiges. Im Gegenteil: Sofern sie das Wollen und Wirken verschiedener Menschengruppen im Kampf um Anerkennung und Herrschaft bestimmen, sind sie gerade etwas Wirksames, und weil etwas Wirksames, Wirkliches.

Ein Denken zum Beispiel, das die Gesellschaft als das Subjekt von Natur und Geschichte und die Arbeit im Sinne der materiellen Produktion als das Fundament der Gesellschaft setzt, das alles bestimmend durchragt, wird von den Angehörigen anderer Denkrichtungen als Ideologie gekennzeichnet, als ein Denken, das sich zwar als überaus wirksam erwiesen hat und erweist, dessen weltgeschichtliche Wirksamkeit unbestreitbar ist, das aber eben eine bloße Ideologie sei und trotz aller zugestandenen Wirksamkeit mit Wahrheit nichts zu tun habe. Umgekehrt erklären etwa die Vertreter einer materialistischen Auffassung von der Gesellschaft, von den gesellschaftlich-geschichtlichen Prozessen ebenjene Denkrichtungen für bloße Ideologien, die in einer bestimmten gesellschaftlichen Verfassung, aus der sie hervorgehen, ihren Erklärungsgrund haben. In diesem Streit erscheint die Ideologie, jeweils von der anderen Seite, nämlich vom Gegner her betrachtet, als eine wahrheitslose, die Praxis jedoch im Medium des Bewußtseins bestimmende Wirklichkeit.

Diesen Tatbestand eines wahrheitslosen, aber deshalb nicht falschen, sondern wahrheitsindifferenten Denkens in Ideologien gilt es, nach Herkunft und Wesensart zu erkennen, eine Aufgabe, bei der uns Nietzsche in seiner Destruktion der überlieferten Metaphysik eine wesentliche Hilfe leisten kann. Damit verschreiben wir uns natürlich nicht der Philosophie Nietzsches in Sachen Ideologie, wir werden erst recht nicht Nietzscheaner, sondern wir möchten von ihm eine Belehrung erhalten, in der Absicht, das ideologische Denken eine Strecke weit aufzuhellen. Wie weit die erhellende Kraft von Nietzsches Gedanken in dieser Sache reicht, kann nur durch den Versuch ausgemacht werden. Deshalb müssen wir uns darüber im klaren sein, daß wir uns hier nur einen Weg bahnen im Lichte der Nietzscheschen Philosophie, der auch nur einer unter anderen möglichen ist. Selbstverständlich gibt es auch andere Möglichkeiten, das Wesen der Ideologie zu bestimmen.

Bei Nietzsche tritt das Wort "Ideologie" selbst nicht auf. Aber der Sache nach denkt er die wahrheitslos gewordene überlieferte Metaphysik als die Grundfigur der Ideologie. Dabei ist unter Metaphysik das zu verstehen, als was wir sie hier immer genommen haben: als eine Gesamtauslegung alles Wirklichen in Hinsicht darauf, worin seine Wirklichkeit besteht, die zugleich ein Selbstverständnis des Menschen impliziert und diesen in eine bestimmte Grundstellung zu sich selbst und zur Welt verweist. Diese Metaphysik, die seit mehr als 2000 Jahren das Welt- und das Selbstverhältnis des europäischen Menschen getragen hat, enthüllt im Denken Nietzsches, wie wir gesehen haben, ihre Wahrheitslosigkeit und wird durch solche Enthüllung zur Grundform des ideologischen Denkens, die selbst nicht als eine bestimmte Ideologie in Erscheinung tritt, weil sie gerade das Grundgepräge jeder Ideologie als einer solchen ausmacht.

Um das nun zu sehen, bedarf es zuvor eines konzentrierten Blicks des Denkens auf das Grundverhältnis des Menschen zu seiner Welt, wie es sich heute und wohl auch in Zukunft darstellt.

Wir müssen also, wenn wir die Belehrung durch Nietzsche wahrhaft rezipieren, wenn wir davon etwas haben wollen für ein Verständnis dessen, was Ideologie ist, unsere eigene Erfahrung, die wir im 20. Jahrhundert von der Welt machen, mit hineinnehmen.

Das Grundverhältnis des Menschen zur Welt im 20. Jahrhundert zeigt nämlich einen eigentümlichen Zwiespalt. Die Praxis der alles vergegenständlichenden Arbeit, in welche ja die gesamte Wissenschaft eingegangen ist, umstellt den Menschen mehr und mehr mit der Welt als einem gegenständlich verfügbaren, berechenbaren Wirkbestand. Denn nicht nur das Wirken der Natur wird mehr und mehr unter die Kontrolle des Menschen gebracht, sondern auch das geschichtliche-gesellschaftliche Leben wird zum Gegenstand einer planenden Vorausberechnung, also der willentlich-wissenden Gestaltung und Umgestaltung. Dieser den Menschen in seinem Welt- und Selbstverhältnis sichernden Beständigung von allem durch vergegenständlichende Arbeit entspricht aber auf der anderen Seite ein zunehmender Unbestand aller Dinge und Verhältnisse. Und das macht den Zwiespalt aus, denn der durch Wissenschaft und Technik geprägte Arbeitscharakter der modernen Welt hat die Form eines Prozesses, von dem wir nur das eine erkennen können, daß er sich fortgesetzt beschleunigt, ohne daß ein beschließendes Ende, ein Ziel erblickbar würde, auf das er zuginge und in dem er sich beschließen könnte. Hier versagen alle Prognosen allein schon deshalb, weil durch den Fortgang von Wissenschaft und Technik immer neue Faktoren auftreten, die dem Prozeß eine andere Wendung geben.

Nun hat Nietzsche einen solchen ziellosen Prozeßcharakter der Wirklichkeit in einer sein ganzes Denken bestimmenden und umgrenzenden Wirklichkeit so sehr erfahren, daß er in einer absoluten Gegenwendung gegen die überlieferte Metaphysik das Werden überhaupt zum Grundcharakter alles Wirklichen erklärt. Nach Nietzsche, das haben wir ja bereits gesehen, befindet sich nicht nur alles und jedes im Wandel, sondern die Welt selbst ist ihrem eigensten Sein nach eine Werdewelt. Aus dieser in die Klarheit und Bestimmtheit des philosophischen Gedankens erhobenen Grunderfahrung vom Sein als Werden bestimmt Nietzsche die Herkunft, das Wesen, die Aufgabe und die Geschichte der überlieferten Metaphysik.

Wenn nämlich das Werden die Wirklichkeit alles Wirklichen selbst ausmacht, dann vermag der Mensch im Werden nur zu bestehen, wenn er von vornherein eine Bestandssicherung seiner selbst vornimmt, um nicht unterzugehen im Strom des Werdens. Nun lebt aber der Mensch als Lebewesen in Angewiesenheit auf Welt, denn alle seine Möglichkeiten sind welthafter Natur. Deshalb ist die Selbstsicherung des Menschen im Strom des Werdens identisch mit einer Beständigung der Welt, also mit einer Beständigung des Werdens zu etwas Bleibendem, an welchem allein er einen Halt finden und so sich im Werden halten kann. Nun verstehen wir, wie Nietzsche das Wesen der überlieferten Metaphysik aus seiner eigenen philosophischen Grunderfahrung - Sein als Werden - begreift, nämlich als den Versuch, dem Menschen innerhalb der Werdewirklichkeit das Bestehenkönnen durch eine Beständigung und Befestigung des Werdens zu ermöglichen. Dabei nimmt die Metaphysik zum bestimmenden Ausgang einer solchen den Menschen sichernden Weltauslegung die Vernunft, also das Wesensspezifische des Menschen im Unterschied zu allen anderen Lebewesen, und legt nun die Wirklichkeit des Wirklichen in Hinblick auf diese aus, dergestalt, daß die Hinsicht auf die Vernunft des Menschen, auf sein Eigenes, das Maßgebliche für die Auslegung der Welt ist, so daß nun das von der Vernunft Gedachte als das gilt, was das Wirkliche in seiner Wirklichkeit ist.

Was aber ist das? Das erste und beständig von der Vernunft Gedachte ist dieses, daß alles und jedes ist. Dieses nennen wir das Sein. In diesem Sein als dem einen und selben kommt alles in all seiner Verschiedenheit und all seiner Veränderung überein. Das allem zuvor und ständig durchgängig von der Vernunft gedachte, im Ist-Sagen in mannigfacher Weise sich artikulierende Sein erstreckt sich als das Sich-Gleichbleibende und überall Identische durch allen Wandel des Mannigfaltigen hindurch. So ist denn das erste Bestandgebende gefunden: Es ist das immer schon von unserer Vernunft gedachte Sein.

Nun ist es aber ebensosehr ein unbestreitbares Faktum, daß die Welt eine Werdewelt ist, daß sie überall in Wechsel und Wandel begriffen und der Mensch darin einbegriffen ist. Daraus ergibt sich in der Sicht Nietzsches jetzt die Aufgabe der Metaphysik. Sie stellt sich konsequenterweise so: Es gilt, das Werden - mittels einer durch den Hinblick auf das sich gleichbleibende Sein bestimmten Auslegung der Vernunft - so weit wie möglich der Vernunft gemäß zu machen.

Dazu wurden in der Hauptsache nach Nietzsche drei Versuche unternommen, die nicht so sehr eine zeitliche Aufeinanderfolge bilden, sondern in einem inneren, logischen Zusammenhang stehen und darum mannigfache Verbindungen miteinander eingegangen sind, aus denen sich dann die verschiedenen philosophischen Positionen gebildet haben, die im Laufe der Geschichte der Metaphysik auch bezogen worden sind. Es wäre nicht schwer, die einzelnen im Verlauf der Geschichte eingenommen metaphysischen Grundstellungen der großen Philosophen mit dem Überwiegen des einen oder anderen dieser drei Versuche zu identifizieren. Ein solcher detaillierter Blick in die Geschichte der Philosophie würde hier aber zu weit führen. Deshalb müssen wir uns hier auf eine Charakterisierung der drei Versuche beschränken, das Werden zu meistern, es vernunftgemäß zu machen, es dem Sein, dem ständig von der Vernunft Gedachten, soweit wie möglich anzugleichen.

1. Nach Nietzsche sieht die erste Auslegung der Werdewelt aus dem Hinblick auf die Vernunft so aus: Das Werden wird nicht seinem bloßen Werdecharakter überlassen, sondern als ein Seiend-Werden vorgestellt, als ein Unterwegssein zum Sein, in welchem das Werden sich beendet, beschließt und vollendet. Nach dieser Auslegung ist das Werden nicht bloßes Werden, sondern es geht auf ein Ende im Sinne der Vollendung zu, auf ein Sein. Vollendet ist dasjenige, was in seinem Zu-Ende-Gekommensein erst ganz das ist, was es sein kann, und das darum nicht mehr wird, sondern ist. Das vollendete Ende, auch Ziel oder Zweck genannt, wird aber vorgreifend von der Vernunft vorgestellt. So sehen wir, wie in dieser Auslegung eine Angleichung des Werdens, der Wirklichkeit, an die Vernunft stattfindet, ein Versuch, das Werden vernunftgemäß zu machen. Ist nach dieser Auslegung das Werdegeschehen der Vernunft anvertraut, dann ist der Mensch qua Vernunftwesen ein Mitarbeiter an der vernunftgemäßen Gestaltung der Welt. Wir nennen eine solche Auslegung nach dem griechischen Begriff *telos*, vollendetes Ende, eine teleologische Betrachtung der Welt.

Wie aber steht es, fragt Nietzsche, heute mit dieser teleologischen Auslegung der Welt, auf welche höchste Anstrengungen des Denkens verwendet worden sind? Wir haben allein innerhalb des europäischen Kulturbereichs Erfahrungen mit einer 2500jährigen Geschichte hinter uns, mit gewaltigen, nicht vorauszusehenden Veränderungen. Gewiß waren all diese Wandlungen keine vernunftlosen Geschehnisse, kein sinnloses Walten blinder Kräfte, sondern mitbestimmt durch das von Zielvorstellungen geleitete menschliche Handeln. Und es war, wie vor allem Hegel gezeigt hat, in dem, was durch geschichtliche Wandlungen je und je zustande kam, auch die Vernunft anwesend.

Die neuzeitlich-demokratische Revolution gibt sich ihrer Intention nach als die politisch-gesellschaftliche Vollstreckerin der in der Vernunftbestimmtheit des Menschen begründeten Wesensgleichheit aller Menschen. Das ist der Sinn sowohl der Französischen wie der sozialistischen Revolution. Solche Revolutionen konnten sich natürlich nur innerhalb der europäischen Metaphysik ereignen. Aber wenn es auch zweifellos so ist - all das ist von der metaphysischen Grundthese weit entfernt, wonach das Gesamtgeschehen von einem alles beherrschenden einheitlichen Zweck geleitet sei, der durch dieses Geschehen erreicht würde. Von einer solchen teleologischen Deutung des Gesamtgeschehens sind wir heute weiter entfernt denn je, denn wir stehen in einem durch den Arbeitscharakter der Welt bestimmten Weltprozeß, dessen Wohin uns nicht nur unbekannt bleibt, sondern bezüglich dessen wir nicht einmal wissen können, ob es ein solches Wohin überhaupt gibt. Die teleologische Auslegung des Werdens ist gescheitert, aber nicht an ihrer rein logischen Unhaltbarkeit. Sie erweist sich vielmehr angesichts unserer eigenen geschichtlichen Erfahrung als bestandlos, als nichtig. Sie entspricht nicht der Wirklichkeit, wie sie sich in unserer Erfahrung bekundet. Und deshalb ist sie nach Nietzsche hinfällig.

2. Der zweite Versuch, das Werden der Vernunft anzugleichen und es vernunftgemäß zu machen, sieht so aus: Auszugehen ist auch hier von dem ständig von der Vernunft gedachten Begriff des Seins. Dieses von der Vernunft im vorhinein und durchgängig gedachte Sein, der Maßbegriff für die Auslegung der Welt in der Metaphysik, ist ein einzig Eines, das alles zu einem einigen Gan-

zen eint. Nietzsche spricht bezüglich dieser Auslegung in ihrer Kennzeichnung von einer in allem Werden waltenden Einheit des Systems oder der Organisation[28], die, geschichtlich gesehen, zuletzt auf die Philosophie des Neuplatonismus zurückgeht. So stellt sich etwa im Denken Leibniz' die Wirklichkeit als eine unendliche Mannigfaltigkeit von Seiendem dar, weil ein jegliches sich selbst erstrebt, seine eigene wesensgemäße Wirklichkeit, aber so, daß das Streben eines jeglichen nach sich selbst mit dem Streben von jedem anderen nach dem Maß der Verträglichkeit im Sinne der prästabilierten Harmonie im vorhinein zusammenstimmt. Hegel und Schelling denken auf jeweils eigene Weise das Ganze des Seienden als einen Vernunftzusammenhang, in dem jedes seine notwendige Stelle aus dem Zusammenhang mit allem Übrigen hat und aufgrund dieser notwendigen Stelle im Gesamtzusammenhang sein Bestehen hat. Gegen dieses von der Vernunft getragene System revoltiert der Wille, der das System in die Organisation verwandelt, in welcher der Einzelne dem Befehl des Ganzen unterstellt wird, dergestalt, daß er für die Erhaltung des Ganzen sich aufzugeben hat, geopfert werden muß. Die faschistischen Systeme mit ihrer an den Einzelnen gerichteten Aufforderung, ins Ganze aufzugehen, stellen die letzte Schwund- und Entartungsstufe einer Auslegung des Werdens dar, nach welcher alles Werdende von einer alles umfassenden Einheit durchwaltet ist und insofern ein harmonisches Ganzes bildet.

Diese Auslegung ist nach den Erfahrungen, die wir heute von der Welt machen, erst recht nicht zu halten, denn heute erfahren wir das Weltgeschehen nirgendwo als ein harmonisches Ganzes, noch niemals wohl war die Welt so zerklüftet wie heute.

3. Nun der dritte metaphysische Auslegungsversuch: Vorausgesetzt, daß es mit der teleologischen Deutung des Geschehens nichts ist, weil sie nicht haltbar ist, vorausgesetzt auch, daß das Werden von keiner großen Einheit umfangen wird, so bleibt noch der letzte Ausweg übrig, die ganze Welt des Werdens als eine Welt des nicht eigentlich Seienden, ja, des Scheins preiszugeben und jenseits der Werdewelt eine wahre Welt des Immerseienden zu erdenken. Diese letzte Auskunft ist zwar nicht in jeder Hin-

[28] Vgl. ebd.

sicht mit der Philosophie Platons identisch, aber sie ist zweifellos durch sein Denken zum ersten Mal aufgekommen. Und Platons Denken hat die durch ihn begründete Metaphysik stets mitbegleitet.

Durch die Ansetzung einer wahren Welt des Seins, die nur der Vernunft zugänglich ist, über der Welt des Werdens scheint sich nun die Vernunftmetaphysik endgültig gerettet zu haben, da das Werden ja zum bloßen Anschein von Sein erklärt worden ist. Aber das scheint auch nur so zu sein. Wenn nämlich die Frage gestellt wird, wie denn die Ansetzung einer Welt des Seins über allem Werden ihrerseits begründet und legitimiert sei, dann muß am Ende die Antwort lauten: Um der Bestandssicherung des Menschen willen ist diese metaphysische Welt des Bleibenden über dem Werden erdacht und gesetzt worden, da der Mensch ohne Anhalt am Bleibenden im Werden nicht bestehen könnte, sondern im Strom der Ungleichheit versinken müßte. Das aber bedeutet - und das ist ein Gedanke, den wir schon kennen, den Nietzsche jetzt aber im Hinblick auf das Ganze der Metaphysik wiederholt -: Der Ansatz einer Welt des Bleibenden, Übersinnlichen, ist für den Menschen lebensnotwendig.

Wenn diese These zutrifft, folgt dann daraus, daß diese vom Menschen aus lebensdienlichem Interesse angesetzte und erdachte Welt auch das in Wahrheit und Wirklichkeit Seiende ist? Keineswegs. Das aus selbstbezüglichem Interesse für wahr und wirklich Erklärte braucht nicht das Wahre und Wirkliche zu sein. Im Gegenteil: Es spricht nach unseren Erfahrungen alles dafür, daß es sich umgekehrt verhält. Die Begründung, die Legitimation für die Ansetzung einer solchen metaphysischen Welt über dem Werden, wonach dieser Ansatz für den Menschen unentbehrlich sei, ist identisch mit der Einsicht, daß diese metaphysische Welt nicht deshalb für die wahrhaft seiende und wirkliche gehalten wird, weil sie die wahre Wirklichkeit ist, sondern daß sie aus einem Interesse des menschlichen Lebens für sich selbst lediglich für wahr gehalten wird. Und aus dieser Erkenntnis und mit ihr wird die Platonische Weltauslegung unhaltbar.

Drei Grundauslegungen des Seienden beherrschen also in vielfältigen Verflechtungen das überlieferte Denken: 1. Die Deutung des Werdens als eines Seiend-Werdens, 2. das Werden als das

Wirken einer alles umfassenden und durchdringenden Einheit, mag diese nun pantheistisch oder theistisch gedacht werden, 3. das Werden als bloßer Anschein von Sein, welches über die Welt des Werdens hinaus in einer zweiten, wahrhaften, übersinnlichen Welt liegt.

Das Resultat einer Prüfung der metaphysischen Weltauslegung ist also nach Nietzsche dieses: Sie erweist sich in ihren drei Grundrichtungen und den Verklammerungen und Verschränkungen nach einer langwährenden Geschichte als der gescheiterte Versuch, die Werdewelt zu meistern. Die drei Grundkategorien der Metaphysik, in welchen das Sein vorgestellt und ausgesprochen wird, Zweck, Einheit und Ganzheit und Sein im Sinne des sich immer Gleichbleibenden, entsprechen nicht der Wirklichkeit des Wirklichen und sind deshalb wahrheitslos, wenn anders die Wahrheit der Kategorien doch darin bestehen müßte, daß sie dem entsprechen, was das Wirkliche von sich her in seiner Wirklichkeit ist. So enthüllt sich die Wahrheitslosigkeit des gesamten Begriffsbestandes der Metaphysik, denn wenn ihre Grundkategorien gar wahrheitslos sind, dann auch alle aus diesen abgeleiteten Kategorien und Begriffe.

Es scheint aber so, soweit ich einen Überblick habe, als ob die meisten von denen, die gegenwärtig das Geschäft der Philosophie betreiben, von dem, was sich da im Denken Nietzsches begeben hat, überhaupt keine Notiz nehmen, geschweige denn, daß sie in eine Auseinandersetzung mit Nietzsches Neudeutung der Kategorien einträten. Doch wäre wohl notwendig, daß man mit Nietzsches Einsichten auch ernst macht.

Nun steht Nietzsche vor der Frage, was es mit diesen Vernunftkategorien denn auf sich hat. Sollen sie, weil sie wahrheitslos sind, einfach abgeschafft werden? Das geht nicht, denn der Gebrauch aller drei Kategorien ist für das menschliche Leben unentbehrlich. Das ist leicht gezeigt.

Ohne dem Geschehen überhaupt den Begriff eines Zwecks zu unterstellen, gibt es überhaupt kein berechnendes Vorausplanen, gibt es kein, wie man heute sagt, zweckrationales Handeln, gibt es keine vernunftgeleitete Steuerung gesellschaftlicher Prozesse.

Ohne die Vorstellung von Einheit, die zweite Kategorie, verlöre sich der Mensch in das unübersehbar endlose Mannigfaltige des

Einzelnen. Heute erhebt sich überall, im Gegenteil, die Forderung nach Einheit, nach organisatorischer Vereinheitlichung der Arbeit, nach Koordinierung der wissenschaftlichen Forschung, nach Kooperation der gesellschaftlichen Interessengruppen, nach Koexistenz der Weltmächte. Diese Kategorie ist unentbehrlich.

Schließlich kann auf die Kategorie des Seins am allerwenigsten verzichtet werden, denn ohne diese Kategorie vermöchten wir nicht einen Schritt in der Erkenntnis zu tun, die ja immer darin besteht, in einer Mannigfaltigkeit von Wechselndem etwas Sich-Gleichbleibendes festzustellen, nämlich das Gesetz, nach welchem der Wandel geschieht.

Sind also die Vernunftkategorien, wie sie die Metaphysik ausgebildet hat, zwar wahrheitslos, aber für das menschliche Leben unentbehrlich, dann ist die Philosophie Nietzsches auch gehalten, zu sagen, welchen Wesens die Kategorien denn nun eigentlich sind. Nietzsche hat sich dieser Verpflichtung nicht entzogen, sondern er legt einen neuen, die metaphysische Auslegung ablösenden Entwurf der Vernunftkategorien vor, der von uns bedacht und verstanden sein möchte, und zwar aller voreilig unbedachten Zustimmung sowohl wie Ablehnung zuvor. Nietzsche legt nun unter anderem in folgendem Satz seine neue Deutung der Kategorien fest:

> "Schluß-Resultat: *Alle* Werte, mit denen wir bis jetzt die Welt zuerst uns schätzbar zu machen gesucht haben und endlich eben damit *entwertet* haben, als sie sich als unanlegbar erwiesen - alle diese Werte sind, psychologisch nachgerechnet, Resultate bestimmter Perspektiven der Nützlichkeit zur Aufrechterhaltung und Steigerung menschlicher Herrschafts-Gebilde: und nur fälschlich *projiziert* in das Wesen der Dinge."[29]

Dieser Satz faßt in einer Art von Abbreviatur die gesamte Denkarbeit Nietzsches im Felde der Kategorien zusammen. Der Mensch kann sich innerhalb der Werdewelt nur dann behaupten, wenn er sich das verfügbar macht, in Angewiesenheit worauf und woraus er lebt, nämlich die Welt. Dieses Sich-verfügbar-Machen geschieht durch ein Feststellen des Beständigen des Wirklichen mittels der Arbeit der Erkenntnis. Nietzsche faßt die Erkenntnis

---

[29] Ebd.

ausdrücklich als eine Grundform der Arbeit auf. Dadurch wird nämlich die Wirklichkeit allererst formulierbar, mitteilbar, planbar, berechenbar, gestaltbar und umgestaltbar. Im Dienste der Aufrechterhaltung und Steigerung solcher Lebenssphären des Menschen bestehen bestimmte Perspektiven, deren Resultate die Vernunftkategorien sind. Ist nämlich das menschliche Leben um der eigenen Seinsbehauptung willen darauf aus, durch Einbeziehung von Welt menschliche Lebensgebilde mit dem Menschen als Zentrum zu formieren, dann muß auch dieses dem Menschen wesenseigene Streben von Gesichtspunkten geleitet sein, die Durchblicke darauf geben, wie das Wirkliche durch Erkenntnis verfügbar gemacht werden kann. Diese Durchblicke sind selbstbezüglich, sie sind zurückbezogen auf die Selbstbehauptung des Menschen und auf die Erweiterung und Steigerung seines wissenden Verfügens über das Wirkliche. Deshalb heißen diese Durchblicke Perspektiven. Die Kategorien Zweck, Einheit, Sein sind die Resultate jener Perspektiven, die sich in der unaufhörlichen Bearbeitung des Wirklichen im Dienste des menschlichen Lebens herausgebildet haben und schließlich dann von der Philosophie formuliert worden sind. Sie geben dem Menschen die Grundregeln an die Hand, denen gemäß er das Werdende auffangen und bei sich sicherstellen kann.

Nun hatte die Metaphysik solche Kategorien fälschlicherweise in das Wesen der Dinge selbst projiziert. Sie hatte die Kategorien in ihrem perspektivischen, lebensbezüglichen Charakter verkannt und sie für die Wirklichkeit des Wirklichen selbst genommen. Dadurch wurde sie zu jenen Weltauslegungen genötigt, die sich am Ende einer langen geschichtlichen Erfahrung als gescheiterte Experimente erwiesen haben. Und in der Tat, wenn wir einmal einen Blick auf die Verfahrensweisen der modernen Wissenschaften werfen, so bestätigen sie überall Nietzsches Deutung der Kategorien, denn alle Kategorien und Theorien, welche die Wissenschaften ausbilden und dann gebrauchen, haben ihr Maß, nach dem sie angenommen, revidiert oder gar verworfen werden, darin, ob und inwiefern sie für die widerspruchsfreie und einheitliche Erklärung einer gegebenen Mannigfaltigkeit von Tatsachen sich bewähren, ob und wieweit sie das Wirkliche durch Berechnung formulierbar und so mitteilbar und verfügbar machen können.

Was also sind nun die Vernunftkategorien in der Sicht Nietzsches? Sie sind nach dem überlieferten Sinn von Wahrheit wahrheitslose, jedoch für die Sicherstellung und Steigerung menschlichen Lebens notwendige, unentbehrliche Perspektiven. Darum sind sie etwas zuhöchst Wirksames und deshalb Wirkliches. Das bedeutet, sie bilden den Grundbestand dessen, was wir Ideologien nennen. Allerdings, wenn wir hier die Ideologien einmal im Lichte von Nietzsches Denken sehen, müssen wir sie noch wesentlicher denken und das, was sie sind, nicht ihrem vordergründigen Vorschein entnehmen, nach welchem sie oft genug bloß als programmatische Erklärungen, als Primitivargumentationen, bloße Kampfparolen oder gar als Mittel der Verdächtigung Andersdenkender erscheinen. Wichtiger jedoch als die Abwehr solcher Deformationen ist die folgende Aufgabe, die sich aus Nietzsches Erkenntnis bezüglich der Ideologien ergibt: Sie sind, ihrem von Nietzsche erkannten Wesen entsprechend, niemals unbefragt zu übernehmen. Sobald das geschieht, treten sie mit dem angemaßten Anspruch auf, daß in ihnen die Wahrheit über das Wirkliche ein für allemal erkannt sei, und hemmen so den Prozeß der Meisterung des Wirklichen durch die Praxis der Arbeit. Die einzelnen Ideologien sind vielmehr je und je darüber zur Rechnung zu ziehen, worin, um mit Nietzsche zu sprechen, ihr Wert für das Leben besteht, das heißt, inwiefern sie den Prozeß wachsender Verfügungsgewalt des Menschen über Natur und Gesellschaft fördern und steigern. Dazu müssen sie in die Klarheit des Bewußtseins erhoben werden, damit die hemmenden Ideologien durch den Nachweis ihrer Untauglichkeit ausgeschieden werden und nur die das Leben fördernden in Geltung bleiben. Die Ideologienlehre ist daher notwendigerweise immer auch Ideologiekritik, die ebenso notwendig ist wie das Bestehen von Ideologien selbst. Das ergibt einen Kampf der Ideologien, dessen Austragsstätte das menschliche Bewußtsein ist und den Nietzsche für unser Jahrhundert vorausgesagt hat.

Die Ideologien haben sich in der Sicht Nietzsches immer daraufhin zu verantworten, daß und wie sie die gesellschaftliche Praxis fördern. Die wissenschaftlichen Perspektiven haben sich darin zu bewähren, daß und wie sie die Verfügungsgewalt des Menschen über die Welt sicherstellen, erweitern und steigern. Die jeweils erreichte Verfügungsgewalt über das Wirkliche, die ihrerseits im Dienste der gesellschaftlichen Lebenspraxis steht, bemißt sich wiederum daran, inwieweit durch sie das menschliche Leben so gestaltet werden kann, daß es auch wert und würdig ist, gelebt zu werden.

Das bis dahin über das Leben hier und jetzt auf die metaphysische Welt hinausgreifende Streben wird nach deren Absetzung auf das Leben hier und jetzt zurückgewendet, auf seine Behauptung und Steigerung. Nennen wir das Hinausgreifen über das Leben hier und jetzt, das diesseitige Leben, in eine jenseitige Welt der Ideen und Ideale *Transzendenz*, dann können wir dasjenige, was sich im Denken Nietzsches ereignet, entsprechend *Reszendenz* nennen, die Umlenkung des über die Welt hinausgreifenden Strebens zurück in das Leben hier und jetzt im Sinne von dessen Gestaltung und Steigerung. Zwar kann die Philosophie keine Rezepte dafür geben -das ist ihre Grenze -, wie ein Leben aussehen und beschaffen sein muß, das gemäß der jeweils erreichten Verfügungsgewalt über sich selbst würdig ist, vom Menschen gelebt zu werden, denn das bleibt eben eine Sache der Lebenspraxis selbst. Wohl aber ist die Philosophie nach Nietzsche gehalten und auch imstande, das Kriterium für ein Leben anzugeben, das den Wert in sich selber trägt. Das ist nämlich dann der Fall, wenn das Leben einer unbedingten Selbstbejahung fähig ist, wenn der Mensch imstande wäre, die Wiederholung des gelebten Lebens zu wollen; denn das ist ein Zeichen dafür, daß es wert und würdig ist, gelebt zu werden.

Es wurde gesagt, daß wir Ziffer 12 in einer zweifachen Absicht interpretieren: einmal, um eine bestimmte Aufklärung über das Wesen und die Notwendigkeit von Ideologien in der modernen Welt zu erhalten, dann aber, um zu sehen, inwiefern der Glaube an die Vernunftkategorien Ursache des Nihilismus ist, nicht die Vernunftkategorien selber, sondern vielmehr der Glaube, daß in ihnen das Wahre erfaßt sei, die wahre Wirklichkeit. Dieser zweiten Betrachtung wenden wir uns jetzt zu.

Die Vernunftkategorien sind Perspektiven. Der Mensch ist dasjenige Lebewesen, dessen Eigenstes die Vernunft ist. Dem überkommenen Denken ist verborgen geblieben, daß es gar nicht um Wahrheit geht, sondern darum, das Spezifische des Menschen, sein Eigenes, die Vernunft, als das maßgeblich Bestimmende im Seienden durchzusetzen. Das überkommene Denken ist also von einem Willen zur Vernunft und zu ihrer Herrschaft über die Welt getragen. Die Vernunft ist das Medium, durch das hindurch das Lebewesen Mensch das, was es ist, seinen Lebens-, und das heißt immer seinen Erhaltungs- und Steigerungswillen, vollzieht. Die Werte, mittels deren das Seiende abgeschätzt wurde, sind also in der Tat "Perspektiven der Nützlichkeit", festgelegte Bedingungen "zur Aufrechterhaltung und Steigerung menschlicher Herrschafts-Gebilde"[30]. Diese Perspektiven, die Vernunftkategorien, sind fälschlicherweise in das Wesen der Dinge selbst projiziert worden, der Mensch hat die Art und Weise, wie er das Seiende in Absicht auf Erhaltung und Steigerung seines Lebens zur Begegnung, zur Ansichtigkeit bringt, dem Seienden als dessen eigenes Sein zugesprochen. Oder anders ausgedrückt: Er hat seine Perspektiven für die Wesensverfassung des Seienden überhaupt genommen und nun allen Wert der Welt darauf versammelt. Am Ende zeigt sich freilich, daß die Vernunftkategorien gar nicht die Wesensverfassung des Seienden bilden.

Nun sieht aufgrund dieser Einsicht die Welt wertlos aus. Was ist da geschehen? Der Mensch hat sich selbst, seine Wesenseigentümlichkeit, die Vernunft, als "Sinn- und Wertmaß" aller Dinge, einfach als das Wozu des Seienden und als Maß für das Sein angesetzt. Ein solches Verhalten nennt Nietzsche "*hyperbolische Naivität*"[31]. Geradezu naiv also, ohne nach dem Recht solcher Annahme zu fragen, setzt der Mensch die Vernunft als das Maß für das Sein, und wenn sich am Ende zeigt, daß der Seinscharakter des Seienden diesem Maß, als das der Mensch sich selbst gesetzt hat, nicht entspricht, erklärt er das Seiende für wert- und sinnlos und gerät so in den Nihilismus. Er hat sich sein Spezifikum in das Wesen der Dinge hineingesehen. Das heißt aber, er hat im Grunde sich selbst nur in einem Spiegel gesehen, der seine eigenen Umrisse ins Riesige verzerrt, seine Vernunft als das Wesen aller Dinge.

30 Ebd.
31 Ebd.

Diese hyperbolische Verzerrung des Menschen ins Riesenhafte erreicht in Hegels *Logik* ihr Äußerstes, denn nach Hegel ist das Seiende seiend als absolute Vernunft. Aber in der Regel liegt dem gesamten abendländischen Denken diese hyperbolische Naivität zugrunde, nämlich in dem Augenblick, als Denken und Sein für identisch erklärt wurden, im Beginn des europäischen Denkens, in der Philosophie des Parmenides bereits. Vor allem aber hat dann nach Nietzsche das Christentum diese Naivität der Selbstüberschätzung und Selbstüberhöhung des Menschen ins Äußerste getrieben, denn christlich gesehen, dreht sich die ganze Welt zuletzt allein um den Menschen und sein ewiges Seelenheil. Darauf wird nun die gesamte Weltauslegung gestellt.

Diese Auslegung des Seienden von der Vernunft her ist also nicht zu halten. Aber, wie wir gesehen haben, werden deshalb die Vernunft und die Kategorien nicht etwa verworfen im Sinne eines Irrationalismus:

> "Gesetzt, wir haben erkannt, inwiefern mit diesen *drei* Kategorien die Welt nicht mehr *ausgelegt* werden darf..."[32]

Auslegen heißt, das Seiende hinsichtlich seines Seins bestimmen. Die Kategorien machen aber gerade nicht das Sein aus, auf das hin das Seiende auszulegen ist. Sie sind

> "Resultate bestimmter Perspektiven der Nützlichkeit zur Aufrechterhaltung und Steigerung menschlicher Herrschafts-Gebilde."[33]

Das in ihnen als seiend Angesprochene ist ein Ergebnis lebensbezüglicher Perspektiven, gemäß der Art, wie wir uns das Seiende zur Ansicht bringen in Absicht auf Sicherung und Steigerung der Befehlsgewalt des menschlichen Daseins über seine Bezüge zur Welt. Es kommt also darauf an, die Vernunftkategorien umzudeuten in lebensdienliche Perspektiven des Lebewesens Mensch. Mit dieser Umdeutung aber beginnt der Schritt aus dem Nihilismus hinaus über ihn hinweg. Insofern kann Nietzsche behaupten, daß der Nihilismus, der Anblick der Wert- und Sinnlosigkeit der

---

32 Ebd.
33 Ebd.

Welt, einen Zwischenzustand darstellt, und zwar, wie er sagt, "einen pathologischen *Zwischenzustand*". Und er fügt hinzu:

"Pathologisch ist die ungeheure Verallgemeinerung, der Schluß auf *gar keinen* Sinn."[34]

Aus dem Mißlingen der einen metaphysischen Auslegung, auf die der Mensch seine ganze Kraft gewendet hatte, wird die Sinnlosigkeit der Welt überhaupt gefolgert. Das ist pathologisch. Soll aber das nun heißen, daß die Welt zwar den Sinn, den der Mensch seit 2500 Jahren in ihr gesucht hat, die Vernunftgemäßheit, nicht in sich berge, aber vielleicht einen anderen, erst zu findenden Sinn? Nein, das bedeutet es nicht, denn diese Voraussetzung hatte ja gerade das herkömmliche Denken gemacht, daß der Sinn bereits im Seienden liege, daß es lediglich gelte, ihn durch Erkenntnis zu finden, sei es Erkenntnis der Ideen, sei es Erkenntnis des Willens Gottes und der göttlichen Welt, sei es durch fortgesetzte Erprobung meiner Handlungsmaximen auf ihre Tauglichkeit zur allgemeinen Gesetzgebung hin, sei es Erkenntnis des Seienden in der absoluten Vernunft. Dieses Verfahren, einen zuvor schon als vorhanden ausgemachten Sinn durch Erkenntnis der Dinge zu finden, ist nach Nietzsche überhaupt nicht mehr möglich. Diese Überlegungen haben zum Resultat:

"Daß es *keine Wahrheit* gibt; daß es keine absolute Beschaffenheit der Dinge, kein »Ding an sich« gibt."[35]

Das bedeutet: Es gibt nicht hinter den Perspektiven eine an sich seiende Welt, die sich lediglich in vielfältiger Weise in den Perspektiven zur Ansichtigkeit bringt. Vielmehr hat sich gerade gezeigt, daß die Vorstellung des "an sich" selbst eine Perspektive ist, nämlich eine Perspektive des Lebewesens Mensch.

Mit dieser Einsicht in den lebensbezüglichen, perspektivischen Charakter des "an sich" hebt dieser sich aber auf. Wenn sich der Gedanke des An-sich-Seins als Perspektive des Menschen entdeckt hat, eben als eine Vernunftkategorie, dann muß der Gedanke eines An-sich-Seins des Seienden überhaupt fallen. Als was

---

34 Ebd. Zif. 13; KGW VIII/2, 9[35].
35 Ebd.

Seiendes angesprochen, angesehen, genommen wird, woraufhin es verstanden wird, worin seine Einheit und Ganzheit jeweils ausgemacht wird, ist ein perspektivischer Bezug. Als ein Eines und Ganzes erscheint das Seiende zufolge des versammelnden Rückbezugs auf die Gesichtspunkte eines Lebewesens. Und da nun der Perspektiven unzählig viele sind, so hat die Welt nicht *einen* Sinn, sondern unübersehbar viele. Nietzsche erklärt nun:

> "*Dies ist selbst ein Nihilismus, und zwar der extremste.* Er legt den Wert der Dinge gerade dahinein, daß diesem Werte *keine* Realität entspricht und entsprach, sondern nur ein Symptom von Kraft auf seiten der *Wert-Ansetzer*, eine Simplifikation zum *Zweck des Lebens*."[36]

Hier wird zugleich deutlich, was es heißt, den Nihilismus hinter sich bringen, nämlich nicht, im Sein einen anderen Sinn finden anstelle des bislang vergeblich gesuchten. Der Untertitel, den Nietzsche gelegentlich seinem Hauptwerk zu geben gedachte, "Versuch einer Umwertung aller Werte", will nicht besagen, an die Stelle der alten Werte neue zu setzen. So hat man Nietzsches Absicht öfters mißverstanden. Dieses Mißverständnis scheint auch seine Bestätigung durch den Schlußsatz der "Vorrede" zu finden, wo es heißt:

> "Wir haben, irgendwann, *neue Werte* nötig..."[37]

Aber dieser Satz will nicht einfach besagen, an die Stelle der alten müssen nun neue, erst noch zu findende Werte treten, so daß man sich auf eine Wertsuche begeben könnte und müßte. "Neue Werte" besagt, der Wertcharakter der Werte selbst, die Wertungsweise, muß geändert werden, denn es war ja gerade die bisherige Wertungsweise, die nach der Erkenntnis Nietzsches zum Nihilismus geführt hat. Die Erkenntnis, daß die Welt nicht durch ein einheitliches Woraufhin des Verstehens seinsmäßig bestimmt ist, die Erkenntnis, daß jeder Sinn einen perspektivischen Bezug darstellt, diese Erkenntnis ist für Nietzsche unüberholbar.

---

36 Ebd.
37 Ebd. Vorrede; KGW VIII/2, 11[411].

Das überkommene Denken folgert daraus die Sinn- und Wertlosigkeit der Welt überhaupt. Darin aber bekundet sich die Maßgeblichkeit der überkommenen Wertungsweise. Sie muß geändert werden, wenn der Nihilismus überwunden werden soll. Nach ihr bemißt sich der Wert der Welt danach, wieweit sie seinsmäßig von sich her dem metaphysischen Wertmaß entsprach. Die Erkenntnis, daß das Sein in keiner Weise das in sich birgt, woraufhin der Mensch das Seiende verstand und ansah, führt dann folgerichtig zur Erklärung der Wert- und Sinnlosigkeit des Seienden überhaupt. Es fragt sich daher, ob diese Wertungsweise nicht geändert werden kann. Nietzsche stellt die Frage: Wie, wenn der Wert der Dinge gerade darin bestünde, daß den vom Menschen angesetzten Werten im Sein der Dinge nichts entspricht? Wie, wenn darin gerade der Wert der Welt bestünde? Das wäre zuhöchst nihilistisch: Mit der Welt hat es, von sich her gesehen, nichts auf sich. Sie birgt kein Woraufhin des Verstehens in sich, das allem Weltverhalten die Führung gibt. Es wäre aber zugleich - und das ist der entscheidende Punkt - ein erster Schritt des Hinausgehens über den Nihilismus möglich, in dem Sinne, daß man sagt, darin bestehe gerade der Wert der Welt, daß sie von sich her keinen Sinn in sich birgt. Warum könnte diese Erkenntnis, die äußerster Nihilismus ist, zugleich selbst der erste Schritt zu seiner Überwindung sein?

Wenn die Welt keinen einheitlichen Sinn in sich birgt, dann ist das menschliche Leben selbst freigesetzt zum schöpferischen Setzen von Werten, da der Mensch sich ja wissentlich-willentlich zur Welt und zu sich selbst verhält. Wenn kein im Sein des Seienden selbst schon vorliegender Sinn das Weltverhalten des Menschen vorzeichnet, so daß er sich nur danach zu richten brauchte, dann ist der schöpferische Lebenswille frei, sich selbst zu seinem Wollen und Wirken zu bestimmen. Der extreme Nihilismus birgt die Möglichkeit des Über-sich-Hinausgehens in sich, unter einer Voraussetzung: daß die bisherige Wertungsweise geändert wird. Eine solche Änderung der Wertungsweise möchte Nietzsche denkend auf die Bahn bringen.

Das bisherige Denken beruht auf einem Glauben. Der Mensch nahm seine spezifischen Lebensbedingungen, die Vernunftkategorien, einfach für das Wahre. Er versuchte, das Wirkliche aus dem leitenden Hinblick auf die Vernunft zu bestimmen. Die europäische Geschichte ist die Geschichte dieses Versuchs. Er ist gescheitert, und zwar notwendig, denn das auf dem Glauben an die Vernunftkategorien beruhende Denken entnimmt seine leitenden Auslegungshinsichten nicht dem Sein des Seienden selbst, der Wirklichkeit, sondern dem, was dem Menschen eigentümlich ist. Dieses Denken deutet das Seiende überhaupt und im ganzen vom Menschen her und auf ihn hin. Nietzsche will demgegenüber ein Denken auf die Bahn bringen, das umgekehrt den Menschen von der Wirklichkeit des Wirklichen überhaupt und im ganzen auslegt. Innerhalb des Ganzen der Dinge gibt der Mensch daher den bis dahin behaupteten Wesensunterschied zu den anderen Lebewesen auf. Er wird endgültig zurückgestellt auf eine Wesensstufe mit allen übrigen Naturwesen. Aber seine Vorzugsstellung bleibt erhalten, denn er ist als Vernunftwesen imstande, das Wesen des Lebens, den Willen zur Macht, im Sinne der Selbsterhaltung und -steigerung wissentlich-willentlich zu wollen und die Bedingungen selbst zu setzen, welche den höchsten Vollzug des Lebens, die lebendigste Lebendigkeit, ermöglichen.

Die bisherige Weltauslegung beruht auf einem Glauben. Daher fragt Nietzsche:

> "Was ist ein *Glaube*? Wie entsteht er? Jeder Glaube ist ein *Für-wahr-halten*."[38]

So Nietzsches Antwort. Dies ist die entscheidende Bestimmung, die wir immer im Auge behalten müssen, wenn er von Glauben spricht, und das will sagen: etwas für das Wahre, für das Seiende halten, es festhalten, sich im Bezug zu ihm halten und dieses als das wahre Gesetzte zum Maß und Gesetz für alles Verhalten nehmen. Diese Momente sind alle im Begriff dessen beschlossen, was Nietzsche Glauben nennt. Er fährt fort:

> "Die extremste Form des Nihilismus wäre: daß *jeder* Glaube, jedes Für-wahr-halten notwendig falsch ist: *weil es eine wahre Welt gar nicht gibt*. Also: ein *perspektivischer Schein*, dessen

---

[38] WzM Zif.15; KGW VIII/2, 9[41].

Herkunft in uns liegt (insofern wir eine engere, verkürzte, vereinfachte Welt fortwährend *nötig haben*)."[39]

Das sind befremdliche Aussagen, die dringend von unserer Seite einer Erläuterung bedürfen, damit wir sie recht verstehen. Der Nihilismus ging ins Äußerste durch die Einsicht, daß nicht nur dieses oder jenes als das Wahre Gesetzte nicht besteht, sondern jedes Für-wahr-Halten notwendig falsch ist, weil die Wirklichkeit des Wirklichen keinerlei Anhalt dafür gibt. Dann wäre ein jegliches für wahr, also für bestandhaft seiend Gehaltene ein perspektivischer Schein, eine Weise, wie die Wirklichkeit im Rückbezug auf uns umgedeutet wird, damit wir innerhalb der unermeßlichen Vielfalt des Geschehens in seiner unfaßlichen Weite überhaupt bestehen können. Einen Schein, der auch dann bleibt, wenn er als solcher durchschaut ist, nennen wir seit Kant "Illusion". Diese Illusion wäre die bloße Vorspiegelung von bestandhaft Seiendem, die niemals verschwindet, auch wenn sie als solche durchschaut ist. Der Grund für die Untilgbarkeit dieses Scheins liegt im Leben selbst. Das für wahr Gehaltene ist eine lebensunentbehrliche Illusion, die nicht erst nachträglich von uns veranstaltet wird, sondern die ihre Herkunft aus der Realität selber hat, aus dem Leben. Das Leben wäre dann aus seinem eigenen Wesen illusionsbildend, und der Mensch hätte keine Möglichkeit, aus diesem Wesensschein auszubrechen, denn würde er diesen Wahrheitsschein abstreifen, dann wäre es mit seinem Leben zu Ende. Er würde im Strom des Werdens untergehen, er könnte nicht bestehen. Das Für-wahr-Halten ist also eine lebensnotwendige Fälschung der Wirklichkeit. Nun erklärt Nietzsche aber weiter:

"Daß es das *Maß der Kraft* ist, wie sehr wir uns die *Scheinbarkeit*, die Notwendigkeit der Lüge eingestehen können, ohne zugrunde zu gehn. *Insofern könnte Nihilismus, als Leugnung einer wahrhaften Welt, eines Seins, eine göttliche Denkweise sein.*"[40]

---

[39] Ebd.
[40] Ebd.

Um hier überhaupt noch etwas zu verstehen, müssen wir zunächst einen Blick auf die griechische Tragödie werfen, wenngleich wir bei dieser Bestimmung auch nicht ausschließlich an sie denken dürfen. Die tragische Auffassung des Menschseins hat am prägnantesten Sophokles in einem Chorlied zu dem Drama *König Oidipus* ausgesprochen:

> Wehe, Geschlecht der Sterblichen!
> Wie zähl' ich euch im Leben
> Gleich dem Nichts!
> Denn welcher, welcher Mensch trägt
> Mehr vom Glück davon als
> Den Schein, um scheinend
> Schon zu sinken?[41]

In dem Wort "scheinen", griechisch *dokein*, drängt sich alles zusammen. *Dokein* heißt nämlich scheinen im Sinne von aufscheinen, zum Vorschein kommen, erscheinen, ein Aussehen und ein Ansehen erlangen und so im Ansehen stehen. Zugleich aber besagt das Wort scheinen im Sinne des nichtigen bloßen Anscheins. Die Scheinhaftigkeit des Menschseins beruht nach griechischer Erfahrung in seiner Sterblichkeit. Diese Sterblichkeit bedeutet aber nicht, daß der Mensch seine Zeit durchlebt und dann auf einmal stirbt. Die Sterblichkeit durchzieht vielmehr das Menschsein im ganzen, gerade während er lebt. Als der Lebende ist er der Sterbliche. Die Sterblichkeit durchzieht auch sein Denken. Dieses ist sterblich, scheinhaft, der Mensch ist als der denkende Erkennende im Verhältnis zur Welt und zu sich selbst in den Schein des Glücklichseins verstrickt, im Anblick seiner selbst und der anderen, seiner Angehörigen. Die Götter aber sind die Unsterblichen, die das scheinhaft Nichtige als solches durchschauen, enthüllen, den Schein also beherrschen und sich darin gerade als die Unsterblichen offenbaren.

Enthüllung des Menschenwesens in seiner scheinhaften Nichtigkeit und Offenbarung des Gottes, der den Schein als Schein beherrscht, fallen in eins und zumal zusammen im Untergang des Menschen, dann nämlich, wenn dieses Scheinglück eine Bedingung seiner Existenz sein sollte und daher die Enthüllung dieser

---

[41] Sophokles, König Oidipus, V. 1185-1192 [Übersetzung vom Vf.].

Scheinhaftigkeit Untergang bedeutet. Sterbliche und Unsterbliche erblicken sich selbst eines im anderen. Indem der Schein als Schein enthüllt wird, offenbart sich der Mensch als Mensch in seiner Realität, der Gott als der Gott im Untergang des Menschen. Das ist die tragische Wesenszugehörigkeit von Mensch und Gott, dergestalt, daß beide aufeinander verwiesen sind, wenn auch in ungleicher Weise, als die einander Ungleichen, die Sterblichen - die Unsterblichen.

Etwas von dieser tragischen Auffassung der Griechen holt Nietzsche zurück. Es gilt, das Gemeinsame zu sehen und zugleich auf den Unterschied zu achten. Das menschliche Leben ist nach Nietzsche unausweichlich in den Schein eingeschlossen. Alles für wahr Gehaltene ist scheinhaft, denn Für-wahr-Halten heißt, etwas als ein Bestandhaftes feststellen und sich nach diesem richten. Und das widerspricht dem Grundcharakter der Werdewirklichkeit des Wirklichen. Andererseits ist dieser Wahrheitsschein eine lebensnotwendige Bedingung des Lebens. Die Auflösung der christlich-platonischen Weltauslegung enthüllt das Für-wahr-Halten jeder Art als scheinhaft. Es fragt sich dann, wie der Mensch sich die Scheinhaftigkeit des als das Wahre Gesetzten eingestehen kann, ohne daran zugrundezugehen. Menschlich wäre es ja, wenn er daran zugrunde ginge, dann nämlich, wenn sich das für wahr Gehaltene als bestandloser Schein enthüllt. Die Einsicht in das menschliche Scheinwesen wäre aber, nach griechischer Auffassung, eine Art von göttlicher Denkweise, nämlich: bei Einsicht in die wesenhafte nichtige Scheinhaftigkeit des vom Menschen für wahr Gehaltenen gleichwohl leben und nicht zugrundegehen. Diese göttliche Denkweise ist jetzt bei Nietzsche dem Menschen zugemutet.

Wie kann der Mensch, der als Mensch in den Schein eingeschlossen bleibt, gleichwohl eine Art von göttlicher Denkweise übernehmen? Denn das müßte er ja, wenn er bei Einsicht in die Scheinhaftigkeit des für wahr Gehaltenen gleichwohl leben kann, also nicht zugrundegeht? Das ist nur dann möglich, wenn er den Schein, in dem er steht, als eine ermöglichende Bedingung seines Seins nicht nur durchschaut, sondern wollend bejahen kann. Nietzsche spricht davon, "daß es das *Maß der Kraft* ist, wie sehr wir uns die *Scheinbarkeit* [...] eingestehen können, ohne zugrunde zu gehn"[42].

Es ist die Frage, wieweit das Leben seiner eigenen Bedingungen mächtig zu werden vermag, sie wissentlich wollen und so selbst setzen kann. Wenn der Lebenswille dazu die Kraft besitzt, dann wird die Einsicht in die Lebensnotwendigkeit des Scheins zu einem Verfügen des Lebens über seine Lebensbedingungen, wenn das Leben stark genug ist, den durchschauten Schein der Wahrheit zu bejahen. Das ist dann nicht mehr tragisch-griechisch, sondern Platonisch, Platonisch gerade in der Umkehr. Denn nach Platon ist das Vermögende, dasjenige, was dem Seienden das Sein ermöglicht, die Idee des Guten, das Göttliche. Nun ist der Schein der Wahrheit eine Bedingung des Lebens geworden. Dieses Wissen um den Schein und um seine Notwendigkeit wäre ein wissendes Verfügen über die Möglichkeitsbedingungen des Lebens.

Es wird jetzt auch wohl etwas deutlicher, inwiefern Nihilismus als Leugnung einer wahrhaften Welt des Seins eine göttliche Denkungsweise sein könnte, also was diese Ausdrucksweise eigentlich meint, denn diese Leugnung einer wahrhaften Welt des Seins würde, wenn der Lebenswille stark genug ist, das menschliche Leben zum Herrn seiner eigenen Bedingungen machen. Zugleich aber bleibt in diesem Denken ein tragischer Zug, von den Griechen herkommend, doch aufbehalten. Wir sehen, wie Nietzsche auch hier versucht, nichts aus der Überlieferung zu verbergen, sondern alles aufzunehmen und zu bewahren, freilich in einer grundsätzlichen, in einer prinzipiellen Transformation. Auch das tragische Zeitalter der Griechen wird von Nietzsche übernommen, freilich so, daß das Tragische zu einem Moment des Lebens gemacht wird und dieses nicht mehr im ganzen bestimmt wie im tragischen Zeitalter der Griechen.

Es bleibt also ein tragischer Zug in diesem Denken aufbehalten, sofern der Mensch, der gleichsam eine göttliche Denkweise übernommen hat, als das Lebewesen, das er ist, doch in den Schein unentrinnbar gebannt bleibt, niemals aus dem Schein herauskommt. Er ist eben beides und hat beides zu sein: in den Schein eingeschlossen und zugleich dessen Herrscher. Er ist in

---

42 WzM Zif.15; KGW VIII/2, 9[41].

diesem Sinne, gemessen an der bisherigen Existenzweise des Menschen, Über-Mensch. Er hat die göttliche Denkweise zu übernehmen, das Durchschauen aller Wahrheit als Schein, und bleibt zugleich als Lebewesen in den Schein eingeschlossen, den das Leben unaufhörlich lebensnotwendig produziert, um sein zu können. Göttlich ist jetzt nicht mehr die Wahrheit, sondern das wissentlich-willentliche Bejahen des Scheins, genauer: das Bejahen der Wahrheit als Schein, weil eben das Für-wahr-Halten allein Leben ermöglicht. An anderer Stelle lesen wir als Ergänzung dazu:

> "»Nihilismus« als Ideal der *höchsten Mächtigkeit* des Geistes, des überreichsten Lebens: teils zerstörerisch teils ironisch."[43]

Der Überreichtum an Leben bringt jede gesetzte Wertordnung, die ja das Werten stillstellt, unter sich, um in noch höhere Möglichkeiten des Lebens aufzusteigen; so verhält das überreiche Leben sich zu jedem als wahr und verbindlich Gesetzten, zur Ordnung, teils zerstörerisch, teils ironisch. Zerstörerisch, weil es die Werte nur setzt, um das Gesetzte für einen noch höheren Aufstieg unter seine Befehlsgewalt zu bekommen, als Basis also für einen höheren Aufstieg in höhere Möglichkeiten seiner selbst. Das überreiche Leben hebt auch immer das als wahr und verbindlich Gesetzte auf. Ironisch verhält es sich, indem es so tut, als wäre das als wahr Gesetzte das Wahre selbst. Die Aufhebung des Gesetzten geschieht aber nicht etwa aus Zerstörungslust oder aus Verzweiflung am gegenwärtig Bestehenden. Diese Verzweiflung schließt, wenn sie radikal wird, selbstverständlich die Selbstzerstörung, den Selbstmord ein. Die Aufhebung des jeweils als wahr und verbindlich Gesetzten, einer jeweiligen Ordnung, geschieht vielmehr aus diesem Überreichtum des Lebens, das sich in keinem Erreichten jeweils genügen kann. Aber solches Aufheben des Gesetzten um des Über-sich-hinaus-Schaffens willen schließt ein, daß im Sein kein einheitlicher Sinn herrscht, daß es eine wahre Welt, eine absolute Beschaffenheit, eine absolute Wesensordnung der Dinge nicht gibt. Das ist nun allerdings eine unausweichliche Konsequenz der Nietzscheschen Philosophie. Es ist Nihilismus, nämlich aus der Sicht der überkommenen Weltausle-

---

[43] Ebd. Zif. 14; KGW VIII/2, 9[39].

gung. Dieser Nihilismus aber kann zum Ideal des überreichsten Lebens werden, wenn die Umwertung vollzogen wird. Ob sie aber vollzogen wird, das liegt bei uns:

> "Was bedeutet Nihilismus? - *Daß die obersten Werte sich entwerten.* Es fehlt das Ziel; es fehlt die Antwort auf das »Warum«?"[44]

Mit dieser Bemerkung leitet Nietzsche eine Betrachtung ein, die es auf die Beantwortung der Frage abgesehen hat: Wie ist die Situation beschaffen, in welcher die Umwertung vollzogen werden muß? Das aber ist die gegenwärtige geschichtliche Situation. In ihr muß die Umwertung, wenn sie vollzogen werden soll, geschehen. Wodurch ist nun die gegenwärtige Weltsituation nach Nietzsche vorzüglich gekennzeichnet? Die Antwort lautet: durch den Zerfall der Autorität. Dazu lesen wir:

> "Die Frage des Nihilismus »wozu?« geht von der bisherigen Gewöhnung aus, vermöge deren das Ziel von außen her gestellt, gegeben, gefordert schien - nämlich durch irgend eine *übermenschliche Autorität.*"[45]

Bei Platon ist das Ziel, das Wozu, in der Tat in gewisser Weise von außen her gestellt durch den Ansatz der übersinnlichen Idee als des wahren Seins. Diese Ideen wurden in der Spätantike, vor allem in der Philosophie des Neuplatonismus, als das Geschaute der Selbstanschauung des Geistes bestimmt. Augustinus deutete diese Ideen durch Rückgang auf die jüdisch-christliche Schöpfungslehre als die schöpferischen Gedanken Gottes. Nach der christlich-theologischen Metaphysik schaut Gott die Welt in ihrer Vollendung voraus. Die Existenz dieser in ihrem Wesen, in den Ideen, schon vorweg geschauten Welt beruht auf dem göttlichen Willen. Gott will, daß das Geschaffene der im göttlichen Geist gedachten Idee entspricht. Hier, innerhalb der metaphysischen Auslegung des Seienden nach dem theologischen Glauben, wird das Ziel entschieden von einer übermenschlichen Autorität be-

---

[44] Ebd. Zif.2; KGW VIII/2, 9[35].
[45] Ebd. Zif.20; KGW VIII/2, 9[43].

fohlen, weil das Sein der Welt in dem besteht, als was und wie sie von Gott gewollt ist. Nun sagt Nietzsche:

> "Nachdem man verlernt hat an diese zu glauben, sucht man doch nach alter Gewöhnung eine *andere Autorität*, welche *unbedingt zu reden wüßte*, Ziele und Aufgaben *befehlen könnte*."[46]

Nietzsche führt nun eine Reihe von Autoritäten an, die an die Stelle der nicht mehr geglaubten metaphysischen göttlichen Autorität in der Neuzeit treten sollen. Es sind dies 1. die Moral, das Gewissen, 2. die allen Menschen gemeinsame Vernunft, 3. der soziale Instinkt, 4. die Geschichte selbst, die dafür bürgt, daß das menschliche Leben Ziele hat, 5. das Glück, "mit einiger Tartüfferie, das *Glück der meisten*"[47], denn wer möchte dann wohl zu den anderen gehören? Und wir können ergänzen: 6. die Nation als Autorität, also der Nationalismus.

An die Stelle der einen, übermenschlichen Autorität tritt jetzt eine Vielzahl von möglichen Autoritäten, von denen eine jede dem Menschen Ziele und Aufgaben unbedingt gebieten soll. Diese Vielzahl bekundet den Wesenszerfall von Autorität überhaupt, denn diese hat ihr Wesen darin, daß der Mensch sich ihr fraglos unterstellt und ihr immer schon untersteht. Dort, wo eine Autorität verlangt, daß man sich ihr unterstelle, ist sie schon erschüttert. Jetzt aber, angesichts der Vielzahl von Autoritäten, muß der Mensch von sich aus ausmachen, was er als Autorität anerkennen will: das Gewissen im Einzelnen, die gemeinsame Vernunft, die Sicherung der gemeinsamen Bedürfnisbefriedigung, die von sich her auf irgendein Ziel zugehende Geschichte, der man sich überlassen kann, die Nation. Was Nietzsche hier im Grunde analysiert, ist etwas, das vielleicht noch gar nicht zureichend bedacht worden ist. Der Wesenszerfall der Autorität, der eins ist mit dem Zergehen der Metaphysik, ist nicht die Vielzahl der Autoritäten, die nun auftreten, sondern in dieser Vielzahl bekundet sich erst der Wesenszerfall. Der Wesenszerfall der Autorität liegt in etwas anderem, Tieferem begründet, in nichts Geringerem als in dem unmöglichen Verhältnis der neuzeitlich verstandenen Freiheit

---

46 Ebd.
47 Ebd.

zur Autorität. Es gehört nämlich zum neuzeitlichen Freiheitswesen, daß die Freiheit das Verbindliche selber von sich aus bestimmt, daß es für sie nur Verbindliches gibt, sofern sie sich an dieses selbst in Freiheit bindet. Eine andere Verbindlichkeit gibt es in der Neuzeit nicht, alle anderen Versuche sind reaktionär. Die neue Freiheit wäre dann, sofern sie nach einer Autorität sucht, Freiheit zur Autorität. Das ist aber ein Widerspruch in sich, daß sie zwar Wille zu einem unbedingt Gebietenden ist, aber selber auszumachen hat, was dieses unbedingt Gebietende ist. Hier sehen wir die Zersetzung der Autorität. Die neue Freiheit ist, sofern sie Wille zu einem unbedingt Verbindlichen ist, zweifellos moralisch. Aber, so fügt Nietzsche hinzu, sie glaubt schließlich, ohne religiösen Hintergrund auszukommen:

> "Jede rein *moralische* Wertsetzung [...] *endet mit Nihilismus*: dies für Europa zu erwarten! Man glaubt mit einem Moralismus ohne religiösen Hintergrund auszukommen: aber damit ist der Weg zum Nihilismus *notwendig*. - In der Religion fehlt der Zwang, *uns* als wertsetzend zu betrachten."[48]

In den Religionen haben die Werte ihre das Leben bindende und führende Kraft daher, daß sie als göttliche Gebote anzusehen sind. Ihre Verbindlichkeit beruht in einer übermenschlichen Autorität, unter der der Mensch immer schon fraglos steht. Wenn er sich nun aus dieser Bindung befreit - und das geschieht in der Neuzeit -, um nach neuen Autoritäten zu suchen, die unbedingt gebieten, dann gerät er, wie gesagt, in den Widerspruch, daß er von einer Autorität gebunden sein will, die er selbst als verbindlich für sich allererst setzt. Und das kann dann das Verschiedenste sein. Aus diesem Widerspruch im Begriff der Autorität im neuzeitlichen Denken geht überhaupt erst die Vielzahl der Autoritäten hervor. Die Vielzahl der Autoritäten in der Neuzeit ist also nicht der Grund, sondern umgekehrt die Folge eines Wesenszerfalls der Autorität, der mit dem Untergang der Metaphysik identisch ist. Das gibt Anstoß genug, sich darauf zu besinnen, was es mit dem Begriff der Autorität auf sich hat, der zwar heute, positiv oder negativ, überall im Munde geführt wird, über den man

---

[48] Ebd. Zif.19; KGW VIII/2, 7[64].

aber bezüglich seines Wesens, seiner Möglichkeit, seiner Bedingung und seiner Herkunft nicht nachdenkt.

Nietzsche hatte über die übermenschliche Autorität erklärt:

> "Nachdem man verlernt hat an diese zu glauben, sucht man doch nach alter Gewöhnung eine *andere Autorität*, welche *unbedingt zu reden wüßte*, Ziele und Aufgaben *befehlen könnte*."[49]

Diese Wendung zeichnet sich in der Philosophie Kants bereits vor. Kant zeigt nämlich in seiner kritischen Begrenzung der Erkenntnis auf die Sinnesanschauungen, daß Beweise für das Dasein Gottes, und damit zugleich für eine übersinnliche Welt, und ebenso alle Beweise für die Unsterblichkeit der Seele nicht möglich sind. Vom Übersinnlichen ist uns nur eines gewiß: das unbedingt gebietende moralische Gesetz. Kant gründet nun auf diesem übersinnlichen Faktum den Glauben an das Dasein Gottes, also an eine göttliche Welt und an die Unsterblichkeit der Seele, sofern der Mensch als Vernunftwesen an dieser ewigen Welt teilhat. Er zeigt nämlich, daß die Annahme eines moralischen Welturhebers und auch des Fortlebens nach dem Tode notwendige Voraussetzungen für eine sinngemäße Befolgung des Sittengesetzes sind. Der Glaube an das Dasein einer göttlichen Welt und an die unsterbliche Seele des Menschen begründet nicht etwa das sittliche Gesetz, denn das Sittengesetz steht unbedingt gebietend in das Wollen unseres Willens hinein, ob der Mensch an eine übersinnliche Welt und an die Unsterblichkeit glaubt oder nicht. Wohl aber ist eine sinngemäße Befolgung des sittlichen Gebotes unsererseits nicht möglich ohne die Annahme des Daseins Gottes und des Gedankens des Fortlebens nach dem Tode. Diese Annahmen sind somit praktisch notwendig, aber nicht theoretisch erweisbar. Oder, wie Kant es auch ausdrückt, das Dasein Gottes und die Unsterblichkeit der Seele sind Postulate der praktischen Vernunft. Wer sich dem unbedingt gebietenden Gesetz in der Lebenspraxis, im Wollen also unterstellt, der fordert, daß ein Gott sei und daß er seinen Tode als Sinnenwesen überdauert, um nämlich dem Anspruch des sittlichen Gebotes auch sinngemäß entsprechen zu können. Hier beginnt sich bereits etwas Entscheidendes vorzu-

[49] Ebd. Zif.20; KGW VIII/2, 9[43].

zeichnen, das sich dann in der Folgezeit realisiert: An die Stelle der Autorität der göttlichen Welt tritt die der Moral selbst, die deshalb in Gestalt eines kategorischen Imperativs auftritt. Die Moral muß ihre Autorität in sich selbst begründen, und das setzt sich nun dadurch fort, daß das Gewissen diese Autorität übernimmt:

> "Die Autorität des *Gewissens* tritt jetzt in erster Linie [...] als Schadenersatz für eine *persönliche* Autorität."[50]

Das Gewissen ist die Instanz, die jeder einzelne in sich selbst trägt. Das Gewissen vereinzelt den einzelnen auf sich selbst, auf seine Einzelheit. Aber die vereinzelten einzelnen sind auch vereinigt, als diejenigen, die sich an die Stimme des eigenen, in ihnen sprechenden Gewissens unbedingt binden. So also tritt das Gewissen auf. Es tritt an die Stelle der verlorengegangenen göttlichen Autorität der übersinnlichen Welt.

An die Stelle dieser übermenschlichen persönlichen Autorität kann nun aber auch die der Vernunft treten. Die Vernunft ist das allen Gemeinsame. Die Autorität beanspruchende oder als Autorität beanspruchte menschliche Vernunft ist die neuzeitliche Vernunft, also diejenige, die sich auf eine selbst gegebene, aus ihr selbst entwickelte Gesetzlichkeit stellt. Sie gründet sich immer auf Grundsätze über sich selbst, die alle Begründungen erst ermöglichen und auch tragen. Diese selbstgegebenen Grundsätze regeln alle Verhaltungen des Menschen zu sich selbst und zur Welt. Und diese sich so auf sich selbst, auf ihre Selbstgesetzgebung stellende menschliche Vernunft kann als Autorität beansprucht werden, als dasjenige, was unbedingte Ziele gebietet.

Aber der Mensch ist ein vernünftiges *Lebewesen*. Deshalb fragt es sich, weshalb nicht statt Gewissen und Vernunft die Lebewesenhaftigkeit die Autorität zu übernehmen habe. In diesem Falle hätte der Mensch sein Wesen nicht in seiner unaufhebbaren Einzelheit als Einzelwesen und auch nicht in dem Vernünftigen als dem Begründbaren, sondern in der Gattung. Der Mensch wäre primär Lebewesen, das durch planende Vernunft, also mittels der Vernunft als Instrument, seine Lebensbedürfnisse befriedigt. Sein

---

[50] Ebd.

Wesen läge dann in der Gattung. Das heißt, wenn das geschieht, dann tritt, in der Sprache Nietzsches, der "soziale Instinkt" als Autorität auf oder wird als solche beansprucht. Wenn nämlich das Wesen des Menschen in die Gattung verlegt wird, dann bin ich als Mensch nur seiend, existent und existenzberechtigt in der Gemeinschaft, nämlich im Kollektiv, als Glied des Kollektivs, das in gemeinsamer Arbeit die gemeinsamen Bedürfnisse, die Lebensbedürfnisse des Lebewesens Mensch, befriedigt. Die Autorität übernimmt dann das Kollektiv.

"Oder", so erklärt Nietzsche, "die *Historie* mit einem immanenten Geiste, welche ihr Ziel in sich hat und der man sich *überlassen kann*"[51], wird als Autorität beansprucht. Das setzt voraus, daß in der Geschichte ein geistiger Wille waltet, der ein vorweg ergriffenes Ziel durch das geschichtliche Geschehen hindurch und mittels dessen realisiert. Dann kann der Mensch sich dem Geschichtsprozeß überlassen, der die Autorität darstellt, und darin seine Erfüllung finden, daß er durch die Geschichte zugewiesene Aufgaben erfüllt.

"Endlich", sagt Nietzsche, das "*Glück*, und, mit einiger Tartüfferie, das Glück *der meisten*"[52]. Das haben die Engländer ausgedacht. Glück ist hier nicht im Sinne der griechischen *eudaimonia* verstanden, der Beglückung durch das geglückte Menschsein, auch nicht im Sinne der christlichen beatitudo, der Einigung mit Gott im Jenseits, sondern eben der Befriedigung der Lebensbedürfnisse, zu denen auch die sogenannten geistigen Bedürfnisse gehören, soweit man solche hat. Da aber das Glück aller nicht erreichbar ist nach dieser Auffassung, beschränkt man es auf die meisten. Und es entsteht die Frage: Wer möchte dann wohl zu den anderen gehören?

Schließlich kann noch die Nation als zielanweisende Autorität in Anspruch genommen werden, so daß dann ein radikaler Nationalismus entsteht.

Wir haben gesehen, daß die Vielzahl der Autoritäten in der modernen Welt eine Folge des Wesenszerfalls von Autorität überhaupt ist. Nun sollte man aber diesen Vorgang nicht immer be-

---

[51] Ebd.
[52] Ebd.

dauern und beklagen, sondern die Konsequenzen daraus ziehen, nämlich daß offenbar das menschliche Leben auf andere Fundamente gestellt werden muß und nicht mehr auf die Autorität. Nietzsche kennzeichnet das Suchen und Sich-Klammern an Autoritäten folgendermaßen:

> "Man möchte *herumkommen* um den Willen, um das *Wollen* eines Zieles, um das Risiko, sich selbst ein Ziel zu geben; man möchte die Verantwortung abwälzen (- man würde den *Fatalismus* akzeptieren). [...]
> Man sagt sich:
> 1. ein bestimmtes Ziel ist gar nicht nötig,
> 2. ist gar nicht möglich vorherzusehn."[53]

Der neuzeitliche Wesenszerfall der zielanweisenden, unbedingt gebietenden Autorität endet schließlich konsequenterweise bei dem Verzicht, überhaupt noch nach einem Ziel zu fragen. Dieser Verzicht verschafft sich dann dadurch seine Sanktion, daß der Mensch sich kurzerhand die Möglichkeit abspricht, ein wesentliches, ein endgültiges Ziel vorauszusehen.

In dieser Situation bedarf es dann einer fortgesetzten Selbstbetäubung des Menschen. Er weiß dann im Grunde nicht mehr, wohinaus. Die Leere und Öde des Gegenwärtigen beginnt sich bis in die weiteste Zukunft hinein auszubreiten. Wenn es dahin gekommen ist, muß der Mensch versuchen, sich aus der Besinnung herauszuheben, um über die Leere und Öde des Daseins, des Bestehenden hinwegzukommen. Und das versucht er, wie Nietzsche zeigt, auf mannigfache Weise der Selbstbetäubung, wovon die Droge nur ein Mittel ist, und zwar das allergröbste. Es gibt aber auch noch ganz andere Formen der Selbstbetäubung, die heute herrschen.

Einmal erfolgt sie durch den Rausch. Dieser Rausch - dabei ist gar nicht einmal an Alkohol gedacht - soll das Bewußtsein betäuben, das den Menschen vor das Nicht-Wissen wohinaus stellt. Wie kann das Bewußtsein denn betäubt werden? Die Möglichkeit dazu ergibt sich aus seiner Struktur. Sein Grundzug ist nämlich das Unterscheiden. Bewußtsein heißt, auf sich zurückgehendes Sich-Unterscheiden vom Gegenstand des Bewußtseins und so diesen

---

[53] Ebd.

Gegenstand in abgehobener Unterschiedenheit von anderen Gegenständen vor sich haben. Der Rausch hebt die Klarheit der Unterschiede auf, indem er mehr und mehr eines durch das andere hindurchgehen läßt. Verwischt, ausgelöscht wird der Unterschied des einen Gegenstandes des Bewußtseins von dem anderen und der Unterschied des Ich vom Gegenstand. So beginnt das Bewußtsein zu verdämmern und hebt sich aus der Besinnung heraus.

Nietzsche stellt an die Spitze den "Rausch als Musik"[54]. Gemeint ist romantische Musik, voran die Wagners. Auf den rauschhaften Charakter dieser Musik - eine Kennzeichnung, mit der Nietzsche etwas Richtiges getroffen hat - kann aber hier nicht eingegangen werden.

Nietzsche nennt ferner "Rausch als blinde Schwärmerei für einzelne Menschen (oder Zeiten)" und fügt hinzu: "als Haß"[55]. Die blinde Schwärmerei sieht nur noch eines ohne sondernde Abhebung von anderem, sie läßt schwärmend alles in eins zusammenfließen und hebt so das Sich-Unterscheiden, die Notwendigkeit der freien Stellungnahme, der Beurteilung, der Besinnung auf. Die Schwärmerei ist blind, weil Sehen heißt, eines vom anderen unterscheiden und sich dadurch im Unterschied, in der Unterscheidung zu den Sachen halten. Wer nur eines sieht, dem vergeht alles Sehen. Die blinde Schwärmerei kann auch als Haß gegen etwas auftreten. Dann geht sie darin auf, immer neue Gründe für die Hassenswürdigkeit des Gehaßten zu finden.

Der Rausch der blinden Schwärmerei tritt auf verschiedenen Gebieten auf, nicht allein auf dem des Politischen und dem des Gesellschaftlichen. Dazu gehören auch die Massenkundgebungen, die großen Tagungen aller Art, bei denen der einzelne im Trubel des Wir-Alle untergehen kann. Diese Rauscharten betreiben das Vergessen der Leere, des Nicht-Wissens wohinaus. Nietzsche fährt in dem bereits zitierten Aphorismus fort:

---

54 Ebd., Zif.29; KGW VII/1, 24[26].
55 Ebd.

"Versuch, besinnungslos zu arbeiten, als Werkzeug der Wissenschaft."[56]

Das ist natürlich keine Kritik an der wissenschaftlichen Arbeit, als wollte Nietzsche der Bequemlichkeit das Wort reden. Vielmehr ist der Wunsch, *besinnungslos* zu arbeiten, der Versuch, der Frage nach dem Wozu dadurch zu entgehen, daß der Mensch sich als Werkzeug im Dienst der Wissenschaft betrachtet. Er stellt sich unter Parolen wie "Ein Leben im Dienst der Wissenschaft" oder "... der Wahrheit", wie er dann auch von Zeitungen und Illustrierten gefeiert wird, meistens allerdings erst nach seinem Tode, so daß er dann nichts davon hat. Dazu muß er sich aber ständig mit Möglichkeiten versorgen, durch die er um die Frage nach dem Wozu herumkommt. Dem kommt die moderne Wissenschaft entgegen, die ja ständig fortschreitet und so verhindert, daß die wissenschaftliche Arbeit jemals an ein Ziel kommen kann. Nun kann der Mensch aber nicht ununterbrochen arbeiten. Er muß daher, wie Nietzsche sagt, die Augen offenhalten "für die vielen kleinen Genüsse", die in die Arbeitspausen fallen. Diese dürfen nicht zu groß sein, um nämlich nicht wiederum die Fähigkeit zur Arbeit zu stören und zu beeinträchtigen. Also müssen es kleine Genüsse sein und bleiben. So jemand wird dann all sein Arbeiten als bescheidenen Beitrag zu großen Problemen ansehen und ausgeben, denn er ist ja "nur Werkzeug der Wissenschaft". Er kann sich sogar in dieser Selbstbescheidung auf kleine Beiträge genügen, genießerisch betrachten. Oder er kann sie, wie Nietzsche sagt, "generalisieren, zu einem Pathos"[57]. Er kann sich einreden, auf diese Selbstbescheidung komme es überhaupt nicht an, sie sei sogar das eigentlich Menschliche, so daß der Betreffende sich auch noch als menschliches Vorbild fühlen und ausgeben kann.

Weitere Versuche, das Nicht-Wissen wohinaus zu betäuben, nennt Nietzsche die Mystik, den wollüstigen *"Genuß* der ewigen Leere"[58]. Man schwelgt geradezu in der Vorstellung eines ewigen Umsonst, einer Sinnlosigkeit von allem und jedem, dichterisch

---

56 Ebd.
57 Ebd.
58 Ebd.

oder philosophisch, am besten auf beide Weisen zusammen. Man vergißt sich, entläßt sich von sich selbst, indem man immer wieder die Verderblichkeit und Nichtigkeit des Bestehenden beweist. Man versorgt sich immer wieder mit neuen Anlässen, um sich und anderen das Eitle, Nichtige und Vergebliche der bestehenden Welt darzustellen. In Ziffer 31 des *Willens zur Macht* heißt es dazu weiter:

> "Der europäische Pessimismus ist noch in seinen Anfängen: er hat noch nicht jene ungeheure sehnsüchtige Starrheit des Blicks, in welchem das Nichts sich spiegelt, wie er sie einmal in Indien hatte" - gemeint ist die Zeit des Aufbruchs des Buddhismus -, "es ist noch zu viel »Gemachtes« und nicht »Gewordenes« daran, zu viel Gelehrten- und Dichter-Pessimismus; ich meine, ein gutes Teil darin ist hinzu erdacht und hinzu erfunden, ist »geschaffen«, aber nicht »*Ursache*«."[59]

In Ziffer 29 wird als weitere Form, wie der Mensch sich selbst zu entgehen versucht, genannt:

> "Die Kunst »um ihrer selbst willen« (»*le fait*«), das »reine Erkennen« als Narkosen des Ekels an *sich* selber."[60]

Die Kunst läßt, wenn es so mit ihr steht, nicht mehr in einem bestimmten Wirklichen die Wirklichkeit selbst erscheinen, und sie schafft darum auch das Wirkliche nicht mehr um und neu. Es ist dann bei ihr nicht mehr darauf abgesehen, daß sie dem Leben neue Bahnen eröffnet und offenhält, sie ist um ihrer selbst willen. Die Kunst selbst ist es, um die es dem Künstler geht, das formale Wie des Darstellens, dem dann ebenso ein bloß formaler Geschmack entspricht. Das Was ist als solches sinnlos, vor allem auch das eigene Leben. Vor ihm rettet man sich in das formale Wie des Darstellens, in dessen Anblick man weg von sich ist. Daneben tritt dann auch die Flucht in das Erkennen um seiner selbst willen auf, die Flucht in die pure Objektivität ohne persönliches Beteiligtsein. Die Kunst um ihrer selbst willen und das reine Erkennen um seiner selbst willen sind aber allein möglich

---

59 Ebd. Zif.31; KGW VII/2, 25[16].
60 Ebd. Zif.29; KGW VII/1, 24[26].

auf dem Boden des neuzeitlichen Weltverhaltens. Das gilt es zu sehen.

Das neuzeitliche Weltverhalten ist vorstellend. Nach Kant kann die Vorstellung auf den vorgestellten Gegenstand bezogen werden oder auf das vorstellende Objekt zurück. Wird die Vorstellung auf den Gegenstand bezogen, dann wird dieser in seinem Was und Wie und Wodurch durch den Begriff bestimmt, er wird erkannt. Wird dagegen die Vorstellung auf den Vorstellenden zurückbezogen, dann wird der Vorstellungszustand, die Befindlichkeit, das Lebensgefühl des Subjekts angesichts des anschaulichen Sich-Zeigens eines Gegenstandes vorgestellt. Das bloße Wie des Sich-Darstellens der Dinge rückt in den Blick. Der Mensch verhält sich, in der Sprache Kants, "ästhetisch". Wenn der Mensch mit sich selbst nicht mehr ein noch aus weiß, dann kann er sich ganz in das erkennende oder das ästhetische Verhalten verlegen. Und er legt sich dann auch noch das sich selbst vergessende Sich-Loslassen, entweder in das objektivierende Vorstellen oder in die ästhetische Reflexion, als moralische Verpflichtung auf, und zwar durch die Forderung, Erkenntnis habe nur um willen der Erkenntnis zu geschehen, und Kunst sei nur um willen ihrer selbst da und alles andere sei eine Verfälschung.

Und schließlich nennt Nietzsche noch "irgend welche beständige Arbeit, *irgend* ein kleiner dummer Fanatismus"[61], also irgendeine Arbeit, die den Menschen festhält und ihn nicht mehr zu sich zurückkehren läßt, ihn geradezu davor bewahrt, also irgendetwas, in das er sich loslassen, das er blindlings gegen alles in der Welt verteidigen kann, so, als wäre er zur Verteidigung und Durchsetzung dieser Sache aufgerufen. Fanatismus ist immer mit Dummheit gepaart und deshalb so gefährlich, denn der Dummheit kann man mit Vernunft nicht beikommen, also auch nicht dem Fanatismus. Wir lesen weiter:

> "1. Willensschwäche als Resultat.
> 2. Extremer Stolz und die Demütigung kleinlicher Schwäche im Kontrast gefühlt."[62]

---

[61] Ebd.
[62] Ebd.

Die Willensschwäche besteht nach Nietzsche darin, daß die Lebensantriebe nicht mehr einem sie beherrschenden Zentrum unterstehen, sondern sich anarchisch gegeneinander wenden, so daß bald dieser, bald jener Antrieb überwiegt und den Menschen, wie man heute sagt, "motiviert", besser sollte man sagen: zum Handeln treibt. Der Willensschwache verfällt der Anarchie seiner Strebungen, von denen bald diese, bald jene den Ausschlag gibt, je nach der Mehrzahl der Antriebe, die zufällig einmal in diese und einmal in jene Richtung tendieren. Willensschwäche ist Zerfall der Struktur der Person, ist Ohnmacht des Willens zur Macht, nämlich Unfähigkeit, sich selber ein Ziel zu geben und die eigenen Lebenskräfte diesem Ziel in Freiheit zu unterstellen.

Die Folgen all dieser Versuche, dem Nicht-Wissen wohinaus durch das sich loslassende Sich-selbst-Vergessen zu entgehen, sind Willensschwäche, der Zerfall des inneren Herrschafts-, das heißt des Lebensgefüges. Das Herrsein über das Wollen, Wirken und Werten gelangt nicht mehr zum Vollzug. Dann wirkt zwar der Mensch noch immer, denn er bleibt ja als der Lebende der Wirkende, aber er wirkt nur noch reaktiv, nur noch zurück auf das, was schon auf ihn wirkt, so jedoch, daß diese Reaktionen nicht mehr bei ihm selbst stehen, sondern nur noch ausgelöst werden durch Wirkungen auf ihn. Dann kommt es dahin, daß der Mensch auf das Kleinste und Belangloseste heftig reagiert und daß er sich durch diese kleinliche Schwäche, deren er sich bewußt wird, unaufhörlich vor sich selbst gedemütigt fühlt. Er fühlt sich unbegrenzt anfällig.

Diese Schwäche des Reagierens, des Reagieren-Müssens, tritt um so stärker heraus angesichts des Stolzes, mit dem ein Mensch zugleich die Objektivität der reinen Erkenntnis oder irgendeine andere Lebensaufgabe pathetisch vertritt. Dazu heißt es bei Nietzsche:

> "Man verliert die *Widerstands*-Kraft gegen die Reize, - man wird bedingt durch die Zufälle: man vergröbert und vergrößert die Erlebnisse ins Ungeheure."[63]

---

[63] Ebd. Zif.44; KGW VIII/3, 17[6].

Man macht aus den persönlichen, zufälligen Erlebnissen kosmische Ereignisse und baut in dieser Weise auf der Zufälligkeit der eigenen kümmerlichen Erlebnisse ganze Weltanschauungen auf, zu denen man dann andere bekehren will. Es besteht kein Zweifel, daß Nietzsche hiermit wesentliche Erscheinungen der gegenwärtigen Welt getroffen hat. Um so mehr müssen wir daran denken, was denn nun in einem philosophischen Entwurf geschieht, wenn die Umwertung vollzogen wird.

In der "*Vorrede*" zum *Willen zur Macht* nennt Nietzsche sich einen "Wahrsagevogel-Geist, der *zurückblickt*, wenn er erzählt, was kommen wird"[64]. Das gegenwärtige Zeitalter ist bestimmt durch die Heraufkunft des Nihilismus. In dessen Herkunft blickt Nietzsche zurück, um zu sagen, was kommen wird. Seine Herkunft hat der Nihilismus in der bis jetzt herrschenden Weltauslegung, welche das Seiende als seiend an einem eingebildeten Nichtseienden mißt und so das Unseiende, die metaphysische Welt, als Grund des Seienden, der Realität des Lebens, ansetzt. Was kommen wird, ist der vollkommene Nihilismus, der den Wert der Welt gerade darin sieht, daß den jeweils angesetzten Werten in der Wirklichkeit nichts entspricht. Dieser vollkommene Nihilismus wertet die bisherige Wertungsweise selbst um und ist insofern ein Nihilismus, der über sich selbst hinausgeht, denn eine solche Umwertung setzt den Lebenswillen in die Freiheit seines Wesens ein, schöpferisch aus sich selbst jeweils Ziele zu setzen. Was aber jetzt ist, das ist weder das Leben, das unter der Herrschaft der metaphysischen Welt steht, noch bereits der über sich hinausgegangene vollkommene Nihilismus, die Gegenbewegung gegen die bisherige Wertsetzung, sondern wir leben im Zustand des unvollständigen Nihilismus.

> "Der *unvollständige* Nihilismus, seine Formen: wir leben mitten drin.
> Die *Versuche, dem Nihilismus zu entgehn*, ohne jene Werte umzuwerten: bringen das Gegenteil hervor, verschärfen das Problem."[65]

---

[64] Ebd., Vorrede; KGW VIII/2, 11[411].
[65] Ebd., Zif.28; KGW VIII/2, 10[42].

Der Grundzug des unvollständigen Nihilismus besteht darin, an die Stelle der alten, entwerteten Werte, nämlich an die Stelle der übersinnlichen Autorität der metaphysischen Welt, andere Werte zu setzen, die ebenfalls eine unbedingte Verbindlichkeit für das Leben garantieren sollen. Aber diese Versuche bringen das Gegenteil des Beabsichtigten hervor: Sie wirken ohne ihr Wollen an der Heraufkunft und der Ausbreitung des Nihilismus mit. Im Zustand des unvollständigen Nihilismus, in dem wir leben, treibt die europäische Geschichte dem Entweder-Oder mehr und mehr zu: entweder zugrundezugehen, im Nichts der Sinnlosigkeit zu enden, oder die Umwertung der bisherigen Wertungsweise zu vollziehen. Der unvollständige Nihilismus, dessen Formen die heute herrschenden Lebens- und Denkformen sind, treibt also in das Entweder-Oder eines unbedingten Ja zum Leben oder eines ebenso unbedingten Nein aus Einsicht in die vollendete Sinnlosigkeit. Das bedeutet, der Nihilismus treibt in sein Äußerstes.

Was wäre nun dieser äußerste, dieser extremste Nihilismus, der vor das Entweder-Oder stellt?

4. Die Befreiung des Lebens zu seiner eigenen Gesetzgebung

Nietzsche äußert sich zum Problem des extremen Nihilismus folgendermaßen:

> "Extreme Positionen werden nicht durch ermäßigte abgelöst, sondern wiederum durch extreme, aber *umgekehrte*. Und so ist der Glaube an die absolute Immoralität der Natur, an die Zweck- und Sinnlosigkeit der psychologisch-notwendige *Affekt*, wenn der Glaube an Gott und eine essentiell moralische Ordnung nicht mehr zu halten ist. Der Nihilismus erscheint jetzt, *nicht* weil die Unlust am Dasein größer wäre als früher, sondern weil man überhaupt gegen einen »Sinn« im Übel, ja im Dasein mißtrauisch geworden ist. *Eine* Interpretation ging zugrunde: weil sie aber als die Interpretation galt, erscheint es, als ob es gar keinen Sinn im Dasein gebe, als ob alles *umsonst* sei."[66]

---

[66] Ebd., Zif.55; KGW VIII/1, 5[71].

Der Nihilismus - es ist alles umsonst, es kommt bei allem überhaupt nichts heraus, es ist mit allem nichts - ist die alte Position, aber nun in ihrer Umkehr, in der Negative. Denn die alte Position hielt sich daran, daß alles daran liege, daß Gott und eine essentiell moralische Ordnung, also eine metaphysische Welt, sei, daß also das Seiende in seinem Wesen moralisch sei als übersinnliche Welt, die die Welt des Werdens seinsmäßig bestimmt. Nachdem sich nun gezeigt hat, daß der Glaube an das moralische Wesen des Seienden, an dem alles gelegen war, nicht zu halten ist, wird die umgekehrte Position bezogen: Es ist mit allem nichts.

Nietzsche sagt, der Nihilismus sei der psychologisch notwendige Affekt, wenn der Glaube an Gott und an eine moralische Wesensordnung des Seienden nicht zu halten sei. Der Mensch läßt sich angehen und bestimmen von der Vergeblichkeit der Auslegung, an der alles gelegen war. Angegangen und eingenommen und benommen von der Vergeblichkeit dieser Auslegung, auf die der Mensch alles gesetzt hatte, erklärt er, daß alles umsonst sei.

> "Daß dies »Umsonst!« der Charakter unseres gegenwärtigen Nihilismus ist, bleibt nachzuweisen. Das Mißtrauen gegen unsere früheren Wertschätzungen steigert sich bis zur Frage: »Sind nicht alle 'Werte' Lockmittel, mit denen die Komödie sich in die Länge zieht, aber durchaus nicht einer Lösung näherkommt?« Die *Dauer*, mit einem »Umsonst«, ohne Ziel und Zweck, ist *der lähmendste* Gedanke, namentlich noch, wenn man begreift, daß man gefoppt wird und doch ohne Macht ist, sich nicht foppen zu lassen."[67]

Werte sind die im Schätzen ausgemachten Bedingungen, weil Ziele des Lebens. Solche im Schätzen ausgemachten Werte und deren Setzungen gehören zum Leben selbst, denn solches Schätzen ist der Grundzug des Lebens. Daß wir auf Werte hin leben, liegt nicht bei uns. Es steht nicht in unserer Macht, auf das Ansetzen von Werten zu verzichten, sofern wir die sind, die wir sind: Lebende. Nun hat sich die Wertschätzung und Wertsetzung, auf welche der Mensch gesetzt hatte, als nichtig herausgestellt, die Wirklichkeit entspricht den angesetzten Werten nicht. Diese Einsicht in das Umsonst der bisherigen Wertsetzung und -schätzung

---

[67] Ebd.

treibt nun in die Frage, ob nicht alle Werte nur Lockmittel sind, die das Leben zum endlosen Weiterleben verführen, ohne daß irgendetwas dabei herauskommt. Wäre es so, dann würden wir unaufhörlich hintergangen, indem wir Werte und Ziele ansetzen, um derentwillen wir leben, die sich aber niemals realisieren lassen. Ja, sofern wir leben, müßten wir ohnmächtig zusehen, wie wir ständig durch das Leben hintergangen würden, denn sofern wir leben, setzen wir Werte und Ziele. Wenn es soweit gekommen ist, dann bedarf es nur noch eines letzten Schrittes, um in den äußersten und extremsten Nihilismus zu gelangen:

> "Das Dasein, so wie es ist, ohne Sinn und Ziel, aber unvermeidlich wiederkehrend, ohne ein Finale ins Nichts: »die ewige Wiederkehr«."[68]

Worin besteht dieser letzte, äußerste Schritt in den Nihilismus?

> "Das Nichts (das »Sinnlose«) ewig!"[69]

"Nichts" heißt hier nicht Abwesenheit alles Seienden, totale Absenz, sondern gerade Sein, Anwesenheit, aber Sein ohne Sinn. Das Seiende ist seiend, aber mit seinem Sein hat es nichts auf sich. Und dieses sinnlose Seiende ist ewig, indem alles in gleichförmiger Weise immer wiederkehrt.

Im Lichte dieses Gedankens erscheint das Sein nicht nur als sinnlos, sondern - durch die Wiederkehr zu sich selbst als dem Gleichen - vor jeder Möglichkeit des Aufhörens der Sinnlosigkeit auch noch gesichert, denn die letztmögliche Sinnposition wäre die: Das Sein ist sinnlos. Aber das Seiende steht ja im Wandel, im Übergang vom einen ins andere. Dann würde im Gesamtgeschehen nur noch ein Sinn walten können, die Beendigung des Sinnlosen. Diese ist nämlich noch ein Sinn. Der Sinn des Geschehens wäre das Ende des Seins um seiner Sinnlosigkeit willen. Diese Position haben Schopenhauer, und, wenn auch in vulgarisierter Form, Eduard von Hartmann bezogen.

---

68 Ebd.
69 Ebd.

Wenn aber das Geschehen in sich zurückläuft, dann ist das sinnlose Sein vor jeder Beendigung gesichert. Das Geschehen geschieht dann nicht im Hinblick auf seine Beendigung, sondern es ist die Weise, wie das Sein in seiner Sinnlosigkeit immerwährend besteht. Beständiges Immerwähren ist aber der beherrschende Grundzug von Sein überhaupt. Das Sein wäre nicht nur sinnlos, sondern Sinnlosigkeit wäre das Wesen des Seins selbst. Das ist in der Tat die extremste Form des Nihilismus.

> "Europäische Form des Buddhismus: Energie des Wissens und der Kraft *zwingt* zu einem solchen Glauben. Es ist die *wissenschaftlichste* aller möglichen Hypothesen. Wir leugnen Schluß-Ziele: hätte das Dasein eins, so müßte es erreicht sein."[70]

Dieser Gedanke von der ewigen Wiederkehr des Gleichen wird hier von Nietzsche eine Hypothese genannt, eine *hypothesis* im griechischen Sinne der Grundsetzung. Durch sie wird die gleichförmige Wiederkehr aller Dinge und Geschehnisse dem Seienden als sein Grund gesetzt, durch den es ist, was und wie es ist, nämlich so, daß das Seiende seiend ist in der Weise der ewigen Wiederkehr seiner als des Gleichen. Solche Grundsetzung ist wie jede Grundsetzung selbst unbegründbar. Deshalb spricht Nietzsche hier auch von einem Glauben. Aber dieser Glaube, so Nietzsche, wird durch die Energie des Wissens und der Kraft erzwungen.

Dieser Glaube ist die "europäische Form des Buddhismus", wobei Nietzsche unter "Buddhismus" die Auffassung vom sinnlosen Werdecharakter der Welt versteht. Europäisch ist nämlich das Wissenwollen als Grundleidenschaft des Daseins und die Verbindlichkeit des Wissens. Das europäische Menschentum steht im Machtbereich des Wissens. Ein Dasein, dessen Grundleidenschaft das Wissen ist, nimmt eo ipso das im Wissen offenbare Seiende zu Maß und Gesetz. "Energie des Wissens" besagt: Das Wissen ist es, kraft dessen das europäische Menschentum in der Offenbarkeit des Seienden, also der Welt, steht. Das Wissen als Leidenschaft ist die Kraft, das Gewußte als bindendes Maß und Gesetz für das Leben anzuerkennen.

---

[70] Ebd.

Eine Grundsetzung, durch welche das als Grund gesetzt wird, was das Seiende zum Seienden bestimmt, insofern es seiend ist, ist immer mehr als Wissen im Sinne begründbarer Sätze. Die Ansetzung des Seins als der ewigen Wiederkehr des Gleichen ist aber diejenige Grundsetzung, diejenige Hypothese, die noch am meisten Wissen vom Sein des Seienden verschafft. Deshalb wird sie von Nietzsche "die *wissenschaftlichste* aller möglichen Hypothesen" genannt. Nietzsche bringt den Wissenscharakter dieser *hypothesis* auf seine prägnanteste Form:

> "Wir leugnen Schluß-Ziele: hätte das Dasein eins, so müßte es erreicht sein."[71]

Die Ausführung dieser Begründung ist uns bekannt: Sie setzt das Nichtsein der übersinnlichen Welt des Seins voraus. Dann gibt die Zeit allein den Ausblick auf das Sein. Die Zeit ist aber nach rückwärts unendlich. Die Elemente, die Grundkräfte des Werdens, können aber der Zahl nach nur endlich, also begrenzt sein. Das schließt wiederum ein, daß dem Wandel und Wechsel und Werden Kombinationsmöglichkeiten von zahlenmäßig begrenzten Elementen zugrunde liegen, also nur begrenzte Kombinationsmöglichkeiten. Je länger die Dauer der Zeit, um so wahrscheinlicher ist, daß sie alle schon einmal vorgekommen sind. Ist aber die Zeit nach rückwärts von unendlicher Dauer - und das ist sie ja -, dann müssen nach diesem Gesetz alle Konstellationsmöglichkeiten schon einmal, ja unendlich oftmals eingetroffen sein. Gäbe es nun unter diesen Konstellationen die Möglichkeit eines beschließenden Ziels, eines Endzustands, dann müßte er bereits eingetreten sein. Da er nicht eingetreten ist, folgt, daß es einen solchen Endzustand unter den Kombinationsmöglichkeiten der Werdekräfte überhaupt nicht gibt, daß somit das Dasein kein Schlußziel hat, beständig in sich kreist, daß die ewige Wiederkehr ohne Ziel das beständig Währende, das Seiende als Seiendes selbst ist. Ein Menschentum wie das europäische, das im Machtbereich des Wissens steht, ist gezwungen, die ziellose Wiederkehr als das Sein alles Seienden verbindlich anzusetzen. Fassen wir dabei genau ins Auge, wieweit das Wissen trägt: Hätte das Da-

---

[71] Ebd.

sein ein Schlußziel, dann müßte es erreicht sein. Dieses Wissen erzwingt den Ansatz des Seins als der ewigen Wiederkehr des Gleichen. Wir werden dazu nicht von außen gezwungen, einen solchen Ansatz, eine solche *hypothesis* zu machen, sondern wir selbst aus uns selbst sind unser Zwang, sofern wir die sind, die wir sind: im Machtbereich des Wissens Stehende, also Europäer.

Die Lehre von der ewigen Wiederkehr, das sehen wir, ist nicht Sache der Wissenschaft und geht diese auch überhaupt nichts an, so daß sie auch keine Stellung dazu zu nehmen braucht, vielmehr ist diese Lehre ein Seinsgedanke, bleibt also die Sache der Philosophie. Diese extremste Form des Nihilismus zwingt nun in die extremsten Stellungen, in ein unbedingtes Ja oder ein unbedingtes Nein. Es fragt sich daher, von welcher Art dieses unbedingte Ja wäre. Nietzsche erklärt dazu:

> "Da begreift man, daß hier ein Gegensatz zum Pantheismus angestrebt wird: denn »alles vollkommen, göttlich, ewig« zwingt *ebenfalls zu einem Glauben an die »ewige Wiederkunft«*. Frage: ist mit der Moral auch diese pantheistische Ja-Stellung zu allen Dingen unmöglich gemacht? Im Grunde ist ja nur der moralische Gott überwunden. Hat es einen Sinn, sich einen Gott »jenseits von Gut und Böse« zu denken? Wäre ein Pantheismus in *diesem* Sinne möglich? Bringen wir die Zweckvorstellung aus dem Prozesse weg und bejahen wir *trotzdem* den Prozeß? - Das wäre der Fall, wenn etwas innerhalb jenes Prozesses in jedem Momente desselben *erreicht* würde - und immer das gleiche. Spinoza gewann eine solche bejahende Stellung, insofern jeder Moment eine *logische* Notwendigkeit hat: und er triumphierte mit seinem logischen Grundinstinkte über eine *solche* Weltbeschaffenheit."[72]

Eine pantheistische Ja-Stellung zum Seienden würde darin beruhen, daß das Ganze im ganzen und als Ganzes das Wesen des Göttlichen erfüllt, daß das Ganze der Dinge vollkommen und ewig ist. Diese pantheistische Auffassung würde, sagt Nietzsche, ebenfalls so etwas wie den Glauben an die ewige Wiederkunft erzwingen, denn wenn das Ganze das Vollkommene ist, wird ja mit dem Werden ebenfalls nichts erreicht. Das Werden ist dann nur die Selbsterhaltung und Selbstbetätigung, das Leben des immer

---

72 Ebd.

schon vollkommenen Ganzen, das sich in seiner Vollkommenheit hält.

Die Frage, vor die sich Nietzsche gestellt findet, ist die, ob eine solche pantheistische Ja-Stellung zum Werden nach Aufhebung der moralisch-metaphysischen Weltauslegung möglich wäre. Moralische Weltauslegung heißt, um daran zu erinnern: Das Seiende hier und jetzt, das im Werden Befindliche, steht unter einem metaphysischen Nein und Nicht. Es ist bloßer Durchgang zu einem anderen, der wahren Welt des Seins. Diese Auslegung endet, wie die europäische Geschichte zeigt, schließlich im Nihilismus. Es fragt sich nun, ob mit dem Untergang der moralisch-metaphysischen Weltauslegung auch die Möglichkeit der pantheistischen Bejahung der Welt als des Göttlich-Vollkommenen unmöglich geworden ist. Pantheistische Bejahung würde besagen, das Ganze bejahen, weil es als Ganzes - und das heißt in jedem Moment - vollkommen, also göttlich ist. Das Ganze ist eben dadurch vollkommen, daß mit dem Werden in jedem Moment seine Vollkommenheit erreicht würde, so daß das ganze Werden, in Bewegung bleibend, zugleich in seiner Vollkommenheit ruht - die Goethesche Position. Das wäre ebenfalls eine Art von ewiger Wiederkehr des Gleichen. Nietzsche drängt sich also keine geringere Frage auf als die, ob das Sein, wenn sein Charakter in der ewigen Wiederkehr des Gleichen besteht, noch eines Gottes fähig ist oder nicht. Spinoza, so erklärt Nietzsche an der zitierten Stelle, gewann seine pantheistische Bejahung des Ganzen, insofern jeder seiner Momente von einer logischen Notwendigkeit bestimmt ist. Jeder Moment ist logisch als notwendig nachweisbar, rational begründbar aus den Grundsätzen, die die Vernunft nach dem Maß ihres eigenen Wesens aufstellt. Insofern ist das Ganze in jedem Moment vollkommen. Die Vollkommenheit besteht dann darin, daß das Ganze der Dinge sich den Grundsätzen fügt, die die Vernunft aus ihrem eigenen Wesen selbst aufstellt. Spinoza entfernt ebenfalls die Zweckvorstellung aus dem Werden. Die Welt wird beherrscht von logischer Notwendigkeit. Und weil das Gewollte seines Willens das Logische ist und dieses nun in seiner Auslegung im Ganzen der Dinge als das Herrschende nachgewiesen ist, bejaht er das Ganze, nimmt er eine Ja-Stellung ein trotz der überaus fragwürdigen Beschaffenheit der Welt. Er bejaht es als das logisch Vollkommene und, weil als das Vollkommene, als das Göttliche. Das heißt für Nietzsche: Spinoza bejaht in seiner pantheistischen All-Vergöttlichung seinen Willen zur rationalen Vernunft. Nietzsche schränkt jedoch ein:

> "Aber sein Fall ist nur ein Einzel-Fall. Jeder *Grundcharakterzug*, der *jedem* Geschehen zugrunde liegt, der sich an jedem Geschehen ausdrückt, müßte, wenn er von einem Individuum als *sein* Grundcharakterzug empfunden würde, dieses Individuum dazu treiben, triumphierend jeden Augenblick des allgemeinen Daseins gutzuheißen. Es käme eben darauf an, daß man diesen Grundcharakterzug bei sich als gut, wertvoll, mit Lust empfindet."[73]

Spinozas Bejahung des Ganzen ohne Zweckvorstellung ist ein Einzel- und Sonderfall. Er bejaht das Ganze aus einer gesonderten Hinsicht, aus der Hinsicht auf das Logische, das den leitenden Gesichtspunkt, also den Wert seines Lebenswillens ausmachte. Aber dieses Logische ist eben auch nur eine besondere Hinsicht, und sie ist auch nur für den verbindlich, dessen Wesensbedingung des Lebens es ist, wie das bei Spinoza der Fall war.

Es handelt sich also bei Spinozas Ja-Stellung zum Ganzen der Dinge als einem in jedem Einzelfall von logischer Notwendigkeit durchwalteten Ganzen und darum Vollkommenen um einen Sonderfall, einen Einzelfall. Trotzdem gibt dieser einen wesentlichen Hinweis, wie eine Ja-Stellung zum Leben in seiner ewigen Wiederkehr des Gleichen auszusehen hätte. Worauf es nämlich ankäme, wäre, das Ganze nach jeder Hinsicht und nicht nur im Hinblick auf das Logische, also unbedingt, zu bejahen. Wie wäre das möglich? Wenn ein Einzelwesen nicht nur einen bestimmten Charakterzug des Geschehens, wie Spinoza den logischen, sondern jeden Charakterzug, der das Geschehen prägt, als seinen eigenen empfände, dann schlösse die Selbstbejahung die unbedingte Bejahung des Ganzen nach jeder Hinsicht ein. Unbedingte Bejahung des ganzen Umkreises des Lebens und Selbstbejahung wären dann ein und dasselbe. Daraus ergeben sich zwei Fragen:

1. Ist der einzelne Mensch durch die Charakterzüge geprägt, die dem Seienden überhaupt und im ganzen zugrunde liegen?

---

[73] Ebd.

2. Wann wäre der Mensch einer unbedingten Bejahung seiner selbst fähig und dadurch dann auch, weil er alle Charakterzüge des Ganzen auf seine Weise in sich trägt, einer Bejahung des ganzen Umkreises des Lebens?

Zur ersten Frage: Der Mensch ist Lebewesen. Das Wesen des Lebens ist Wille zur Macht, Herrsein des Lebenswillens über das Wollen und Wirken. Der Wille zur Macht ist der Grundzug der Wirklichkeit alles Wirklichen, er prägt alles Geschehen in seinem Wesen. Der Mensch ist in seinem Wesen seinerseits durch den Willen zur Macht bestimmt, und zwar in der Weise, daß sich in ihm der Lebenswille als Wille zur Macht weiß und so sogar wissentlich wollen kann. Also ist der Mensch durch den Grundzug geprägt, durch den alles Wirkliche geprägt ist.

Zur zweiten Frage, ob nun der Mensch diesen seinen Grundzug bei sich als gut, wertvoll, also mit Lust empfinden und so bejahen kann: Wenn das der Fall wäre, dann würde er in der Selbstbejahung das Ganze bejahen, und zwar nicht nur nach dieser oder jener besonderen Hinsicht, wie Spinoza es tat, nämlich im Hinblick auf das Logische, sondern im Hinblick auf das, was dieses Ganze in all seinen Zügen ist, sofern es ist.

Kann der Mensch den Grundzug seines Lebens bei sich als gut, wertvoll und mit Lust empfinden und so bejahen? Wir empfinden etwas mit Lust, das als Gegenwärtiges uns in seine Gegenwart ganz hineinnimmt. Ist das Leben von dieser Art? Das Leben ist der Überreichtum an Leben. Überreich an sich selbst, geht es unaufhörlich über sich hinweg, um in diesem Über-sich-Hinweggehen allein sich zu haben. Daher ist das Werden die Lust des Lebens, die das Leiden, das Vergehen, das ja zu allem Werden gehört, mit einschließt.

Was steht dem also nun im Wege, daß der Mensch den Grundzug seines Wesens mit Lust empfindet und deshalb bejahen kann und darum nun in der Selbstbejahung den ganzen Umkreis des Lebens? Nichts geringeres als die Moral, die bis dahin herrschende Wertungsweise, denn sie stellt dem unbedingten Ja zum Leben im ganzen etwas in den Weg. Sie richtet durch Ansetzung einer Welt, welche das wahrhafte Sein sein soll, über dem Leben ein Nein auf. Sie greift mit ihrer übersinnlichen Zielsetzung über das Leben hinaus und läßt es überhaupt nur als Durchgang für ein anderes zu. Sie ist insofern ein ständiges Hindernis für die unbedingte Lebensbejahung, denn sie stellt das Leben unter ein Nein und Sollte-Nicht. Sie schafft und stärkt das Verlangen nach einer anderen Welt des Sich-Gleichbleibenden, Immerwährenden, und verdirbt die Werdelust, welche die Freude des Lebens an seiner eigenen Überfülle ist. Die moralische Weltauslegung stellt also der möglichen Selbstbejahung des Lebens ein Hindernis in den Weg, und darum muß ihr die Grundlage entzogen werden.

Der Glaube an die Moral, das Für-wahr-Halten der moralischen Weltauslegung, wird nun durch zwei Überlegungen aufgehoben:

1. durch den Nachweis des Ursprungs der metaphysischen Moral aus dem Leben selbst. Im Dienst dieser Aufgabe steht die Abhandlung *Zur Genealogie der Moral*, die ihrer Absicht und ihrem Inhalt nach überhaupt nur zu verstehen ist, wenn man sie in diesen Gesamtkontext hineinstellt, nämlich Aufhebung des Glaubens an die Moral um der Möglichkeit einer Selbstbejahung des Lebens willen. Hier wird die moralische Weltauslegung auf ein lebensmäßiges Fundament zurückgeführt. Nun ist klar: Ist die Moral ein Phänomen, das seinen Ursprung im Leben selbst hat, dann kann sie nicht unbedingt über das Leben gebieten, nicht die Instanz über dem sein, dem sie entsprungen ist; denn der Ursprung bestimmt zwar das ihm Entsprungene, aber niemals vermag umgekehrt dieses den Ursprung zu beherrschen. Erweist sich die Moral als etwas aus dem Leben Abgeleitetes, dann muß sie ihre unbedingte Verbindlichkeit ablegen und hört damit auf, die Moral zu sein, die zu sein sie beansprucht hat. Sie hört auf, das die Realität Beherrschende zu sein.

2. Die zweite Überlegung, durch welche der Glaube an die Moral aufgehoben wird, erfolgt aus dem Blick auf die Wahrheit. In Ziffer 51 des *Willens zur Macht* heißt es dazu:

> "Entweder eins *oder* das andere ist *wahr*: wahr, das heißt hier den Typus Mensch emporhebend..."[74]

Diese Frage, nämlich das Gemessenwerden der Moral an der Wahrheit, soll im folgenden erörtert werden.

---

[74] Ebd. Zif.51; KGW VIII/3, 14[6].

IV. TEIL

DAS WESEN DES LEBENS ALS WILLE ZUR MACHT

Der Maßstab, mit dem die Moral gemessen wird, ist die Wahrheit. Aber welcher Begriff von Wahrheit ist hier leitend? Nietzsche erklärt dazu:

"Wahr, das heißt hier den Typus Mensch emporhebend..."[1]

Seit wann, so fragen wir, heißt das Wahrheit? Diese Bestimmung bedarf also einer eigenen Erörterung. Den Menschen erhebend, das bedeutet einmal, Bedingung einer Lebenssteigerung sein. Außerdem werden diese Bedingungen allein für das menschliche Leben angesetzt, "den Typus Mensch" erhebend. Als wahr wird hier angesetzt, was der Lebenssteigerung des Menschen dient. Bedenken wir jedoch, daß der Schein, das Für-wahr-Halten als Sich-Halten an etwas Bleibendem, Beständigem, ebenfalls eine Wesensbedingung des Lebens und deshalb mittelbar auch eine Bedingung für die Lebenssteigerung ist, dann wäre auch der Schein insofern wahr.

Aber wird damit der Begriff der Wahrheit nicht sinnlos und leer? Verfällt Nietzsche hier nicht in willkürliche Setzungen? Was wahr heißt, das scheint hier einfach dekretiert zu werden. Aber was verstehen wir denn unter Wahrheit? Wahrheit besteht, so wissen wir und wußte man schon lange, in der Übereinstimmung von Vorstellen, Denken, Aussagen, Urteilen mit der Sache, über die ausgesagt, geurteilt wird. Wahrheit hat ihr Bestehen in der Entsprechung von Vorstellung und Sache. Diese Wesensbestimmung der Wahrheit ist seit langem in Kraft, und ihre Herkunft reicht bis in die Philosophie Platons und Aristoteles' zurück, also bis in den Beginn der abendländischen Metaphysik.

---

[1] WzM Zif.51; KGW VIII/3, 14[6].

Wie steht es nun mit Nietzsches Bestimmung der Wahrheit? "Wahr", sagt er, "das heißt hier den Typus Mensch emporhebend". Was hat es mit dieser Bestimmung auf sich, wenn wir sie im Lichte der überlieferten Wesensbestimmung der Wahrheit als Entsprechung betrachten? Was wäre hier die Sache, mit der die Übereinstimmung gefordert wird? Antwort: Das Seiende in seinem Sein, das Leben. Dessen Wesen ist Wille zur Macht, Wille zur Steigerung seiner selbst. Wahr ist demnach, was dem Wesen des Seienden, dem Willen zur Macht, gemäß ist, was seine Erhaltung und Steigerung ermöglicht, also das Leben emporhebt. Die Entsprechung bemißt sich danach, wieweit etwas dem Wollen des Willens zur Macht als dem Wesen des Seienden gemäß ist. Jede Vorstellung hat sich jetzt vor dem zu verantworten, was ist, vor dem Leben als dem Willen zur Macht. Entspricht eine Vorstellung ihm, dann ist sie insofern wahr, und zwar nach dem alten Begriff von Wahrheit als Entsprechung zum Seienden in Hinsicht darauf, was und wie es ist. Jede Vorstellung ist auf ihren eigenen Wahrheitsanspruch hin in die Prüfung zu nehmen, nämlich daraufhin, ob sie einen Wert für das Wollen des Willens zur Macht bildet. So wandelt bei Nietzsche die Wahrheit zwar ihr Gepräge, aber sie behält gerade den Grundzug der Entsprechung. Überblicken wir die Hauptstadien der Geschichte des Wahrheitsbegriffs, dann zeigt sich:

1. Platon und Aristoteles bestimmten das Wesen der Wahrheit als Angleichung der Aussage, des *logos*, an die Sache. Die Sache aber stand für das griechische Denken vorweg schon im Blick als das im Unverborgenen Anwesende. Daher die Gleichsetzung von *alethes* und *on*, von wahr und seiend, bei Platon und Aristoteles.

2. Im Mittelalter gründete die Wahrheit in der Entsprechung von Verstand und Sache, intellectus und res. Diese Entsprechung wiederum beruht darauf, daß das Seiende als Seiendes schon immer in einer Entsprechung zum Verstand steht, nämlich als Geschaffenes zum göttlichen Verstand.

3. In der Neuzeit wird die Wahrheit dann zur Gewißheit des sich als Wissen eigens wissenden Wissens. Der Vorstellende muß jetzt seine Vorstellungen daraufhin in die Prüfung nehmen, ob und wieweit sie dem Anspruch auf selbstgewisses Wissen entsprechen. Das sich selbst Vorstellende ist aber das Bewußtsein.

Es prüft sich selbst nach dem Maß seines selbstgesetzten Wissensanspruchs: dem der Gewißheit. Das Wesen der als Entsprechung gedachten Wahrheit liegt jetzt in der Gewißheit, bleibt aber Entsprechung. Das in Gewißheit Seiende ist das wahrhaft Seiende und das Gewisseste das Seiendste.

4. Wenn sich aber in der letzten Phase der Metaphysik der Wille zur Macht als das Sein von Seiendem enthüllt, dann wandelt sich diese Entsprechung noch einmal. Das Bewußtsein nimmt jetzt seine Vorstellungen daraufhin in die Prüfung, ob und wieweit sie dem Willen zur Macht entsprechen. Solche Prüfung vollzieht sich im Abschätzen der Vorstellungen im Hinblick darauf, ob und wieweit sie den Willen zur Macht steigern, dessen Wesensanspruch ja in der Selbststeigerung liegt. Die Vorstellungen werden abgeschätzt im Hinblick auf ein Mehr oder Weniger oder Gar-nicht der Machtsteigerung, die sie ermöglichen. Darum gilt: Je mehr lebenssteigernd, um so entsprechender, um so wahrer. Die Wahrheit wird jetzt zu einem Wert, weil sie in ihrem Grundzug Entsprechung bleibt. Es ist irrig und gedankenlos, Nietzsches Fassung der Wahrheit dem herkömmlichen Wahrheitsbegriff entgegenzustellen und gar in dessen Namen Einwände gegen Nietzsche zu erheben.

Zu klären bleibt jetzt nur noch, weshalb Nietzsche sagt, "den Typus Mensch emporhebend", die Lebenssteigerung also auf den Menschen einschränkt. Der Mensch behält bei Nietzsche unter allem Wirklichen eine Vorrangstellung, weil er allein den Willen zur Macht, das Wesen des Lebens, wissentlich in den Vorsatz nehmen kann. Er ist daher unter allem Wirklichen dasjenige, das vom Willen zur Macht in der Weise gewollt ist, daß es die Erhaltungs- und Steigerungsbedingungen des Lebens wissentlich selbst setzen wollen und ändern kann. Von der Willentlichkeit des Menschen zum Vollzug des Willens zur Macht hängt es daher ab, wie hoch das Leben in seine Lebendigkeit aufsteigt. Nietzsche liegt weniger am Menschen als solchem in einem anthropozentrischen Sinne. Es geht ihm zuerst und zuletzt um die Wesentlichkeit des Lebens überhaupt, des Seins von allem Seienden, und deshalb allerdings wesentlich um den Menschen als den wissentlich Wollenden. Je williger dieser zum Vollzug des Willens zur Macht, um so lebendiger das Leben überhaupt, um so seiender das Seiende.

Deshalb liegt Nietzsche daran, die Bedingungen wie die Mittel und Wege auszumachen, unter und auf denen der Mensch in den freien Vollzug des Willens zur Macht gelangen kann.

Was den Typus Mensch emporhebt, sein Leben lebendiger macht im Sinne des Wachstums an Verfügungsgewalt des Willens über sich selbst und deshalb über die Welt, weil alle Möglichkeiten des Lebewesens Mensch welthafter Natur sind, das ist wahr, denn es ist dem Seienden gemäß, dessen Wesen Lebenssteigerung ist. Wenn sich nun auch der Schein als unentbehrliche Lebensermöglichung herausgestellt hat, dann ist er insofern ebenfalls wahr, obwohl er Schein ist. Denn das Für-wahr-Gehaltene in der Erkenntnis bleibt Schein, es stellt ein der Wirklichkeit des Wirklichen, dem Werden nicht Entsprechendes dar. Sofern aber dieser Schein das Leben gerade erst mit ermöglicht, ist er doch der Wirklichkeit gemäß und insofern auch wahr, eine notwendige Bedingung für das Leben, also für den Willen zur Macht. So bleibt das Maß der Abschätzung der Moral die Wahrheit. Diese Abschätzung behält ihr Wesen bei als Entsprechung zum Seienden in seinem Sein. Das Sein aber ist wesenhaft Übergang zu einem Mehr seiner selbst. Das bedeutet, wahr ist jetzt das, was das Sein steigert und so dessen Wesen entspricht.

Wir müssen also sagen: Weil bei Nietzsche die herkömmliche Wahrheitsbestimmung in Kraft bleibt, bestimmt er das Wahre gemäß der gewandelten Seinserfahrung als das Lebens- und damit das Seinssteigernde, und umgekehrt: Weil Nietzsche es als das Lebenssteigernde denkt, kann er auf dem Boden einer gewandelten Seinserfahrung die herkömmliche Bestimmung der Wahrheit als Entsprechung in Geltung halten. Nietzsche denkt trotz der Umdrehung in der Auslegung des Seienden die von Platon und Aristoteles herkommende Auffassung vom Wesen der Wahrheit nicht um, sondern er folgt ihrem Gesetz. Das führt, wie wir noch sehen werden, zur Auflösung des metaphysischen Denkens selbst, die sich hier bereits andeutet.

Am Maßstab der Wahrheit gemessen, der Gemäßheit zum Sein, dessen Wesen die Steigerung ist, bleibt also die moralische Weltauslegung ungemäß, denn sie stellt das Menschsein auf Bedingungen, die eher dem zur Macht ohnmächtigen Leben eine Herrschaft über das Leben sicherstellen. Als Maßstab der Wahrheit wird sie daher verworfen.

Blicken wir nun zurück auf die leitende Absicht der letzten Erörterung: Der Mensch teilt seinen Seinscharakter mit allem Wirklichen überhaupt und im ganzen. Könnte er sich selbst unbedingt bejahen, sein eigenes Leben, dann würde seine Selbstbejahung die Bejahung des Ganzen der Dinge einschließen. Es fragt sich, ob der Mensch diesen seinen eigenen Grundcharakter bei sich mit Lust empfinden kann. Die Moral mit ihrer über das Leben hier und jetzt hinausgreifenden Zielsetzung benimmt geradezu diese Lust. Deshalb fragte es sich, ob der Glaube an die Moral überwunden werden kann. Das kann, wie wir gesehen haben, in doppelter Weise geschehen:

1. Durch die seit *Menschliches, Allzumenschliches* bereits grundsätzlich errungene Erkenntnis, daß die Moral selbst von der Wesensart des Lebens ist, also eine bestimmte Weise des Willens zur Macht, und darum aus ihrer richterlichen Stellung über dem Leben abzusetzen ist, explizit ausgeführt in der *Genealogie der Moral*.

2. Sie wird zudem als dem Sein des Seienden nicht entsprechend, daher als unwahr verworfen.

Es kommt darauf an, ob dieses die Moral aus ihrer richterlichen Stellung absetzende Denken Macht über das menschliche Leben gewinnen kann, denn dann würde es allerdings der unbedingten Selbstbejahung und somit der Bejahung des Ganzen nach jeder Hinsicht den Weg bahnen und so den Menschen die Ja-Stellung zur ewigen Wiederkunft als dem an sich sinn- und zwecklosen Sein erlangen lassen. Diese Lehre von der ewigen Wiederkunft führt, so erklärt Nietzsche, in die große Krisis, wenn sie in dieser Weise Macht gewönne über den Menschen. Krisis ist die Scheidung, durch die darüber entschieden wird, was etwas taugt und was nichts und wozu es überhaupt taugt.

> "Der Wert *einer solchen Krisis* ist, daß sie *reinigt*, daß sie die verwandten Elemente zusammendrängt und sich aneinander verderben macht, daß sie den Menschen entgegengesetzter Denkweisen gemeinsame Aufgaben zuweist - auch unter ihnen die schwächeren, unsicheren ans Licht bringend und so *zu einer Rangordnung* der *Kräfte*, vom Gesichtspunkt der Gesundheit, den Anstoß gibt: Befehlende als Befehlende erkennend,

Gehorchende als Gehorchende. Natürlich abseits von allen bestehenden Gesellschaftsordnungen."[2]

Die Lehre von der ewigen Wiederkunft erlegt den Menschen entgegengesetzte Denkweisen und gemeinsame Aufgaben auf. Letztere sind durch die eine wesentliche Aufgabe geeint, das Leben aus seinem Wesen, dem Willen zur Macht, zu vollziehen. Diese Lehre würde also das Maß der Lebenskraft eines jeden ans Licht bringen. Diese Kraft bemißt sich daran, wieweit ein jeder imstande ist, den Willen zur Macht zu vollziehen, also sich selbst zum Wollen und Wirken befehlen zu können. Denn nur wer sich selber Ziele zu setzen imstande ist, der untersteht sich selbst, und sofern er sich selbst untersteht, befiehlt er sich selbst. Wer das nicht vermag, dem wird befohlen, denn der Willensbefehl hat sich als das Wesen des Lebens enthüllt. Entweder man gehorcht sich selbst und ist sein eigener Herr oder man gehorcht einem anderen, ein drittes gibt es nicht. Die Lehre von der ewigen Wiederkunft bringt also das Maß der Stärke eines jeglichen heraus, und die Lebensschwachen haben keine Möglichkeit mehr, über die Starken zu Gericht zu sitzen; denn die Moral, mittels deren sie es vermöchten, ist selbst als von der Lebensart des Lebens erwiesen. Auch sie ist auf ihre Weise Zug um Zug von der Macht durchzogen. So würde sich dann eine natürliche Rangordnung der Kräfte wiederherstellen nach dem Maß der Willensstärke, das heißt aber der Lebendigkeit des Lebens. Das Leben selbst würde nach dem Maß der repräsentierten Kraft zu einem Verhältnis der Über- und Unterordnung kommen. Mit Gewalttätigkeit hat das überhaupt nichts zu tun.

"Welche werden sich als die *Stärksten* dabei erweisen? Die Mäßigsten, die, welche keine extremen Glaubenssätze *nötig* haben, die, welche einen guten Teil Zufall, Unsinn nicht nur zugestehn, sondern lieben, die, welche vom Menschen mit einer bedeutenden Ermäßigung seines Wertes denken können, ohne dadurch klein und schwach zu werden: die Reichsten an Gesundheit, die den meisten Malheurs gewachsen sind und deshalb sich vor den Malheurs nicht so fürchten - Menschen, die

[2] Ebd. Zif.55; KGW VIII/1, 5[71].

ihrer Macht sicher sind und die die *erreichte* Kraft des Menschen mit bewußtem Stolze repräsentieren."[3]

Als die Stärksten werden sich die Mäßigsten erweisen, erklärt Nietzsche, diejenigen, die keine extremen Glaubenssätze nötig haben. Das Maß liegt also in der Mitte zwischen einander entgegengesetzten Extremen, und zwar: "Gott ist die Wahrheit" und "Alles ist falsch, alles ist sinnlos". Diese Extreme schlagen, wie wir gesehen haben, ineinander um. Die Maßlosigkeit dieser Positionen liegt in der metaphysischen Anmaßung des Unbedingten. Die Stärksten haben das Für-wahr-Halten solcher unbedingten Positionen einfach nicht nötig, weil sie selbst zum Setzen und zum Wollen von Zielen stark genug sind. Sie gestehen nicht nur ein Gutteil Zufall und Unsinn ein, was zum Leben gehört, sondern lieben dergleichen auch noch, auch den Zufall, das Ohngefähr, das absichtsfrei Geschehende, weil es das Feld der Wirksamkeit für einen je und je andere Ziele setzenden Willen ist. Sie denken vom Menschen mit einer bedeutenden Ermäßigung seines Wertes, sofern sie ihm den ehemals behaupteten absoluten metaphysischen Wert, seine Herkunft aus einer übersinnlichen Welt der Dinge an sich, nicht mehr zusprechen. Aber sie werden deshalb nicht klein und schwach. Sie sind lebensstark genug, um die extreme Position des Unbedingten nicht mehr nötig zu haben. Deshalb stehen sie auch nicht in Gefahr, in die entgegengesetzte Position des "Alles ist falsch, alles ist Unsinn, alles ist Niedertracht und Gemeinheit" zu verfallen, wenn der Glaube an das Unbedingte sich als unhaltbar erweist. Sie haben die Kraft, selbst Ziele zu wollen, sich selbst zum Wollen zu befehlen, und werden deshalb, weil sie das vollbringen, nicht von einem schlechten Gewissen geplagt, sondern stehen in diesem Bewußtsein der jeweils erreichten Kraft.

Nietzsche fragt: "Wie dächte ein solcher Mensch von der ewigen Wiederkunft?"[4] Hier müssen wir daran erinnern, wann eine Ja-Stellung zum Ganzen der Dinge im Sinne der ewigen Wiederkunft möglich ist:

---

[3] Ebd.
[4] Ebd.

"Bringen wir die Zweckvorstellung aus dem Prozesse weg und bejahen wir *trotzdem* den Prozeß? - Das wäre der Fall, wenn etwas innerhalb jenes Prozesses in jedem Momente desselben *erreicht* würde - und immer das gleiche."[5]

Dann wäre der Prozeß in jedem Augenblick vollendet. Wie steht es nun mit den Menschen, deren Wille stark genug ist zum Sich-selbst-Befehlen, zum Selbstsetzen von Zielen? Dieser Wille bringt sich selbst immer wieder unter sich selbst. So steigt er unaufhörlich über sich hinaus. Aber über sich hinausgehend, geht er nicht zu einem Anderen hinüber, sondern gerade immer zu sich selbst zurück, denn das Wesen dieses Willens ist Wille zur Macht, unaufhörliche Selbstübermächtigung. Der sich selbst befehlende und so über sich selbst hinausgehende Wille erreicht in jedem Moment das, was er will: sein eigenes Wesen, nämlich das Über-sich-Hinausgehen, das Sich-selbst-Befehlen, worin das volle Wesen des Lebens nach Nietzsche besteht. Also würde in der Tat in jedem Moment des Prozesses etwas erreicht, und zwar das gleiche, sofern der Wille über sich hinausgehend in jedem Moment in sein Wesen, in seine Befehlsgewalt gelangte.

Es hieß zuvor, daß wir bei der Entfernung der Zweckvorstellung aus dem Prozeß des Werdens den Prozeß gleichwohl bejahen, was dann möglich wäre, wenn in jedem seiner Momente etwas erreicht würde, und zwar immer das gleiche. Nun sehen wir, daß dies dann der Fall ist, wenn der Lebenswille, befreit von der Herrschaft einer immer schon Ziele anweisenden metaphysischen Autorität, sich selbst je und je die Ziele schöpferisch setzt, so daß er, immerfort über sich hinausgehend, sich selbst als das über sich Hinausgehende je und je erreicht. Ist der Lebenswille stark genug zum schöpferischen Setzen von Zielen aus sich selbst und für sich selbst, dann ist eine Ja-Stellung zum Sein, nämlich zur ewigen Wiederkehr des Gleichen, auch möglich.

Für die zusammenfassende Charakterisierung des 1. Buches des *Willens zur Macht* halten wir uns an den Beginn von Ziffer 112. Das Stück ist überschrieben "*Gesamt-Einsicht*". Dort heißt es:

---

[5] Ebd.

"Tatsächlich bringt jedes große Wachstum auch ein ungeheures *Abbröckeln* und *Vergehen* mit sich: das Leiden, die Symptome des Niedergangs *gehören* in die Zeiten ungeheuren Vorwärtsgehens; jede fruchtbare und mächtige Bewegung der Menschheit hat zugleich eine nihilistische Bewegung *mitgeschaffen*."[6]

In diesen Sätzen nimmt Nietzsche seine Betrachtung in das zurück, was sich in seinem Denken als das Sein des Seienden enthüllt hat: das Leben. Dessen Seinsart ist der Übergang zu einem Höheren seiner selbst. Dieser Übergang ist aber zumal und notwendig auch Vergehen, Zunichtewerden. Die ehemals das Leben belebenden und erbauenden Werte entwerten sich, das bis dahin maßgeblich Wirkliche wird zu Unwirklichem. Eine mächtige, das Seiende im ganzen in seinen Machtbereich einbeziehende Bewegung schafft also zugleich eine nihilistische Bewegung mit. Diese Worte sind so genau wie möglich zu nehmen, wie immer bei Nietzsche. Leben ist in seinem Wesen Wollen, wie wir gesehen haben. Deshalb ist das zum Übergehen gehörende Vergehen kein bloßes Erdulden, sondern es waltet auch darin ein Wille, ein Wille zur Zerstörung, ein Wille ins Nichts. Das Zugrundegehen, das zu jedem neuen Hervorgang des Lebens in eine neue Lebensgestalt gehört, geschieht daher immer auch als ein Sich-zugrunde-Richten, als eine Selbstzerstörung. Es scheint doch so, daß die Geschichte, so weit wir sie erfahren, dieser Kennzeichnung Nietzsches recht gibt.

Nun ist aber der Übergang vom europäischen Nihilismus in die unbedingte Selbstbejahung des Lebens von ausgezeichneter, ja einziger Art, denn hier geschieht nichts Geringeres, als daß das Leben in seinem Wesen selbst in die Helle der unbedingten Gewißheit seiner selbst eintritt. Hier wird also nicht lediglich eine neue und höhere Lebensgestalt entworfen und gebildet. Nietzsche nennt daher diesen Augenblick:

"Die Zeit des *großen Mittags, der furchtbarsten Aufhellung*."[7]

Der "große Mittag" ist die Zeit der hellsten Helle, des kürzesten Scheins, nämlich des Wissens, das sich als das Wissen vom Wesen

---

[6] Ebd. Zif.112; KGW VIII/2, 10[22].
[7] Ebd. Zif.134; KGW VIII/1, 2[128].

des Wirklichen, als Wille zur Macht, in unbedingter, unentrinnbarer Gewißheit weiß und aus dieser entschlossen ist, alle Opfer zu überstehen, die das Leben zu bringen hat, indem es in diese neue Gestalt übergeht. Es ist die Zeit Zarathustras. Was da heraufkommt, ist gewaltig, jenseits alles bisher Gewohnten: Das Wesen des Seienden selbst, das Leben als Wille zur Macht, tritt in das Licht des Bewußtseins ein. Und der Mensch erblickt sich als denjenigen, der diesen Willen zur Macht nunmehr wissentlich zu übernehmen und zum Vollzug zu bringen hat. Deshalb ist auch das zu diesem Übergang gehörende Vergehen der metaphysisch-theologischen Welt von eigener Art: ein unheimlicher, bislang noch nicht dagewesener Nihilismus.

Es geht ja, um es noch einmal zu sagen, nicht darum, daß die alten Werte lediglich durch neue ersetzt werden, vielmehr zeigt sich jetzt überhaupt zum ersten Mal, woraus Werte entspringen und was das ist, das alle Wertsetzung leitet, trägt und bestimmt: der Wille zur Macht, der Grundzug alles Wirklichen. Die neue Wertsetzung geschieht daher aus dem Wissen um den Ursprung alles Werdens, welches das Leben selbst ist. Anders gesagt, die Wertsetzung erfolgt jetzt aus dem im Wissen eigens ergriffenen Prinzip aller Wertsetzung und Werte. Das war bis dahin nicht der Fall. Der Übergang in die neue Art des Wertens ist in sich die Entwertung der Werte, die bis dahin aus dem Übersinnlichen her das Leben beherrschten. Der Nihilismus, der Wesenszerfall dieser übersinnlichen Werte, befreit das Leben zur Freiheit seines Wesens, und zwar so, daß es sich jetzt selbst zum ersten Mal als Prinzip und Maß aller Wertsetzungen ergreift, vorausgesetzt, daß die Umwertung der bisherigen metaphysischen Wertungsweise nun auch wirklich vollzogen wird, was freilich einzig und allein beim Menschen selbst liegt. Und so steht der nihilistische Geschichtsgang Europas in einem wesentlichen Anblick der Zweideutigkeit:

1. Er kann eine Bewegung des bloßen Niedergangs sein, in welchem der Wille zum Nichts waltet.

2. Der Nihilismus kann aber zugleich auch Zeichen dafür sein, daß ein ungeheuerer Übergang vor sich geht, nämlich die Einkehr des Lebens in die unbedingte Selbstgewißheit seines Wesens, in

die Gewißheit, alle Realität zu sein und sich als diese Realität selbst zu wollen, zu bejahen.

An dem Vollzug der Umwertung ist alles gelegen. Konsequenterweise sieht Nietzsche seine Aufgabe darin, eine solche Umwertung der Werte vorzubereiten, dergestalt, daß dieses Denken als Denken bereits mitwirkt an dem, was durch es als die wesentliche Aufgabe zum Vorschein kommt.

Im Lichte dieser Aufgabe beginnt auch das unvollendet gebliebene Hauptwerk in seiner Gliederung deutlicher zu werden. Hier zeigt sich, daß die Herausgeber doch das Richtige getroffen haben. Das 1. Buch enthüllt die Aufgabe, ein Denken auf die Bahn zu bringen, das die bisherige Wertungsweise umwertet. Die drei folgenden Bücher versuchen dies auszuführen: Das 2. Buch durchmustert die bisherigen Werte, in deren Verfügung das Leben bislang stand. Sie lagen bei der Religion und deren Auslegung, der Theologie, sowie bei der Moral und der bisherigen Metaphysik. Diese drei - Theologie, Moral und Metaphysik - gehen spätestens seit der Spätantike eine unauflösliche Verbindung ein und beherrschen gemeinsam das Leben, und zwar in folgender Weise: Sofern die Zielsetzung für das Leben über dieses in ein Jenseits hinausgreift, ist diese Wertung metaphysisch. Sofern sie das Leben eben dadurch unter eine unbedingte Verbindlichkeit stellt, ist sie moralisch. Sofern die Werte aus dem Bereich des Übersinnlichen her, gleichsam von oben herab, das Leben beherrschen, ist diesem das Ziel von außen durch eine unbedingt gebietende göttliche Autorität gegeben, die Wertsetzung ist also theologisch.

Die Aufgabe dieses 2. Buches ist daher zweifach: 1. die theologisch-metaphysisch-moralische Wertsetzung auf das Leben zurückzuführen, aus ihm herzuleiten, 2. sie im Hinblick auf das Wesen des Lebens abzuschätzen, das heißt aber, wie wir gesehen haben, sie daraufhin zu prüfen, ob sie dem Wesen des Lebens, dem Willen zur Macht, entspricht, ob sie wahr ist. Dabei zeigt sich, daß sie ihm nicht entspricht, daß sie das Leben nicht in die Freiheit seines Wesens gelangen läßt und deshalb unwahr ist.

Nachdem das 2. Buch Theologie, Moral und Metaphysik als Weisen des Lebens enthüllt hat, versucht das 3. Buch, die Hauptbezirke der Welt als Gestalten des Willens zur Macht auszulegen, den Willen zur Macht als Erkenntnis, als Natur, als das Verhältnis von Individuum und Gesellschaft - als Staat -, als Kunst. Nietzsche hat in einem der vielen Pläne zu seinem unvollendeten Hauptwerk diesem Buch auch die Überschrift *"Princip einer neuen Werthsetzung"*[8] gegeben. Das Entscheidende an diesem Titel ist, daß die Wertsetzung selber neu ist und nicht nur die gesetzten Werte, daß diese Wertsetzung wissentlich aus dem gewußten, aus dem erkannten Prinzip aller Setzung, dem Willen zur Macht, geschieht. Das ist es, was sie zu einer neuen Wertsetzung macht, daß sie aus diesem Wissen her das Seiende in Hinsicht auf sein Sein auslegt und abschätzt.

Das 4. Buch entwirft dann denkend eine neue Rangordnung der Kräfte nach dem Maß der repräsentierten Seinskraft, der Lebens- und Willensstärke. Die Lehre von der ewigen Wiederkunft, von der her sich alles entscheidet, die den letzten Maßstab für den Aufbau des Lebens gibt, sollte dann den Abschluß des Ganzen bilden.

In der neuen Auslegung des Seins, die Nietzsche denkend auf die Bahn bringt, gibt der gesamte metaphysische Begriffsbestand den Anspruch auf, daß die Seinsweisen des Seienden selbst dort hinterlegt seien, und zwar durch die Einsicht in den perspektivischen Charakter dieser Begriffe. Sie hören damit auch auf, das Maß für Sein und Nichtsein abzugeben, und werden nunmehr, wie Nietzsche sagt, "streng und eng anthropozentrisch und biologisch"[9] genommen. Wir verstehen, was das heißt: Sie werden restringiert auf die menschliche Lebensweise als deren Bedingungen, und nicht als die Seinsbedingungen von Seiendem überhaupt. In ihnen wird die Welt von uns her in Absicht auf ihre Organisation ausgelegt, ihre Unterstellung unter das menschliche Leben. Damit wandelt sich die Stellung des Menschen zu dem gesamten überlieferten Begriffsbestand, in welchem auch die Wissenschaften begründet sind. Der Mensch ist diesen Begriffen nicht länger anbefohlen, nicht ihren Anweisungen unterstellt, die er einfach zu vollziehen hat, sie sind vielmehr als Werkzeuge im Dienst des Lebens erkannt und werden wissentlich aus dem We-

---

[8] KGW VIII/1, 7[64].

[9] WzM Zif.480; KGW VIII/3 , 14[122].

sen des Lebens gesetzt und jeweils gebraucht. Das Leben wird dessen Herr, in dessen Verfügung es bisher stand. Darin kommt das Leben als Wille zur Macht zum Vorschein: sich selbst befehlen können, sich selbst Ziele setzen können, sich unter sich selbst bringen, befehlendes Herrsein über sich selbst - Wille zur Macht.

Aber damit das möglich wird, müssen die Begriffe zuerst als lebensnotwendige Mißverständnisse der Wirklichkeit durchschaut werden, denn nur dann büßen sie ihren unbedingten Befehlscharakter ein, der in ihrem Anspruch liegt, das wahre Seinsverständnis selbst zu enthalten. Gemessen an ihrem eigenen Wahrheitsanspruch, den sie bisher erhoben haben, sind sie falsch, der Wirklichkeit nicht entsprechend. Sofern und soweit sie jedoch für das Wachstum des Lebenswillens notwendig sind, erhalten sie ihre Wahrheit zurück. Als solche sind sie der Wirklichkeit des Wirklichen gemäß und insofern gerechtfertigt. Ihre Wahrheit liegt nunmehr in ihrem Wert für das Leben, in ihrer Legitimität. Wahrheit erhält den Charakter der Legitimität für und durch das Leben. Hier hebt sich Nietzsche grundsätzlich von dem mit Descartes beginnenden Denken ab, welches in der Gewißheit des Wissens, der Erkenntnis, den obersten Gesichtspunkt erblickt hatte. Nietzsche sagt dazu:

> "Es könnte scheinen, als ob ich der Frage nach der Gewißheit ausgewichen sei. Das Gegenteil ist wahr: aber indem ich nach dem Kriterium der Gewißheit fragte, prüfte ich, nach welchem Schwergewichte überhaupt bisher gewogen worden ist - und daß die Frage nach der Gewißheit selbst schon eine *abhängige* Frage sei, eine Frage *zweiten* Ranges."[10]

Das neuzeitliche Denken in Philosophie und Wissenschaft sucht das Wahre in dem Gewissen, das verum im certum. Gewißheit besteht, wenn die Erkanntheit des Erkannten selbst erkannt ist, denn dann sind wir einer Erkenntnis als Erkenntnis gewiß. Wir haben eine Erkenntnis als wahrhafte erkannt, wenn wir die Erkenntnis der erkannten Sache eigens erkannt haben. Diese Gewißheit erfüllt sich aber im Blick auf die Natur durch die Berechenbarkeit von Naturvorgängen, denn einen Vorgang berechnen heißt, die Notwendigkeit seines Verlaufs im vorhinein vorstellen

---

10 Ebd. Zif.587; KGW VIII/1, 2[169].

und so über den Vorgang verfügen, und das in der Weise, daß gegebenenfalls auch Bedingungen seines Verlaufs von uns eigens hergestellt werden können. Die neuzeitliche Wissenschaft, so unter dem Gesichtspunkt der selbstgewissen Erkenntnis stehend, welche darum das Seiende zum Gegenstand von mathematischen Berechnungsverfahren macht - darin besteht der so oft beredete Vorrang der Methode -, ist in sich also schon technisch und hat die Technik nicht erst zur Folge.

Nietzsche stellt nun die Frage, inwiefern denn eigentlich etwas daran liege, die Welt in dieser Weise mathematisch formulierbar, berechenbar zu machen, sie nach zuvor aufgestellten, in Formen fixierten Berechnungsverfahren vorzustellen, die sich dann im Experiment zu bewähren haben, um so der Naturvorgänge jederzeit gewiß sein zu können. Inwiefern, fragt er, ist dieses Gewisse das Wahre, das dem Wirklichen Entsprechende? Die beherrschende Wirklichkeit des Wirklichen ist die Steigerung. Wahr ist, was die Steigerung ermöglicht und so der Wirklichkeit entspricht. Das Wahre ist in seinem Wesen ein Wert, im Hinblick auf den Steigerungscharakter des Wirklichen. So zeigt sich:

> "Die Frage der Werte ist *fundamentaler* als die Frage der Gewißheit: letztere erlangt ihren Ernst erst unter der Voraussetzung, daß die Wertfrage beantwortet ist."[11]

Das Wahre ist also nicht schon als das Gewisse um seines Gewißheitscharakters willen das Wahre, sondern das Gewisse ist etwas Wahres, sofern es einen Wert fürs Leben darstellt, dem Leben entspricht und damit die Seinssteigerung ermöglicht. Nun kann das Leben immer nur dann in höhere Möglichkeiten seiner selbst hinübergehen und aufsteigen, wenn die jeweils erreichte Machtstufe zuvor befestigt ist und so zur Basis für einen höheren Aufstieg genommen werden kann. Diese Sicherung der jeweils erreichten Lebensstufe erbringt die Gewißheit des sich wissenden Wissens, also die Erkenntnis im neuzeitlichen Sinne. Die Gewißheit, durch die sich das Leben mit einem verfügbaren Bestand von Seiendem umgibt, ist für die Lebenssteigerung als Basis unentbehrlich, also ein Wert. Aber die Erkenntniswahrheit im Sinne

---

[11] Ebd. Zif.588; KGW VIII/1, 7[49].

der Erkenntnisgewißheit kann nicht der höchste Wert sein, denn sie erschließt dem Leben gerade nicht höhere Möglichkeiten, in die es hinübergehen kann, sondern sichert und befestigt nur das Erreichte. Wird sie also als das Höchste gesetzt, dann läßt sie das Leben, den Willen zur Macht, nicht zum eigentlichen Vollzug gelangen, sie bleibt der Realität ungemäß und wäre insofern unwahr. Die Erkenntniswahrheit ist dem Leben nur so lange gemäß, als sie gerade nicht den höchsten Wert darstellt, sondern im Dienst der Lebenssteigerung bleibt und nicht zum obersten Wert erklärt wird, denn nur dadurch, daß das Lebendige in der Lebenssteigerung bleibt, bleibt es ins Werden einbehalten. Das Werden aber macht das Sein aus. Nur indem das Leben sich steigert, bleibt es ins Sein einbehalten. Jeder Stillstand ist schon Rückgang, ist schon Absterben. Damit ergibt sich allerdings die fundamentale Frage: Was eröffnet denn nun dem Leben höhere Möglichkeiten seiner selbst, in die es dann hinübergehen kann, wenn es nicht die Erkenntnis ist? Dieses Eröffnende, welches dem Leben überhaupt höhere Möglichkeiten zeigt, müßte der oberste Wert sein. Was ist das?

Die Herausgeber des *Willens zur Macht* haben an den Schluß des 3. Buches ein Kapitel gestellt, dem sie berechtigterweise die Überschrift "Der Wille zur Macht als Kunst" gegeben haben. In diesem Kapitel finden wir einen Abschnitt, der die Überschrift "Die Kunst in der *Geburt der Tragödie*" trägt. Hier greift Nietzsche die Darstellung der Kunst in seinem Erstlingswerk *Die Geburt der Tragödie* wieder auf, und zwar aus dem inzwischen erreichten entschiedenen Wissen vom Wesen des Lebens, und nimmt das, was er damals vorläufig dargestellt hatte, erneut in eine entschiedenere Besinnung. Hier lesen wir unter anderem:

> "In der Vorrede, mit der Richard Wagner wie zu einem Zwiegespräche eingeladen wird, erscheint dies Glaubensbekenntnis, dies Artisten-Evangelium »die Kunst als die eigentliche Aufgabe des Lebens, die Kunst als dessen *metaphysische* Tätigkeit...«"[12]

---

[12] Ebd. Zif.853; KGW VIII/3, 17[3].

"Metaphysisch" besagt hier ganz einfach: jede Art von Über-das-Seiende-Hinaus, wie es von sich her vorkommt. Das Platonische Über-das-Sein-Hinaus, aus dem das Seiende seiend ist, ist ebenfalls in seinem Wesensursprung Kunst, wenngleich Platon dies nicht erkannt hat. Was nun Kunst im Denken Nietzsches bedeutet, müssen wir uns von ihm sagen lassen. Vor allem ist der Begriff der Kunst viel umfassender und wesentlicher zu nehmen, als wir es gewohnt sind. "Die Kunst als die eigentliche Aufgabe des Lebens" heißt es, nicht die einzige, aber die eigenste. Diese wird zugleich als "*metaphysische* Tätigkeit" bezeichnet. Nun ist aber das Leben das Sein des Seienden, und dessen eigene Aufgabe ist es, über sich hinauszugehen. Was aber kann das nun sein, zu dem das Sein noch über sich hinauszugehen hat? Sofern dieses doch irgendwie ist, also nicht das völlige Nichts ist - denn das würde ja heißen, daß das Leben, über sich hinausgehend, ins Nichts versinkt -, muß es auch in irgendeiner Weise zum Sein gehören. Was dieses Über-Hinaus selbst ist, darauf gibt die Besinnung über die metaphysische Tätigkeit des Lebens als Kunst die Antwort.

Seitdem das Nachdenken über die Kunst begonnen hat, wurde sie als Hervorbringung eines Scheins bestimmt, und zwar "Schein" im weitesten Sinne genommen, so daß dies nicht etwa "trügerischen Schein" bedeutet. Ein paar Hinweise mögen das bestätigen.

Platon, mit dem das Denken über die Kunst überhaupt den Anfang genommen hat, bestimmt ihr Wesen als Schein des Seins. Die Kunst läßt sehen, aber sie läßt nur das Wie des Aussehens von Dingen sehen, sie genügt sich im Hervorbringen des sinnlichen Anscheins. Nach Aristoteles, der diese Platonische Bestimmung aufgreift, sie aber entscheidend verwandelt, bringt die Kunst einen sinnlichen Anblick hervor, der aber dadurch ausgezeichnet ist, daß er zugleich einen Durchblick auf das Wesentliche eröffnet. Nach ihm läßt die Kunst in dem sinnlichen Anblick einen Wesensanblick gleichsam hineinblicken.

Nach Kant zeigt sich das Schöne, der Gegenstand der Kunst, in der sogenannten "ästhetischen Reflexion", welche die Vorstellung, darin ein Gegenstand sich anschaulich präsentiert, nicht durch den Begriff auf den Gegenstand selbst bezieht, sondern auf den

Vorstellenden zurückbezieht. Schön ist demnach nie der Gegenstand selbst, sondern dieser nur als der sich Zeigende im Wie seines Sich-Zeigens. Das Schöne an einem Bild, sofern es ein Kunstwerk ist, ist demnach niemals der dargestellte Gegenstand, sondern sein Gemaltsein. Immer aber hat die Kunst ihr Wesen im Schein. Bis auf Kant bleibt sie deshalb auch der Erkenntnis, welche das nichtsinnliche Wesen der Dinge selbst erfaßt, an Rang unterlegen. Da aber nach Kant die theoretische Erkenntnis auf Erscheinungen beschränkt bleibt, erreicht die Kunst in gewisser Weise eine Gleichstellung mit dieser, nicht jedoch mit der praktischen Erkenntnis des moralischen Gesetzes, welches ja das Unbedingte ist, durch das der Mensch selbst als Vernunftwesen seiner Unbedingtheit gewiß wird. Aber dieses sinnliche Sich-Zeigen in der ästhetischen Reflexion ist nach Kant zugleich ein Symbol der Freiheit, und Freiheit ist ein übersinnlicher Begriff. So bleibt die Kunst immer bezogen auf die Darstellung des Übersinnlichen im sinnlichen Anblick. So weit die Erinnerung an die bisherigen Bestimmungen der Kunst.

Nun bestimmt Nietzsche die Kunst als "die eigentliche Aufgabe des Lebens" und nennt sie die "*metaphysische* Tätigkeit". Diese wäre demnach Über-sich-Hinausgehen in den Schein. Inwiefern ist das so? Wir wissen bereits: Der Schein gehört dergestalt zum Leben, daß er es allererst ermöglicht. Sofern Leben ist, stellt es sich aus sich selbst in den Umkreis eines selbsterzeugten Scheins als Bedingung seiner eigenen Ermöglichung. Von dieser Wesensart des Scheins ist alle Erkenntnis, aber auch die übersinnliche Welt des Bleibenden, welche die Metaphysik angesetzt hat. Auch die Metaphysik ist, auf ihren Ursprung hin verfolgt, in diesem Sinne Kunst, scheinbildend, Hervorbringung des Scheins, mit dem einen Unterschied, daß sie sich selbst für Erkenntnis des wahren Seins gehalten hat. Religion, Moral, Metaphysik, die das menschliche Leben bis dahin beherrscht hatten, sind Weisen der Kunst, nämlich im Grundzug ihres Wesens dadurch geeinigt, daß sie den Schein des Bleibenden hervorbringen. Aber sie geben eben den Schein für das wahre Sein aus und erklären das Sein, das Leben hier und jetzt, umgekehrt für etwas bloß Scheinhaftes, Nichtiges. Die Kunst im engeren Sinne des Wortes, da sie ja das von ihr Hervorgebrachte niemals als etwas Wirkliches ausgibt, erklärte die Metaphysik für bloße Kunst.

Wie aber sieht es aus, wenn die metaphysische Welt, die das wahre Sein erklärte, sich als Schein herausgestellt hat? Wie steht es dann mit der Kunst? Diese war bis dahin so bestimmt worden, daß sie das Übersinnliche in sinnlichen Anblicken zum Vorschein kommen läßt. Wenn aber nun diese übersinnliche Welt entfällt, was bleibt dann von der Kunst? Doch nur das Sinnliche: Farben, Töne, sinnliche Anblicke überhaupt. Was die Kunst in ihren Gebilden sehen läßt, das war immer diese Welt hier und jetzt noch einmal und nichts anderes, aber erhöht, verklärt. Die Kunst brachte, obwohl sie im Dienste der Metaphysik stand, in Wirklichkeit immer nur erhöhte und verklärte Anblicke des Hiesigen hervor. Fällt nun die metaphysische Auslegung, durch die die Kunst bestimmt worden war, als das Scheinen-Lassen von übersinnlichen Ideen im Sinnlichen, dann bleibt von ihr nur noch das eine übrig, daß sie das Wirkliche hier und jetzt, also die Realität, das Leben, in erhöhten und verklärenden Anblicken zeigt, den Anblicken der Vollkommenheit, die nicht in einer jenseitigen metaphysischen Welt liegen. Vollkommen ist das, was in das Volle seines Wesens angekommen ist und darin verweilt, weil es ganz das ist, was es sein kann. Vollkommen ist das ganz und gar von sich selbst Erfüllte. Von dieser Art ist das Leben, wie es in den von der Kunst hervorgebrachten Gebilden erscheint. Damit wird klar, welches Vermögen es ist, das dem Leben höhere Möglichkeiten erschließt, die es überhaupt befähigen, über sich selbst hinauszugehen und so in seinem Wesen selbst zu sein: Es ist die Kunst.

Darüber sagt Nietzsche etwas Entscheidendes: Die Kunst ist es, die dem Leben das eigene Wesen ermöglicht, indem sie Vollendungsanblicke produziert und so den Lebenswillen zur Steigerung antreibt. Sie ist die "Gegenkraft", die den Willen zum Nichts, alles Nein und Sollte-nicht-Sagen zum Leben, durch Verklärung des Lebens auch in seinen fragwürdigen Zuständen überwindet[13]. Und so vollbringt sie nach Nietzsche ein Dreifaches:

[13] Ebd.

1. Die Kunst erlöst den Erkennenden. Was heißt das? "Erkennen" bedeutet hier nicht Erkenntnis im ehemals metaphysischen, aber auch nicht Erkenntnis im wissenschaftlichen Sinne, sondern das Aufgehen der Wirklichkeit alles Wirklichen in ihrem "furchtbaren und fragwürdigen Charakter"[14]. Der Erkennende, der hier gemeint ist, ist der, der sich dem Blick der Wirklichkeit, so wie sie ist, ohne Ausflucht in den Schein einer übersinnlichen Welt gestellt hat. Wie ist aber diese Wirklichkeit beschaffen? Inwiefern ist sie furchtbar und fragwürdig? Nietzsche sagt dazu:

> "Diese Welt: ein Ungeheuer von Kraft, ohne Anfang, ohne Ende, eine feste, eherne Größe von Kraft, welche nicht größer, nicht kleiner wird, die sich nicht verbraucht, sondern nur verwandelt, [...] vom »Nichts« umschlossen als von seiner Grenze, [...] ein Meer in sich selber stürmender und flutender Kräfte, ewig sich wandelnd, ewig zurücklaufend, mit ungeheuren Jahren der Wiederkehr, mit einer Ebbe und Flut seiner Gestaltungen, aus den einfachsten in die vielfältigsten hinaustreibend, aus dem Stillsten, Starrsten, Kältesten hinaus in das Glühendste, Wildeste, Sich-selber-Widersprechendste [...] -: diese meine *dionysische* Welt des Ewig-sich-selber-Schaffens, des Ewig-sich-selber-Zerstörens."[15]

Es ist klar, worin der fragwürdige Charakter der Welt, also der Wirklichkeit, besteht, nämlich in der Art und Weise, wie das Leben, also das Weltwesen selbst, währt. Leben lebt im unaufhörlichen Wandel der Selbsterneuerung und Selbststeigerung, welche die Selbstzerstörung, also das Leiden, notwendigerweise mit einschließt, und zwar ohne Ende und Ziel. Dieser furchtbar fragwürdige Charakter der Realität ist das Wesen des Lebens selbst und deshalb unaufhebbar. Von ihm wird der Erkennende überwältigt, da alles Erkennen immer durch das bestimmt wird, was es erkennt, so daß der die Realität Erkennende zu zerbrechen droht, so wie Oidipus von der Übergewalt der sich enthüllenden Wahrheit überwältigt wurde, die er durch die Leidenschaft seines Wissenwollens selbst ans Licht gebracht hatte. Die Kunst aber erlöst den in dieser Weise tragisch Erkennenden. Sie nimmt ihn nicht aus der Erkenntnis der Wirklichkeit hinweg, aber sie läßt je und je

[14] Ebd.
[15] Ebd. Zif.1067; KGW VII/3, 38[12].

den Vollendungsschein in der Welt aufleuchten. Im Blick auf diesen, der selber wesenhaft zum Dasein gehört, vermag der Erkennende das Dasein in seinem furchtbar fragwürdigen Charakter dennoch zu bejahen.

2. Die Kunst erlöst den Handelnden. Das ist derjenige, "der den furchtbaren und fragwürdigen Charakter des Daseins nicht nur sieht, sondern lebt, leben will", - der tragisch-kriegerische Mensch, der Held[16]. Er trägt das überwältigende Wesen des Lebens selbst aus, indem er allen darin enthaltenen Gegensätzen offen ist, gleichsam diesen Gegensätzen die offene Stätte für ihren Kampf in sich selbst bereitet. So ist er der von allen Gegensätzen Gezeichnete. Der tragisch-kriegerische Mensch ist nicht deshalb kriegerisch, weil er fortgesetzt Kriege führt und so die friedliebende Menschheit ins Unglück bringt, sondern als der dem Andrang des Seienden Offene, dessen Wesen der Kampf der Kräfte selber ist. Dieser verläuft, wie wir wissen, über die Perspektiven und ist darum etwas wesentlich Geistiges, so, daß er die Welt in ihre äußersten Gegensätze geradezu herausbringt. Krieg ist hier- wie auch bei Heraklit - der Name für das Sein selbst, welches der Kampf der Kräfte ist, der sich über die Perspektiven abspielt. Kriegerisch ist der Held, weil er diesen Kampf in seine Existenz hineinnimmt und so austrägt. Deshalb hat auch Nietzsche an die Jugend seiner Zeit die Mahnung gerichtet: "Wirf den Helden in deiner Seele nicht weg!"[17]

3. Die Kunst erlöst den Leidenden, "als Weg zu Zuständen, wo das Leiden gewollt, verklärt, vergöttlicht wird, wo das Leiden eine Form der großen Entzückung ist"[18]. Auch hier besagt "Erlösung" nicht Übergehen in einen Zustand der Leidlosigkeit, sondern Verwandlung des Leidens selbst, so daß es zu einer "Form der großen Entzückung" wird. Leiden heißt, herausgestoßen werden aus der beglückenden Gegenwart, übergehen aus dem Einen in das gegenteilige Andere. Von dieser Art ist das Leben. So ist es wesenhaft auch immer Leiden. Die Kunst erhöht und verklärt das Leben, und da zu ihm wesenhaft das Leiden gehört, auch dieses,

---

16 Ebd. Zif.853; KGW VIII/3, 17[3].

17 Also sprach Zarathustra I, Vom Baum am Berge; KGW VI/1, S.50.

18 WzM Zif.853; KGW VIII/3, 17[3].

ohne es zu beseitigen. Die Kunst läßt das Leben über sich hinaus in einen verklärten Anblick seiner selbst sehen und so gerade zu sich selbst zurückkehren, sie läßt das Leiden gerade nicht vergessen, sie löscht nicht das Bewußtsein davon aus, sondern läßt es als zum Erfüllungszustand mit gehörig erscheinen, da ohne Leiden kein Leben. "Entzücken" heißt hinwegreißen aus dem Leben, über es hinaus und dadurch gerade in es zurück. Das ist es, was die Kunst vollbringt, und ihre Größe bemißt sich danach, wieweit sie den Umfang des Lebens in einen verklärenden Anblick seiner selbst zu bringen vermag. Damit ist die Frage des Verhältnisses von Kunst und Erkenntnis entschieden. Die Kunst eröffnet dem Leben erst Möglichkeiten seines wahren Wesens, welches die Steigerung ist. Darum wird das höchste Wesen des Lebens der Kunst anvertraut:

> "Die Kunst [...] als Weg zu Zuständen, wo das Leiden gewollt, verklärt, vergöttlicht wird."[19]

Die Kunst, so heißt es sogar, sei göttlicher als die Wahrheit. An anderer Stelle lesen wir dazu:

> "Das Wesentliche an der Kunst bleibt ihre Daseins-*Vollendung*, ihr Hervorbringen der Vollkommenheit und Fülle; Kunst ist wesentlich *Bejahung, Segnung, Vergöttlichung des Daseins...*"[20]

Diese Zeugnisse ließen sich beliebig vermehren. Nietzsche spricht offenkundig der Kunst das Prädikat des Göttlichen zu. Göttlich ist die Kunst in seiner Auffassung, weil sie vergöttlicht, Vollkommenheit, Fülle hervorbringt. An früherer Stelle war einmal vom Nihilismus als einer möglichen "*göttlichen Denkweise*"[21] die Rede. Diese bestand darin, den lebensnotwendigen Schein, in den der Mensch verstrickt bleibt, zugleich wissentlich-willentlich zu beherrschen und so willentlich zu erzeugen.

In Ziffer 55 des *Willens zur Macht* war die Frage gestellt, ob nach Entfernung der Zweckvorstellung aus dem Werden eine Ja-Stellung zu ihm möglich sei, und zwar nicht nur wie bei Spinoza

---

19 Ebd.
20 Ebd. Zif.821; KGW VIII/3, 14[47].
21 Ebd. Zif.15; KGW VIII/2, 9[41].

in einer bestimmten Hinsicht, nämlich der logischen Notwendigkeit, sondern in aller und jeder Hinsicht[22], die Frage also, ob ein Gott jenseits von Gut und Böse denkbar sei. Diese Frage hatten wir damals zurückgestellt. Es fragte sich, ob das Sein nach der Absetzung des Übersinnlichen eines Gottes überhaupt noch fähig sei. Damit nähern wir uns dem äußersten Ausblick von Nietzsches Philosophie, wenn anders die Gottesfrage immer schon die letzte Aufgipfelung aller Metaphysik gewesen ist und Nietzsches Philosophie Umkehrung der Metaphysik ist, also Metaphysik bleibt. Daraus ergibt sich aber schon, daß wir uns mit einem Hinweis begnügen müssen. Um dennoch wenigstens die notwendige Klarheit zu bekommen, die gerade auch für bloße Hinweise erforderlich ist, fragen wir also, was der Name "Gott" überhaupt im Denkbereich Nietzsches bedeuten kann.

Dasjenige Seiende, welches das Sein selbst in seinem vollen Sinne repräsentiert und das daher nicht mehr nur als ein Seiendes unter anderen vorgestellt werden kann, wurde in der Sprache der ontologischen Metaphysik "Gott" genannt. Nun ist nach Nietzsche das Sein das Leben. Dessen Wesen ist Selbstüberwindung, Sich-selbst-unter-sich-Bringen, oder Wille zur Macht. Gott wäre dann der Name für die Selbstüberwindung des Lebens auf seiner höchsten Stufe oder für die Kulmination des Willens zur Macht. Und in der Tat lesen wir bei Nietzsche:

> "Gott *die höchste Macht* - das genügt! Aus ihr folgt Alles, aus ihr folgt - »die Welt«!"[23]

Im Bereich von Nietzsches Philosophie nennt der Name "Gott" ein Prädikat des Lebens. Aber Gott, so fragen wir sogleich, als bloßes Prädikat, ist das noch Gott? Hier müssen wir nun daran denken, daß sich das Wesen des Göttlichen innerhalb der metaphysischen Denkweise immer daraus bestimmt hat, wie das Sein des Seienden auf das Denken zukam und es zur Auslegung dieses Seienden beanspruchte. Wir müssen daran denken, daß die Auslegung des Seienden nach Subjekt und Prädikat, nach Substanz und Akzidenz sich als perspektivische Auslegung enthüllt hat,

[22] Vgl. ebd. Zif.55; KGW VIII/1, 5[71].
[23] Ebd. Zif.1037; KGW VIII/2, 10[90].

welche die Wirklichkeit des Wirklichen selbst nicht erreicht. Was ist, das ist das Leben. Und eo ipso kann das Göttliche nur der höchste Lebenszustand selbst sein in folgerichtiger Auslegung dessen, was als Sein das Denken Nietzsches beansprucht hat.

V. TEIL

DER UNTERGANG DER METAPHYSIK

Es sind zwei Grundbedingungen, die in Gemeinsamkeit das Leben ermöglichen: die Erkenntnis, welche das Werden beständigt, so daß es Halt an Bleibendem nehmen kann und nicht in den Strom der Ungleichheit, des Werdens unaufhörlich versinkt, und die Kunst, die durch die Erzeugung des Vollendungsscheins je und je dem Leben Möglichkeiten des Über-sich-Hinaus eröffnet, so daß es durch Erkenntnis Stand und Halt im Werden gewinnt, zugleich aber im Werden als dem Sein einbehalten bleibt. Beide, Kunst und Erkenntnis, sind vom Lebenswillen als Bedingungen seiner selbst gesetzt.

Aber indem nun Nietzsche den Gedanken des Willens zur Macht konsequenterweise in das Ganze des Seienden hinein entfaltet, ereignet sich unversehens etwas, das in der Nietzsche-Interpretation bislang nicht beachtet und schon gar nicht als Konsequenz seines Denken erkannt worden ist. Auf einmal nämlich erscheint Nietzsches Philosophie in einem seltsamen Zwielicht, das plötzlich hereinzubrechen scheint, und zwar in dem Augenblick, da sie sich durch die Auslegung der Welt und ihrer Bezirke als Gestalten des Willens zur Macht vollendet hat. Das war ja die Aufgabe des Hauptwerkes. Seltsam ist nämlich, daß dieses Zwielicht in Nietzsches begrifflicher Arbeit kaum sichtbar wird, jedoch in den Gedichten hervorbricht, die er noch eigens für eine Veröffentlichung fertiggestellt und bestimmt hatte, den sogenannten "*Dionysos-Dithyramben*". Was es bedeutet, daß das, was schließlich mit der sich vollendenden Philosophie Nietzsches geschieht, nicht so sehr im begrifflichen Denken, sondern eher im dichterischen Wort zur Sprache kommt, ist eine eigene Frage.

Wir legen hier den "*Dionysos-Dithyrambus*" zugrunde, der in der von Nietzsche selbst vorgesehenen Anordnung an der Spitze steht und die Überschrift trägt "*Nur Narr! Nur Dichter!*"[1] Wir behalten von vornherein dabei im Auge, daß das, was sich in diesem Gedicht abspielt, das Ganze der überlieferten Metaphysik angeht, wenn anders diese Metaphysik sich in Nietzsches Denken in ihre letzte, äußerste geschichtliche Möglichkeit versammelt hat. Lesen wir zunächst einmal die letzte Strophe:

> Bei abgehellter Luft,
> wenn schon des Monds Sichel
> grün zwischen Purpurröthen
> und neidisch hinschleicht,
> - dem Tage feind,
> mit jedem Schritte heimlich
> an Rosen-Hängematten
> hinsichelnd, bis sie sinken,
> nachtabwärts blass hinabsinken:
> so sank ich selber einstmals,
> aus meinem Wahrheits-Wahnsinne,
> aus meinen Tages-Sehnsüchten,
> des Tages müde, krank vom Lichte,
> - sank abwärts, abendwärts, schattenwärts,
> von Einer Wahrheit
> verbrannt und durstig
> - gedenkst du noch, gedenkst du, heisses Herz,
> wie du da durstetest? -
> *dass ich verbannt sei*
> *von aller Wahrheit!*
> *Nur* Narr! *Nur* Dichter!...

Wer spricht hier mit sich selbst? Zweifellos derjenige Denker, der das Wesen alles Seienden als Lebenswillen im Sinne des Willens zur Macht denkt. Er befragt sein eigenes Herz, den Sitz und Quell des Lebens, ob es noch dessen eingedenk sei, daß er, der Denker des Willens zur Macht, verbannt sei von aller Wahrheit. Der Verbannte, Exilierte, ist aus seinem Heimatland vertrieben, aus dem er stammt und in dem er zu Hause ist, dem er auch das verdankt, was er sein kann. Nietzsche erfährt das Verbanntsein seines Denkens aus dem einheimischen Reich der Wahrheit. Eine solche Erfahrung wird erst möglich, wenn der Wille zur Macht in das Ganze des Seienden hinein entfaltet ist und so seine unbedingte Herrschaft angetreten hat, denn das Denken erfährt seine

[1] KGW VI/3, S.375-378.

Bestimmtheit immer aus dem und von dem her, was es zu denken hat. Deshalb ist die Frage unausweichlich, vor die sich Nietzsche zum Schluß gestellt fand: Von welcher Wesensart ist denn das Denken, wenn es selbst als Denken des Willens zur Macht von diesem Gedachten in seinem eigenen Wesen bestimmt ist? Lesen wir dazu die Strophen eins bis drei:

Bei abgehellter Luft,
wenn schon des Thau's Tröstung
zur Erde niederquillt,
unsichtbar, auch ungehört
- denn zartes Schuhwerk trägt
der Tröster Thau gleich allen Trostmilden -
gedenkst du da, gedenkst du, heisses Herz,
wie einst du durstetest,
nach himmlischen Thränen und Thaugeträufel
versengt und müde durstetest
dieweil auf gelben Graspfaden
boshaft abendliche Sonnenblicke
durch schwarze Bäume um dich liefen
blendende Sonnen-Gluthblicke, schadenfrohe.

»Der *Wahrheit* Freier - du?« so höhnten sie
nein! nur ein Dichter!
ein Thier, ein listiges, raubendes, schleichendes,
das lügen muss,
das wissentlich, willentlich lügen muss,
nach Beute lüstern,
bunt verlarvt,
sich selbst zur Larve,
sich selbst zur Beute
das - der Wahrheit Freier?...
Nur Narr! Nur Dichter!
Nur Buntes redend,
aus Narrenlarven bunt herausredend,
herumsteigend auf lügnerischen Wortbrücken,
auf Lügen-Regenbogen
zwischen falschen Himmeln
herumschweifend, herumschleichend -
nur Narr! *nur* Dichter!...

Das - der Wahrheit Freier?...

Nicht still, starr, glatt, kalt,
zum Bilde worden,
zur Gottes-Säule,

nicht aufgestellt vor Tempeln,
eines Gottes Thürwart:
nein! feindselig solchen Tugend-Standbildern,
in jeder Wildniss heimischer als in Tempeln,
voll Katzen-Muthwillens
durch jedes Fenster springend
husch! in jeden Zufall,
jedem Urwalde zuschnüffelnd,
dass du in Urwäldern
unter buntzottigen Raubthieren
sündlich gesund und schön und bunt liefest,
mit lüsternen Lefzen,
selig-höhnisch, selig-höllisch, selig-blutgierig,
raubend, schleichend, *lügend* liefest...

Es sind also offenbar die Gedanken, die Nietzsche denkt, selbst, die den Denker fragen: "Der *Wahrheit* Freier - du?" Der Angriff auf die überlieferte Metaphysik geschah im Namen der Wahrheit über das, was ist. Durch die Absetzung des Übersinnlichen, das sich als bloßes Scheinprodukt enthüllt, wird die Realität in ihr eigenes Wesen als Wille zur Macht freigesetzt. Dieses Denken ist philosophisch und der Denker, der Philosoph, der Freier der Wahrheit über das, was überhaupt ist.

Aber welchen Wesens ist denn nun dieses denkende Streben nach Wahrheit, wenn alles, was ist, durch den Willen zur Macht in seinem Wesen bestimmt ist und darum und erst recht auch das philosophische Denken? Dieses erscheint im Aussehen des Erkennens, denn Erkenntnis besteht in der Fassung dessen, was etwas ist, hier also, was das Sein überhaupt ist. Das Erkennen will nichts von den Dingen, sondern gibt sie umgekehrt auf das hin frei, was sie von ihnen selbst her sind. Nun ist aber auch das Erkennen in seinem Wesen Leben, also Wille zur Macht, auslangendes Einholen von Welt, um sich ihrer durch Einbeziehung in die eigene Sphäre zu bemächtigen. Erkennen ist jetzt in seinem Wesen Weltraub. Als erkennender tritt der Wille zur Macht jedoch im Menschen als bloß Erkennender auf, wohinter sich sein wirkliches Wesen versteckt. Er tritt so auf, als wolle er gar nichts von den Dingen, als ließe er sie so sein, wie sie von sich her sind. In Wirklichkeit hat er es hinter dieser Maske auf Weltraub und Weltübermächtigung abgesehen. Sofern der Mensch als der bloß Erkennende an die Dinge herantritt, erweist er sich daher als das listigste aller Lebewesen. Er tritt nämlich in der harmlosen Larve des bloß Erkennenden auf und ist so sehr verlarvt, daß er auch noch sich selber zur Larve wird, denn er sieht sich selbst eben als einen Erkennenden und nicht als den in der Maske des Erkennenden auftretenden, auf das Ganze der Dinge ausgreifenden Willen zur Macht.

So erweist sich die gesamte Erkenntnis als ein bloßes Anschauen von Erkenntnis, als Einbildung, Imagination, als bloße Dichtung, bloßer Schein. Aber dieser Schein ist für das Lebewesen Mensch notwendig und besteht auch dann noch, wenn er durch die Auslegung des Seienden als Wille zur Macht als Schein durchschaut ist. Wenn das geschieht, dann muß der Mensch den Schein auch noch wissentlich wollen.

Nun geschieht Erkenntnis immer in Begriffen, mit dem Anspruch, in diesen das Wirkliche zu fassen. Aber die Wirklichkeit des Wirklichen ist das Werden, dem die feststellenden Begriffe und Begriffszusammenhänge nicht entsprechen. Und so steigt der vermeintlich Erkennende in Wirklichkeit auf "lügnerischen Wortbrücken" herum, weil die Begriffe ihre Unterkunft im Wort haben, im äußersten Falle in einer Bezeichnung, "auf Lügen-Regenbogen", immer von dem Willen geleitet, ein Stück Wirklichkeit einzufangen und zu überwältigen. Solange nämlich der Wille zur Macht als die Wirklichkeit des Wirklichen verborgen blieb, blieb auch der Erkennende sich selbst in seiner Wirklichkeit verborgen. Er sah sich als den rein Erkennenden, der gar nichts von den Dingen will, der, mit allen selbstbezüglichen Interessen an sich haltend, in der Stille des betrachtenden Verweilens den Weg ins wahre Sein, in die übersinnliche, göttliche Welt weist. Daher sagt Nietzsche: "eines Gottes Thürwart" - durch reine Erkenntnis wird der Eingang in das wahre, das göttliche Sein verwaltet. Da das reine Erkennen den Menschen dem Göttlichen, also den Ideen soweit es möglich ist, angleicht, so gilt seit Platon der rein Erkennende wegen seiner höchsten Angeglichenheit an die Ideen, also an das göttliche Sein, als Vorbild menschlichen Lebens, als, wie es hier heißt, "Tugend-Standbild".

Nun aber, da das Leben sich als die Realität herausgestellt hat, ist es zu Ende mit dem philosophischen Ausblick auf die in bleibender Anwesenheit währenden göttlichen Ideen. Jetzt hat die

Philosophie etwas anderes zu tun. Sie besteht jetzt darin, in die ungerichtete Triebvielfalt des Lebens erkennend einzudringen, in den Kampf der einander bekämpfenden, bespiegelnden, einander täuschenden, sich selbst maskierenden Lebenstriebe, und diesen aufzudecken und dabei doch dem Schein niemals entrinnen zu können, da das Erkenntnisinstrument die Begriffe sind und bleiben, wodurch in der Auslegung des Lebens dieses sogleich immer schon umgefälscht wird.

Es heißt weiter in der 4. Strophe von "*Nur Narr! Nur Dichter!*":

> Oder dem Adler gleich, der lange,
> lange starr in Abgründe blickt,
> in *seine* Abgründe...
> - oh wie sie sich hier hinab,
> hinunter, hinein,
> in immer tiefere Tiefen ringeln! -
> Dann,
> plötzlich,
> geraden Flugs
> gezückten Zugs
> auf *Lämmer* stossen,
> jach hinab, heisshungrig,
> nach Lämmern lüstern,
> gram allen Lamms-Seelen,
> grimmig gram Allem, was blickt
> tugendhaft, schafmässig, krauswollig,
> dumm, mit Lammsmilch-Wohlwollen...
>
> Also
> adlerhaft, pantherhaft
> sind des Dichters Sehnsüchte,
> sind *deine* Sehnsüchte unter tausend Larven,
> du Narr! du Dichter!...
>
> Der du den Menschen schautest
> so *Gott* als *Schaf* -,
> den Gott *zerreissen* im Menschen
> wie das Schaf im Menschen
> und zerreissend *lachen* -
>
> *das, das ist deine Seligkeit,*
> eines Panthers und Adlers Seligkeit,
> eines Dichters und Narren Seligkeit!...

Die überkommene Wesensauffassung des Menschen kann in die Formel gebracht werden: "so *Gott* als *Schaf*". Denn nach der überlieferten Auffassung ist der Mensch das animal metaphysicum, das durch Unterordnung unter die Autorität der göttlichen Welt häuslich, friedlich, geduldig gemachte gewalttätige Lebewesen, obzwar auch immer wieder bei Gelegenheiten, die oft genug eintreten, in wilde Gewalttätigkeit ausbrechend. Beides steht zusammen zur Einheit eines in sich gedoppelten Menschseins. Wenn aber nun der Ansatz einer göttlichen, metaphysischen Welt als eine illusionäre, selbstbezügliche Auslegung des Menschen durchschaut wird, dann wird der Mensch als animal metaphysicum zerrissen. Zerrissen wird das Göttliche im Menschen, seine Herkunft aus der übersinnlichen Welt, denn darin besteht ja der göttliche Zug in ihm. Aber zerrissen wird auch das Schaf im Menschen, dieses geduldige Unterworfensein seines Lebens unter von außen oder von oben her gebietende Ziele einer göttlichen Autorität, in die dieses Lebewesen bis dahin sich meistens geduldigschafshaft gefügt hat.

Die Frage bleibt, weshalb Nietzsche hier von "zerreißen" spricht. Die beiden zur Einheit gefaßten Auslegungen des Menschen waren ja nicht etwas bloß Erdachtes, sondern das menschliche Leben lebte ihnen gemäß. Insofern diese beiden Bestimmungen das Leben bestimmten, waren sie selbst etwas Lebendiges, so wie ja auch Illusionen, sofern sie das Leben bestimmen, etwas Lebendiges sind. Die Vernichtung der überkommenen Wesensauffassung des Menschen, sofern sie das Leben der Menschen bestimmt hat, also etwas Lebendiges war, ist ein Zerreißen von Lebendigem.

Wenn aber nun dieses das animal metaphysicum zerstörende Denken selbst von der Wesensart des Lebens ist, was ist dann, vom Leben her gedacht, dieser Akt der Zerstörung der metaphysischen Bestimmung des Menschen? Wie stellt sich dieser Angriff im Lichte von Nietzsches Lebensphilosophie selber dar? Das ist die Frage, vor der Nietzsche nun steht und auf die im Folgenden eine Antwort gegeben wird, die freilich von der Art ist, daß sie zur Zerstörung der überlieferten Philosophie, nämlich zu ihrer Selbstauflösung selbst hinführt.

Der Angriff auf die Wesensbestimmung des Menschen ist - lebensphilosophisch gesehen - ein Zerreißen von Lebendigem. Sofern aber dieser Angriff auf den metaphysischen Wesensbau der menschlichen Existenz im Namen der Wahrheitserkenntnis geschah, welche es ja gar nicht gibt, so ist dieses Zerstören zugleich Narrentum und bloßes Dichtertum.

Wenn der Gedanke des Willens zur Macht sich des Denkens selber bemächtigt, da es diesen Gedanken denkt, was geschieht dann? Dann erscheint das Streben nach Wahrheitserkenntnis als ein Wahn, denn in allem Erkennen waltet - obgleich "verlarvt", wie es in dem Gedicht heißt - der Überwältigungswille. Das bedeutet aber das Ausgeschlossensein von aller Wahrheit, so daß nur diese eine Wahrheit übrigbleibt, daß der nach ihr Strebende von aller Wahrheit ausgeschlossen ist, wie es zum Schluß des Gedichtes heißt. Es wird also nicht gesagt, es gebe überhaupt keine Wahrheit, denn wenn die Rede vom Verbanntsein von aller Wahrheit einen Sinn haben soll, muß es ein Land der Wahrheit geben. Aber was könnte das sein, wenn der Erkennende selbst die erste Beute des Willens zur Macht ist? Welche Dimension bleibt eigentlich noch übrig, so daß man sagen kann: Es gibt ein Reich der Wahrheit, aus welchem das Streben nach Wahrheit zugleich verbannt ist?

Alles und jedes ist und ist nicht nichts. Aber dieses "es ist" bleibt dem Erkennenden versagt, weil das Erkennen eine selbstbezügliche Auslegung ist. Von der Wahrheit dessen, daß alles und jedes ist und was das ist, daß alles ist und nicht nicht ist, also von der Wahrheit des Seins von allem, bleibt der Erkennende ausgeschlossen, nicht weil unsere Erkenntnismöglichkeiten beschränkt sind, sondern weil das "es ist" bereits eine bloße Wortbrücke ist, auf welcher wir uns ständig hin und her bewegen. Das im Ist-Sagen gemeinte Sein ist aber der alle Begriffe tragende Fundamentalbegriff. Ist jedoch das Sein eine selbstbezügliche Auslegung, dann sind es auch alle anderen Begriffe, durch die und in denen Erkenntnis zustandekommt.

Nun ist aber darauf zu achten, daß das Gedicht "*Nur Narr! Nur Dichter!*" den, der es spricht, in zwei verschiedenen Situationen zeigt: in der gegenwärtigen, in welcher er diesen Dithyrambus selber spricht, und in einer vergangenen Lage, auf die hin er sein Herz befragt, ob es ihrer noch gedenke.

Deshalb ergibt sich die Frage: Worin besteht der Trost, der "bei abgehellter Luft [...] niederquillt", worin die Erquickung, die dem von aller Wahrheit Verbannten, nach Wahrheit Durstenden dennoch zuteil wird? Das sagt das Gedicht nicht unmittelbar, aber es deutet sich an, wenn wir darauf achten, was durch das Gedicht ständig hindurch spricht. Die eine Wahrheit, daß der Erkennende von aller Wahrheit verbannt sei, ist mit dem Gedanken des Willens zur Macht identisch, wie wir gesehen haben. Dieser Gedanke spannt aber das Bewußtsein zur äußersten und höchsten Intensität an. Der Trost, den der Abend dem von aller Wahrheit Verbannten bringt, die Erquickung, ist also die Abnahme der Bewußtheit, jenes "abwärts, abendwärts, schattenwärts" Sinken. Die Abnahme der Bewußtseinsintensität versetzt den am Entzug aller Wahrheit Leidenden, weil als Erkennenden nach ihr Dürstenden, ohne daß jemals der Durst gestillt werden könnte, in den Zustand einer zunehmenden Indifferenz, der alles ins Gleiche rückt, auch den Unterschied von Teilhabe an der Wahrheit und Ausgeschlossensein von ihr. In der erinnerten Lage befand sich das Bewußtsein im Zustand höchster Intensität. Jetzt aber läßt die Bewußtheit nach, und der Denker überläßt sich mehr und mehr dem Zustand zunehmender Indifferenz, dem Erlöschen des Bewußtseins. Wodurch geschieht das?

Das Bewußtsein ist immer eine Zusammennahme seiner mit sich selbst. Das macht seine Ichhaftigkeit aus. Also ist das Bewußtsein an sich selbst schon etwas Willentliches, Sich-mit-sich-Zusammennehmen. Kierkegaard zum Beispiel hat das ganz klar gesehen und ausgesprochen. So sagt er in der Schrift *Die Krankheit zum Tode*:

> "Je mehr Bewußtsein, desto mehr Selbst; je mehr Bewußtsein, desto mehr Wille, je mehr Wille, desto mehr Selbst."[2]

Damit nun die Intensität des Bewußtseins nachläßt, der Trost sich also einstellt, muß die Vergeblichkeit alles Erkennenwollens

---

[2] Sören Kierkegaard, Die Krankheit zum Tode, in: Gesammelte Werke, 24./25. Abt., Düsseldorf 1954, S.25.

selbst gedacht werden, denn dieser Gedanke wirkt der Tendenz des Bewußtseins auf Intensivierung entgegen, welche gerade das vergebliche Leiden an der Verbannung von der Wahrheit steigert. Die eine Wahrheit, daß der Erkennende verbannt sei von aller Wahrheit, muß bewußt gehalten werden, denn sie bewahrt den Denkenden davor, in den früheren Zustand der Bewußtseinsintensität zurückzukehren und so vergeblich nach der Wahrheit zu verlangen. Nur der eine Gedanke hält das Bewußtsein des letzten metaphysischen Denkers am Ende seines Denkens noch zusammen, daß alles Erkennen bloßes Narren- und Dichtertum sei. Er bewahrt das Bewußtsein davor, künftig noch vergeblich nach der Wahrheit zu verlangen, von welcher der Gedanke des Willens zur Macht seinen Denker selbst ausgeschlossen hat.

Ein anderes Gedicht mit der Überschrift "*Die Sonne sinkt*"[3] beginnt in nahezu wörtlichem Gleichklang mit dem hier erörterten Gedicht. Es ist wichtig für den folgenden Gedanken: Trost ist immer Anwesenheit einer möglichen Hoffnung, die Zukunft eröffnen könnte. Deshalb müssen wir fragen: Was ist die Zukunft, in die der Getröstete blickt, dessen Bewußtheit abnimmt? Das Gedicht beginnt mit dem Vers:

> Nicht lange durstest du noch,
> verbranntes Herz!
> Verheissung ist in der Luft,
> aus unbekannten Mündern bläst mich's an
> - die grosse Kühle kommt...
>
> Meine Sonne stand heiss über mir im Mittage:
> seid mir gegrüsst, dass ihr kommt
> ihr plötzlichen Winde
> ihr kühlen Geister des Nachmittags!
>
> Die Luft geht fremd und rein.
> Schielt nicht mit schiefem
> Verführerblick
> die Nacht mich an?...
> Bleib stark, mein tapfres Herz!
> Frag nicht: warum? -

[3] KGW VI/3, S.393-395.

Die 3. Strophe nennt dann die Lösung mit den bekannten Worten:

> Rings nur Welle und Spiel.
> Was je schwer war,
> sank in blaue Vergessenheit,
> müssig steht nun mein Kahn.
> Sturm und Fahrt - wie verlernt er das!
> Wunsch und Hoffen ertrank,
> glatt liegt Seele und Meer.

Wir hüten uns davor, mit selbstsicheren Erklärungen an diese Worte heranzugehen. Aber aufgrund unserer Bemühungen um Nietzsches Gedanken dürfen wir doch die Vermutung wagen, daß diese Verse den Eingang in die verweigerte Wahrheit vorausdachten, von welcher gerade das willenhafte, selbstbewußte Erkennen das Denken ausgeschlossen hatte, ein Eingang, der ein Untergang ist, eine Auflösung, ein Erlöschen des Bewußtseins, das Nietzsche sich selbst vorausgedacht hat.

Sind das Vorstellungen eines kranken Menschen, wie manche ebenso anmaßend wie primitiv meinen? Es ist doch wohl eher das Schicksal eines Denkens von einer Konsequenz, die ihresgleichen nicht hat. Wenn anders sich aber in Nietzsches Denken das Ganze der Metaphysik in ihre letzte Möglichkeit versammelt, dann - so dürfen wir mit Recht vermuten - ist der Untergang des Denkens, welches das Wesen des Seienden als Willen zu Macht, das Sein als ewige Wiederkunft des Gleichen, den Menschen als den Übermenschen denkt, auch der Untergang der Metaphysik überhaupt. Dieser also hat sich schon ereignet. Aber es entspricht der Wesentlichkeit dieses Ereignisses, daß es unser Denken noch nicht erreicht hat. Dieses Ereignis ist schon über uns hinweggegangen und in eine Zukunft uns vorausgegangen, der wir noch nicht gewachsen sind. Dieser Vorgang bekundet sich aber mittelbar darin, daß seit Nietzsche die Metaphysik aufgehört hat, Sache eines schöpferischen Austrags zu sein. Sie ist seither außerstande, dem Geschichtsgang der modernen Welt neue Bahnen zu öffnen, denn sie vermag nicht mehr, die Frage nach der Wahrheit über das Seiende im ganzen zu übernehmen und aufs neue auszutragen. Sofern wir aber noch Metaphysik oder einen ihrer vielen entlaufenen Abkömmlinge betreiben, fallen wir hinter das zurück, was bereits geschehen ist. Wir müssen daher versuchen, diesem Ereignis näherzukommen.

Es kommt zunächst einmal bei Nietzsche in dem Sachverhalt zur Sprache, daß der auf Wahrheit gerichtete Erkennende von aller Wahrheit verbannt sei und das die einzige Wahrheit sei, die übrigbleibt. Inwiefern ist dies wahr? Insofern in der Erkenntnis der Wille zur Macht als die Wirklichkeit der Erkenntnis waltet, demgemäß Erkennen nicht eine Freigabe des Seienden auf das hin ist, was und wie es von sich selbst her ist, sondern Weltraub, Weltübermächtigung. Der Gedanke des Willens zur Macht ist selbst die eine Wahrheit, daß der Erkennende von aller Wahrheit verbannt sei. Damit scheint es nun mit aller Wahrheitserkenntnis zu Ende zu sein, und es scheint nur noch das eine übrig zu bleiben, das Leben als Willen zur Macht aus dem Gedanken der ewigen Wiederkehr des Gleichen zu leben. Doch bleibt daran zu erinnern, daß nach Nietzsche die Erkenntnis eine eigene Bedeutung behält, und zwar bleibt deshalb daran zu erinnern, weil man Nietzsche weitgehend dahin mißverstanden hat, als ließe er alles ins irrationale Leben und in die Erlebnisse aufgehen. Bei Nietzsche aber wird vielmehr, wie wir gesehen haben, Erkenntnis gerade zu einem vom Leben selbst gesetzten Wert für seine Selbstsicherung im Strome des unaufhörlich sich überdrängenden Werdens, freilich bei Verzicht auf die Wahrheit von Erkenntnis. Es bleibt also dabei, daß der Gedanke des Lebens als Wille zur Macht es ist, der alle Erkenntnis aus dem Land der Wahrheit verbannt.

Wenn aber Nietzsche das Verbanntsein des Erkennens von aller Wahrheit denkt, dann bewegt er sich in jedem Fall in einem Verständnis dessen, was Wahrheit überhaupt bedeutet. Nun haben wir gesehen, daß Nietzsche fraglos der seit Platon und Aristoteles herrschenden Auffassung vom Wesen der Wahrheit folgt, wonach sie in der Anmessung des Vorstellens an das Seiende besteht. Waltet aber in allem und so auch im Erkennen der Wille zur Macht, so entspricht die Erkenntnis in ihrem wirklichen Vollzug niemals ihrem Wesen. Das bedeutet die Selbstauflösung des überlieferten metaphysischen Begriffs von der Erkenntniswahrheit, Diese Selbstauflösung gehört wesentlich in die letzte Phase des metaphysischen Denkens hinein und ist dessen Selbstauflösung. Nietzsche hat sie in den "*Dionysos-Dithyramben*" vorausgedacht. Aber dieses Vorausdenken erfährt antizipatorisch die Auflösung des metaphysischen Erkennens nicht als ein Versinken in eine bloße Finsternis, sondern "in blaue Vergessenheit"[4]. Was heißt das? Wie es von Goethe in der *Farbenlehre* tiefsinnig begriffen wurde, ist das pure Blau das Erscheinen des Zurückweichenden als eines solchen, des sich in seine eigene Tiefe Bergenden[5]. Was könnte das sein?

Halten wir uns an Nietzsches Denken. Er bestimmt das Sein des Seienden als Willen zur Macht. Aber alle Auslegung, und so auch diese letzte, setzt doch die Offenbarkeit dessen voraus, daß Seiendes ist. Dieser Sachverhalt, daß Seiendes ist, wird das Sein genannt. Nun hat das Erkennen nach Nietzsche die Struktur des in sich reflektierten Bewußtseins, des auf sich Zurückbeziehens von Welt in Absicht auf Überwältigung und Bemächtigung. Deshalb bleibt alles Erkennen von Seiendem in Hinsicht auf Sein ein perspektivischer Bezug, so daß das Sein selbst sich entzieht. In der Auflösung dieses selbstbewußten, willenhaften Vorstellens kommt das Sein zum Vorschein, aber nicht als Gegenstand des auf sich bezogenen Bewußtseins, also nicht als durch den Willen zur Macht bestimmt, sondern als etwas dem selbstbewußten Vorstellen Sich-Entziehendes, ihm Entweichendes, als "blaue Vergessenheit". Aber als das Sich-Entziehende kommt es in eins mit der Auflösung des selbstbewußten, willenhaften Erkennens zum Vorschein. Nun steht das Denken niemals auf der einen und das Sein auf der anderen Seite, als ob beide außerdem noch in einer Beziehung ständen, sondern aufgrund der wesenhaften Zusammengehörigkeit von Sein und Denken ist das Denken selbst die offene Beziehung zum Sein als Sein. Also gehört zu dem in der Auflösung des selbstbewußten Vorstellens zum Vorschein kommenden Sich-Entziehenden eine Möglichkeit des Denkens, freilich nicht das Denken in der Gestalt des selbstbewußten Vorstellens, also nicht jenes, das in seinem Wesen Wille zur Macht ist, denn dieses

---

[4] Ebd., S.394.

[5] J.W. Goethe, Schriften zur Farbenlehre, §§778-785, in: Sämtliche Werke in 18 Bänden, hrsg. von Ernst Beutler et al., Bd. 16, München 1977 (=dtv-Artemis-Ausgabe), S.210.

löst sich gerade im Zum-Vorschein-Kommen des Sich-Entziehenden in "blaue Vergessenheit" auf, sondern eine andere, von uns erst noch zu lernende, zu erfahrende Möglichkeit des Denkens.

Daraus entnehmen wir folgendes: Wenn in der Endphase der Metaphysik das Sein als ein Sich-Entziehendes zum Vorschein kommt und das ihm entsprechende postmetaphysische Denken veranlaßt, dann muß alle Metaphysik doch irgendwie durch dieses Entziehen bestimmt sein. Wenn aber der im Sein selbst waltende Zug des Sich-Entziehens erst in der Selbstauflösung des metaphysischen Denkens überhaupt zum Vorschein kommt, dann muß dieser die Metaphysik bestimmende Zug in aller Metaphysik verborgen geblieben sein, so daß diese also etwas ihr selbst Verschlossenes in sich trägt. Was aber ist das? Die Metaphysik denkt das Seiende in Hinsicht auf Sein. Also steht für das metaphysische Denken das Sein schon in der Sicht, sonst könnte es Seiendes auf Sein hin nicht auslegen. Sein hat sich, sobald Metaphysik überhaupt zum Zuge kommt, schon gelichtet, so daß Seiendes auf Sein hin ausgelegt werden kann.

Anders gesagt: In der Metaphysik und als Metaphysik ereignet sich eine Entbergung des Seienden als des Seienden. Seiendes tritt als Seiendes ins Unverborgene hinaus. Die Unverborgenheit heißt griechisch *aletheia*. Sie ist der erste Name für "Wahrheit". Die Metaphysik vollbringt bezüglich des Seienden im ganzen je und je die Unverborgenheit seiner in Hinsicht auf das Sein. Welchen Wesens ist denn nun diese Unverborgenheit? Richten wir diese Frage an die Metaphysik, dann lautet die Antwort: Die Metaphysik denkt das Wesen der Wahrheit, die sie je und je geschichtlich bezüglich des Seienden vollbringt, selbst nicht. Zwar bildet auch sie einen eigenen Wesensbegriff von Wahrheit, eben den Begriff der Wahrheit als Angleichung des aussagenden Vorstellens an das Seiende. Aber damit eine solche Angleichung, eine solche Entsprechung stattfinden und festgestellt werden kann, muß Seiendes in seinem Sein doch schon unverborgen sein, muß schon Unverborgenheit von Sein walten.

Die Metaphysik denkt die Wahrheit selbst nicht. Stattdessen denkt sie ein nur abkünftiges Wahrheitswesen, eben diese Übereinstimmung von Denken und Sache. Ungedacht bleibt in aller Metaphysik ein bestimmender Wesenszug des Seins, das Sich-

Entziehen, das erst in der Auflösung des metaphysischen Denkens zum Vorschein kommt. Ungedacht bleibt aber auch, wie wir gesehen haben, das Wesen der Wahrheit, welche die Metaphysik in ihrer geschichtlichen Entfaltung je und je bezüglich der Welt und des Menschen vollbringt.

Nun fragen wir: Wie, wenn das jeweils Ungedachte hier und dort dasselbe wäre, denn beides, das Sich-Entziehen und die Unverborgenheit, gehen ja das Sein selbst in seinem Wesen an? Wenn es so wäre, dann wäre die Unverborgenheit des Seins selbst die Weise, gemäß der das Sein überhaupt währt. Wenn das Sein in einem Sich-Entziehen währt, dann wäre diese Unverborgenheit in ihrem Wesen zugleich durch eine Verborgenheit mitbestimmt. Auch im Denken Nietzsches waltet eine Unverborgenheit des Seienden in seinem Sein, denn sein Denken eröffnet das Seiende in seinem Wesen - als Willen zur Macht. Aber diese Unverborgenheit, die sein Denken bezüglich des Seienden vollbringt, bleibt in aller Metaphysik selbst unbedacht. Vielmehr denkt Nietzsche die Wahrheit metaphysisch als Erkenntniswahrheit im Sinne der Entsprechung, aber so, daß dieses Denken, bestimmt durch den Gedanken des Willens zur Macht, zugleich die Auflösung und Zersetzung des metaphysischen Wahrheitswesens ist. Das postmetaphysische Denken hat daher als erstes diesen Entzugscharakter im Wesen des Seins zu bedenken. Und eine solche Möglichkeit des Denkens bestünde nicht, wenn die Selbstauflösung des metaphysischen Denkens nicht geschehen wäre, wenn also das Denkschicksal Nietzsches sich nicht ereignet hätte. Aber all das sagt doch nur denjenigen etwas, die auch noch ein Gespür für die Größe der Aufgaben haben, die im Denken liegen. Ein solches Gespür hat nur derjenige, der sich auf das Denken einzulassen versucht. Das aber steht in der Freiheit eines jeden; dazu kann niemand gezwungen werden.

Wenn wir nach dem Untergang der Metaphysik auf jede metaphysische Auslegung des Seins verzichten und damit auch auf Nietzsches Deutung des Seins aus dem Leben als der letzten Tatsächlichkeit, hinter die wir nicht mehr zurückkönnen, und uns allein an die Beziehung des Denkens zum Sein halten, nämlich an die offene Beziehung zum Sein, welche das Denken ja ist, läßt sich dann im Sein so etwas wie ein Sich-Entziehen erblicken, etwas, das Nietzsche in der Selbstauflösung der Metaphysik als das Letzte erfahren hat, was er erfahren konnte? Seiendes ist uns überall gegenwärtig anwesend, Seiendes geht uns in mannigfacher Weise hinsichtlich seines Seins als gegenwärtige Anwesenheit an. Aber wir werden nicht nur von gegenwärtig Anwesendem angegangen, sondern ebensosehr vom nicht Gegenwärtigen, vom Gewesenen und Zukünftigen. Nicht-Gegenwart als Gewesen und mögliche Ankunft als Zukunft können uns oft genug bedrängender und bestimmender angehen als alles gegenwärtig Anwesende.

Halten wir uns einfach einmal an die Beziehung des Denkens zum Sein und lassen wir alle metaphysischen Auslegungen beiseite - denn dazu sind wir durch den Untergang der Metaphysik in Nietzsches Denken berechtigt -, dann bekundet sich Sein in einer dreifachen Weise: als gegenwärtige Anwesenheit, als Gewesen und als Zukunft. Sein geht also nicht in gegenwärtiger Anwesenheit auf. Nun ist die Zukunft eine Noch-nicht-Gegenwart und deshalb Vorenthalt von Gegenwart. Das Gewesen ist Nicht-mehr-Gegenwart und deshalb Verweigerung. Sein ist uns immer in dreifacher Weise offenbar, als Gegenwart, Vorenthalt und Verweigerung. Diese drei Weisen der Offenbarkeit von Sein machen den gesamten Lichtungsbereich des Seins aus, den der Mensch als das offene Verhältnis zum Sein als Sein als seinen Aufenthaltsbereich vor aller metaphysischen Auslegung immer schon innehat. Jedoch bilden Gegenwart, Zukunft und Gewesenheit nicht ein nachträglich aus ihnen zusammengestückeltes Ganzes, sondern aus dem Zusammenspiel von Gewesen und Zukunft ergibt sich überhaupt erst Gegenwart als Gegenwart, begegnet uns überhaupt erst gegenwärtig Anwesendes. So walten im Sein, wenn wir uns an das bloße Denken halten, in der Tat Vorenthalt und Verweigerung, also zwei Weisen von Entzug, aber so, daß dieser Entzug nicht etwas Negatives ist, im Gegenteil: Aus Zukunft und Gewesenheit, aus Vorenthalt und Verweigerung kommt uns überhaupt erst anwesend Gegenwärtiges als Aufgabe entgegen, sind wir selbst aus dem Zusammenspiel unserer Zukunft und unserer Geschichte gegenwärtig da.

Zwei Bedingungen möchten also erfüllt sein, damit das in der Auflösung des metaphysischen Denkens zum Vorschein kommende Sein hinsichtlich seines Entzugs, also postmetaphysisch, gedacht werden kann: Die erste Bedingung ist, daß wir das Sein aus der Zeit denken, wie das in Nietzsches Denken bereits hinterlegt ist, demgemäß ja die Zeit selbst den Ausblick auf das Sein gibt. Aber die zweite Bedingung ist, daß wir das Wesen der Zeit neu und anders denken müssen, nämlich daraufhin, daß in ihr und durch sie das Sein sich in seiner dreifach einigen Einheit eröffnet: als Gewesen, Ankunft und Gegenwart, also als ein Sich-Gewähren durch den zweifachen Entzug hindurch und aus diesem her.

Wenn wir uns auf dem Feld der gegenwärtigen philosophischen Arbeit umschauen, dann wird man fragen können, ob denn eigentlich und wieweit mit der Selbstauflösung des metaphysischen Denkens in der Philosophie Nietzsches und mit einer anderen, darin gerade zum Vorschein kommenden Möglichkeit des Denkens Ernst gemacht wird. Soweit ich sehe, hat allein das Denken Heideggers dies getan. Name und Person Heideggers bleiben dabei von nebensächlicher Bedeutung. Worauf es ankommt, das sind die Aufgaben eines Denkens, das den Untergang der Metaphysik erfahren hat und diese Erfahrung in das eigene Denken hineinnimmt, wodurch nun Aufgaben vorgelegt und erblickt werden, nicht, damit wir sie bloß referierend wiederholen, sondern damit sie ein jeder, für den das Denken doch noch eine große Sache bleibt, nach Maß und Grenze seiner Kraft weiter und anders zu denken versucht. Es ist die Aufgabe des Denkens, das durch den Untergang der Metaphysik bestimmt bleibt, Sein aus der Zeit als dem Lichtungsbereich des Seins zu denken, welchen der Mensch als seine Wohnstätte inmitten der Welt zu bewohnen hat. Dieses Denken vergißt nicht, daß es das Werk Nietzsches ist, durch welches es auf seine Bahn gebracht wurde. Deshalb wenden wir uns zum Schluß der Gestalt Nietzsches zu, indem wir mit einem zweifachen Wort auf ihn zurückweisen. Das eine Wort stammt von Richard Wagner. Es steht in der 2. Szene des 1. Aktes der *Walküre*:

Was rechtes je ich rieth,
Andern dünkte es arg;

was schlimm immer mir schien,
And're gaben ihm Gunst.[6]

Das andere Wort stammt von Nietzsche selbst. Er allein durfte es sagen, und kein anderer darf es sagen. Es lautet:

"Wenn Denken dein Schicksal ist, so verehre dies Schicksal mit göttlichen Ehren und opfere ihm das Beste, das Liebste."[7]

---

6 Richard Wagner, Der Ring des Nibelungen. Ein Bühnenspiel. Erster Tag: Die Walküre, in: Gesammelte Schriften und Dichtungen, Bd. 6, Leipzig 1888, S.9.

7 KGW IV/2, 22[95].

BIBLIOGRAPHIE
KARL-HEINZ VOLKMANN-SCHLUCK

A. Selbständig erschienene Veröffentlichungen

1 Plotin als Interpret der Ontologie Platos, 1. Aufl. Frankfurt/M. 1941. VIII, 152 S., 2. unveränd. Aufl. 1957, 3. erweiterte Auflage 1966. X, 189 S. "Das Buch erscheint in der neuen Auflage um ein Kapitel erweitert, das Plotins Abhandlung über die Zahlen zum Gegenstand hat." (= Phil. Abhandlungen Bd. 10).

2 Die Wandlung des Wissens in sein neuzeitliches Wesen, Vortrag im Rahmen des Studium Generale an der Universität Köln am 27. Januar 1953, [Köln 1953], 14 S.

3 Nicolaus Cusanus. Die Philosophie im Übergang vom Mittelalter zur Neuzeit, 1. Aufl. Frankfurt/M. 1957, XVII, 190 S., 2. Aufl. 1968.

4 Nietzsches Gedicht "Die Wüste wächst, weh dem, der Wüsten birgt ...", Frankfurt/M. 1958, 48 S. (= Wissenschaft und Gegenwart H. 20). Wiederabdruck in: 10, S. 115-150; 14, S. 167-190.

5 Die Kunst und das Fest, Vortrag gehalten zum 100jährigen Bestehen der Konzertgesellschaft Wuppertal und zum 150jährigen Jubiläum des Elberfelder Gesangvereins am 5. November 1961, 12 S.

6 Die Kunst und der Mensch. Schillers Briefe über die ästhetische Erziehung des Menschen, Frankfurt/M. 1963, 30 S. (=Wissenschaft und Gegenwart H. 26). Verkürzter Wiederabdruck in: 14, S. 105-120.

7 Metaphysik und Geschichte, Berlin 1963, 16 S. Wiederabdruck in: Die Philosophie und die Frage nach dem Fortschritt, hrsg. von H. Kuhn u. F. Wiedmann, München 1964, S. 292-302.

8 Die humane Aufgabe der Kunst im technischen Zeitalter, Vortrag anläßlich der Immatrikulationsfeier der Staatlichen Akademie der bildenden Künste Karlsruhe am 12. Juni 1963, hrsg. von der Staatlichen Akademie der bildenden Künste Karlsruhe, 16 S. (= Schriftenreihe H. 6).

9 Einführung in das philosophische Denken, 1. Aufl. Frankfurt/M. 1965, 144 S., 2. Aufl. 1975, 3. Aufl. 1981, 4. Aufl. 1989.

a Introducción al Pensamiento Filosoficó, Madrid 1967, 199 S.

b Uvod v filozofsko misljenje, in: Problemi Nr. 65/66, Ljubljana 1969, S. 856-877. Übersetzung der Kap. III-VI ins Slowenische von P. Simoniti.

c Introduzione al Pensiero Filosofico, a cura di Giorgio Penzo, Prefazione di Hans-Georg Gadamer, Roma 1986, 170 S.

10 Leben und Denken. Interpretationen zur Philosophie Nietzsches, Frankfurt/M. 1968, IV, 152 S. Enthält: 4, 16, 38 sowie den Vortrag "Leben und Bewußtsein" (1967).

11 Mythos und Logos. Interpretationen zu Schellings Philosophie der Mythologie, Berlin 1969, V, 152 S.

12 Politische Philosophie. Thukydides - Kant - Tocqueville, Frankfurt 1974, 233 S. Darin aufgenommene Vorarbeiten: 26, 32, 45, 49, 50.

a Politicka Filozofia. Tukidid - Kant - Tocqueville, Zagreb 1977, 162 S. Übersetzung ins Serbokroatische.

13 Die Metaphysik des Aristoteles, Frankfurt/M. 1979, 304 S.

14 Von der Wahrheit der Dichtung. Interpretationen. Plato - Aristoteles - Shakespeare - Schiller - Novalis - Wagner - Nietzsche - Kafka, hrsg. von Wolfgang Janke u. Raymund Weyers, Würzburg/Amsterdam 1984, 206 S. (= Elementa. Schriften zur Philosophie und ihrer Problemgeschichte Bd. XXX). Enthält: 4, 6, 17, 18, 20, 35, 41, 42, 48. Die Beiträge "Dichtung und Sprache", "Platos metaphysischer Angriff auf die Kunst und das Problem der Tragödie" und "Hamlet: Der Geist tragischer Koinzidenz" sind hier erstmals veröffentlicht.

B. Veröffentlichungen in Zeitschriften und Sammelbänden

15 Die Philosophie des Nicolaus von Cues. Eine Vorform der neuzeitlichen Metaphysik, in: Archiv für Philosophie 3 (1949), S. 379-399. Spanisch als: La filosofía de Nicolas de Cusa. Una forma previa de la metafisica moderna, in: Revista de Filosofía (Madrid), Tomo XVII, Núm. 67 (1958), S. 437-458.

16 Zur Gottesfrage bei Nietzsche, in: Anteile. Festschrift für Martin Heidegger zum 60. Geburtstag, Frankfurt/M. 1950, S. 212-234. Wiederabdruck in: 10, S. 25-47.

17 Bewußtsein und Dasein in Kafkas "Prozeß", in: Neue Rundschau 62 (1951), S. 38-48. Wiederabdruck in: 14, S. 191-202.

18 Die Lehre von der KATHARSIS in der Poetik des Aristoteles, in: Varia variorum. Festschrift für Karl Reinhardt, Münster/Köln 1952, S. 104-117. Wiederabdruck in: 14, S. 71-88.

19 Vom Wesen der Freiheit, in: Tijdschrift voor Philosophie 2 (1956), S. 223-264.

20 Der Ring des Nibelungen. Die Krise des Bewußtseins, in: Programmheft der Bayreuther Festspiele 1956. Wiederabdruck in: Programmblätter des Opernhauses der Bühnen der Stadt Köln, H. 2/3 (1963/64), S. 17-42. Wiederabdruck in: 14, S. 147-166.

21 Die Lehre des Nicolaus von Cues von der species, in: Kant-Studien 48 (1956/57), S. 235-246.

22 Husserls Lehre von der Idealität der Bedeutung als metaphysisches Problem, in: Husserl und das Denken der Neuzeit. Akten des 2. Internationalen Phänomenologischen Kolloquiums Krefeld, 1.-3. November 1956, hrsg. von H. L. Van Breda u. J. Taminiaux, Den Haag 1959. (= Phaenomenologica Bd. 2), S. 230-241. Darin auch französisch: La doctrine de Husserl au sujet de l'idéalité de la signification en tant que problème métaphysique, S. 241-250.

23 Der Satz vom Widerspruch als Anfang der Philosophie, in: Festschrift für Martin Heidegger zum 70. Geburtstag, hrsg. von Günther Neske, Pfullingen 1959, S. 134-150.

24 Kunst und Intelligenz, in: Neue Deutsche Hefte. Beiträge zur europäischen Gegenwart 62 (1959), S. 496-501. Spanisch als: Arte e inteligencia, in: Eco. Revista de la cultura de occidente (Bogotá), Tomo II/2 (1960), S. 113-123.

25 Der Deutsche Idealismus und das Christentum, in: Die Gegenwart der Griechen im neueren Denken. Festschrift für Hans-Georg Gadamer zum 60. Geburtstag, hrsg. von Dieter Henrich, Walter Schulz u. Karl-Heinz Volkmann-Schluck, Tübingen 1960, S. 277-289.

26 Möglichkeit und Gefährdung der Freiheit in der Demokratie. Tocquevilles Idee einer politischen Wissenschaft, in: Philosophie und politische Bildung an den höheren Schulen, hrsg. von Hans Holzapfel, Düsseldorf 1960, S. 17-34.

27 Zur Frage nach dem metaphysischen Ort von Wagners "Ring des Nibelungen", in: Musik und Szene. Theaterzeitschrift der Deutschen Oper am Rhein, Sonderheft "Der Ring des Nibelungen, 5. Jg. (1960/61), S. 24-28.

28 Die Entäußerung der Idee zur Natur, in: Hegel-Studien, Beiheft 1 (1964): Heidelberger Hegel-Tage 1962, S. 37-44.

29 Das Wesen der Idee in Platos Parmenides, in: Philosophisches Jahrbuch 69 (1962), S. 34-45.

30 Ethos und Wissen in der Nikomachischen Ethik des Aristoteles, in: Sein und Ethos. Untersuchungen zur Grundlegung der Ethik, hrsg. von Paulus Engelhardt, (= Walberberger Studien Bd. I), Mainz 1963, S.56-68.

31 Seele und Idee. Der dritte Unsterblichkeitsbeweis in Platos "Phaidon", in: Dialektik und Dynamik der Person. Festschrift für Robert Heiß zum 60. Geburtstag, im Namen der Freunde und Schüler hrsg. von Hildegard Hiltmann u. Franz Vonessen, Köln 1963, S. 253-264.

32 Bemerkungen zu Tocquevilles L'Ancien Régime et la Révolution (Der Übergang vom Feudalismus zur Demokratie), in: Wort und Text. Festschrift für Fritz Schalk, hrsg. von Harri Meier u. Hans Sckommodau, Frankfurt/M. 1963, S. 422-433.

33 Nicolás de Cusa. Idea de un humanismo cristiano, in: Folia Humanistica. Ciencas Artes Letras (Barcelona), Tomo II, Núm. 23 (1964), S. 919-927.

34 Aufgang einer neuen Welt, in: Programmhefte des Stadttheaters Braunschweig. Siegfried, Spielzeit 1964/65, S. 122-125.

35 Wahrheit und Schönheit, in: Beispiele. Festschrift für Eugen Fink, hrsg. von Ludwig Landgrebe, Den Haag 1965, S. 16-29. Wiederabdruck in: 14, S. 15-29.

36 Grundfragen zur Bildungsaufgabe des Gymnasiums, in: 100 Jahre Helmholtz-Gymnasium. Rückblick auf die Festveranstaltungen. Zeitschrift der Schulgemeinde, 44. Jg., Essen April 1965, S. 14-17.

37 Gedanken zu Platos Politikos. Die geschichtliche Herkunft der überlieferten Wesenbestimmung des Menschen, in: Die Frage nach dem Menschen. Festschrift für Max Müller, hrsg. von Heinrich Rombach, Freiburg 1966, S. 311-325.

38 Nietzsche und das Christentum, in: Orbis Scriptus. Festschrift für Dimitrij Tschizewskij zum 70. Geburtstag, hrsg. von Dietrich Gerhardt u.a., München 1966, S. 913-922. Wiederabdruck in: 10, S. 48-63.

39 Die Kosmologie des Nikolaus von Cues als Vorläuferin der neuzeitlichen Weltansicht, in: Vereinigung der Ehemaligen, Freunde und Förderer des Nikolaus-Cusanus-Gymnasiums Bergisch-Gladbach, Jahresschrift 1966, o. S.

40 Staat und Recht bei Kant, in: Anwaltsblatt, H.9 (1966), S. 278-285.

41 Richard Wagner als Repräsentant des 19. Jahrhunderts, in: Kritik und Metaphysik. Studien. Heinz Heimsoeth zum achtzigsten Geburtstag, hrsg. von Friedrich Kaulbach u. Joachim Ritter, Berlin 1966, S. 352-362. Wiederabdruck in: 14, S. 133-146.

42 Novalis' magischer Idealismus, in: Die deutsche Romantik. Poetik, Formen und Motive, hrsg. von Hans Steffen, Göttingen 1967, S. 45-53, 2. Aufl. 1970, 3. Aufl. 1978, 4. Aufl. 1989. Wiederabdruck in: 14, S. 121-131.

43 Plotins Lehre vom Wesen und von der Herkunft des Schlechten (Enn. I,8), in: Philosophisches Jahrbuch 75 (1967/68), S. 1-21.

44 Vom Wesen der neuzeitlichen Wissenschaft, in: Positivismus als wissenschaftstheoretisches Problem, hrsg. von Peter Schneider u. Otto Saame, Mainz 1968, (= Studium Generale der Johannes-Gutenberg-Universität, Mainzer Universitätsgespräche WS 1964/65), S. 21-28.

45 Gründe und Abgründe politischer Entscheidungen. Gedanken zum Geschichtswerk des Thukydides, in: Philosophische Perspektiven 1 (1969), S. 184-201.

46 Sloboda i jednakost. Freiheit und Gleichheit (Zusammenfassung), in: Politicka misao (Zagreb), 3 (1969), S. 332-338.

47 Pojam autoriteta. Das Problem der Autorität (Zusammenfassung), in: Politicka misao (Zagreb), 3 (1969), S. 339-346.

48 Das Problem der Sprache, in: Die Frage Martin Heideggers. Beiträge zu einem Kolloquium aus Anlaß seines 80. Geburtstages. Sitzungsberichte der Heidelberger Akademie der Wissenschaften, Philosophisch-historische Klasse, 4. Abh. 1969, S. 50-61. Wiederabdruck in: 14, S. 31-42. Englisch als: The problem of language, in: The Southern Journal of Philosophy 8 (1970), No. 4, S. 373-380.

49 Reflexion und Denken, in: Praxis (Zagreb), 5 (1969), S. 572-578. Wiederabdruck in: Festschrift für Walter Schulz zum 60. Geburtstag, Pfullingen 1973, S. 385-393.

50 Das Ethos der Demokratie (Thukydides, Die Grabrede des Perikles), in: Praxis (Zagreb), 6 (1970), S. 80-86.

51 Was ist die moderne Gesellschaft? Versuch einer ontologischen Bestimmung, In Philosophische Perspektiven 2 (1970), S. 297-304.

52 Hegels Begriff der absoluten Negation und ihre Bedeutung für uns, in Praxis (Zagreb), 7 (1971), S. 85-91.

53 Nietzsches Enthüllung der Metaphysik als Ideologie, in: Scheidewege. Vierteljahresschrift für skeptisches Denken, H. 1 (1971/72), S. 349-360.

54 Wie die Idee zur Utopie wurde, in: Praxis (Zagreb), 8 (1972), S. 39-46. Wiederabdruck in: Hiltrud Gnüg (Hg.), Literarische Utopie-Entwürfe, Frankfurt/M. 1982, S. 22-30.

55 Ist der Mythos ein Symbol? in: Symbolon. Zeitschrift für Symbolforschung N.F. 1 (1972), S. 101-111.

56 Der Weg des Denkens in der modernen Welt, in: Weltaspekte der Philosophie. Rudolph Berlinger zum 65. Geburtstag, hrsg. von Werner Beierwaltes u. Wiebke Schrader, Amsterdam 1972, S. 313-323.

57 Die Stufen der Selbstüberwindung des Lebens (Erläuterungen zum 3. Teil von Nietzsches Zarathustra), in: Nietzsche-Studien 2 (1973), S. 137-156.

58 Die Gestalt des Tiberius bei Tacitus. Bemerkungen zu Tacitus, Annalen I-VI, in: Würzburger Jahrbücher für Altertumswissenschaft N.F. 1 (1975), (= Festschrift für Ernst Siegmann), S. 137-154.

59 Die technische Welt und das Geschick, in: Martin Heidegger. Fragen an sein Werk. Ein Symposion, Stuttgart 1977, S. 33-36.

60 Freiheit, Menschenwürde, Menschenrecht. Zum Ethos der modernen Demokratie in der Sicht Kants, in: Johannes Schwartländer (Hg.), Menschenrechte und Demokratie, Kehl am Rhein/Straßburg 1981, (= Tübinger Universitätsschriften, Forschungsprojekt Menschenrechte Bd. 2), S. 177-187.

61 Die metaphysische Rescendenz im Denken Nietzsches, in: Nietzsche kontrovers I, hrsg. von Rudolph Berlinger u. Wiebke Schrader, Würzburg 1981, S. 77-92. Wiederabdruck in: Perspektiven der Philosophie 7 (1981), S. 133-145.

62 Der Mensch und sein Geschick (Der Grundgedanke Martin Heideggers), in: Das Denken am Ende der Philosophie. In memoriam Dusan Prjevec, hrsg. von Mihailo Djuric u. Ivan Urbancic, Beograd 1982, S. 11-16.

63 Das Recht des Menschen auf Arbeit im Horizont der modernen Gesellschaft, in: Hans Ryffel u. Johannes Schwartländer (Hg.), Das Recht des Menschen auf Arbeit, Kehl am Rhein/Straßburg 1983, (= Tübinger Universitätsschriften, Forschungsprojekt Menschenrechte Bd. 4), S. 181-189.

64 Theoretische, praktische und absolute Idee. Hegels Verhältnisbestimmung von Theorie, Praxis und Philosophie, in: Theorie - Technik - Praxis. Philosophische Beiträge von K.-H. Volkmann-Schluck u.a. Veröffentlichungen der Katholischen Akademie Schwerte, Akademie-Vorträge 25, hrsg. von Gerhard Krems, Schwerte 1986, S. 7-15.

Editorische Notiz

Bei der vorliegenden Interpretation handelt es sich um eine Vorlesung von Karl-Heinz Volkmann-Schluck (1914-1981), die er zuletzt 1977 an der Kölner Universität gehalten hat.

Für ihre Hilfe beim Korrekturlesen danke ich Martin Geszler und Dr. Paul Kremer.

Köln, im Februar 1991 B. H.